基础医学
课程思政素材精选

主编　戴爱国　庹勤慧　唐　群

郑州大学出版社

图书在版编目(CIP)数据

基础医学课程思政素材精选 / 戴爱国,庹勤慧,唐群主编. -- 郑州:郑州大学出版社,2024.6

ISBN 978-7-5773-0294-2

Ⅰ.①基… Ⅱ.①戴…②庹…③唐… Ⅲ.①医学院校 - 思想政治教育 - 教案(教育) - 中国 Ⅳ.①G641

中国国家版本馆 CIP 数据核字(2024)第 075005 号

基础医学课程思政素材精选

JICHU YIXUE KECHENG SIZHENG SUCAI JINGXUAN

策划编辑	李龙传	封面设计	苏永生
责任编辑	吕笑娟	版式设计	王 微
责任校对	张 楠 胡文斌	责任监制	李瑞卿

出版发行	郑州大学出版社	地 址	郑州市大学路 40 号(450052)
出版人	孙保营	网 址	http://www.zzup.cn
经 销	全国新华书店	发行电话	0371-66966070
印 刷	郑州宁昌印务有限公司		
开 本	787 mm×1 092 mm 1 / 16		
印 张	15.75	字 数	338 千字
版 次	2024 年 6 月第 1 版	印 次	2024 年 6 月第 1 次印刷

书 号	ISBN 978-7-5773-0294-2	定 价	79.00 元

本书如有印装质量问题,请与本社联系调换。

编委会

主　编

戴爱国　庹勤慧　唐　群

副主编

雷晓明　唐　标　任　婷　张　碧

编　委（按姓氏笔画排序）

卜兰兰　毛　妍　成细华　朱　伟

刘　畅　刘碧源　孙银辉　李　峰

李迎秋　杨冬梅　杨霄旭　何　倩

何迎春　闵文洁　胡　珏　高　强

廖　君

前　言

　　教育是国之大计、党之大计,立德树人是教育的根本任务。课程教学是学校教育的中心,是落实立德树人任务的主渠道,课程思政作为思政课教学理念的新时代突破,与思政课程同向同行、同频共振。2020 年,教育部印发《高等学校课程思政建设指导纲要》,强调要结合公共基础课程、专业教育课程、实践类课程的具体特点,科学设计课程思政教学体系。课程思政是指将具体的思政内容与课程教学内容有机结合,学生在理解专业知识的同时,树立履行时代使命的责任担当,激发学习报国的理想情怀,助力正确人生观、世界观、价值观的形成。有效挖掘医学领域中的思想政治教育元素,并将思想政治教育融入医学高等教育的课堂教学中,把思想政治工作贯穿教育教学全过程,可以达到润物细无声的教学效果,实现全员、全程、全方位育人,从而提高学生的思想政治素质。

　　本书围绕基础医学相关课程,包括系统解剖学、医学细胞生物学、组织学与胚胎学、局部解剖学、生物化学、医学免疫学、生理学、医学微生物学、人体寄生虫学、医学遗传学、病理学、病理生理学、药理学共 13 门,收集、整理和展示一些具有代表性和启示性的课程思政案例,每个案例包含基本素材、融入要点和融入点分析等多方面内容,覆盖多个学科领域,如自然科学、社会科学和人文科学等,供高校医学教育工作者借鉴和参考。希望本书能够为课程思政的实施提供一些有益的启示和指导,推动高校思想政治工作高质量发展,为实现中华民族伟大复兴的中国梦贡献力量。

编者

2024 年 5 月

目　录

第一篇

系统解剖学

一、敢怀疑、重实践——医学先知王清任

★ **基本素材**

王清任,字勋臣,清代直隶省玉田县人,受祖上行医影响,20岁弃武行医,几年间誉满玉田。他是中国清代一位注重实践的医学家,对祖国医学中的气血理论进行了新的发挥,特别是在活血化瘀治则方面有独特的贡献。他是一位富有革新精神的解剖学家与医学家,西方医学界称王清任为中国近代解剖学家。

在长期临床实践中,王清任深感解剖知识对医学发展的重要性,提出了"业医诊病,当先明脏腑"这一非凡的学术思想。他强调"治病不明脏腑,何异于盲子夜行""著书不明脏腑,岂不是痴人说梦",抱着"非欲后人知我,亦不避后人罪我,为愿医林中人……临症有所遵循"的态度,王清任为了求得脏腑真知,大力倡导人体解剖研究并亲为躬行。因为困惑于古籍中的脏腑形态功能,他敢冒天下之大不韪,打破封建礼教的严重束缚,躬身于义冢和刑场,解剖、观察尸体,亲访对人体解剖结构知情者,并参照动物解剖,细致求证,增改修补,历时四十二年潜心观察、研究,终于绘制成"亲见改正脏腑图",将《医林改错》刊行。

据说王清任至滦县稻地镇行医时,适逢流行"温疹痢症",每日死小儿百余,他冒染病之风险,一连10多天,详细对照研究了30多具尸体内脏。王清任为解除对古医书中说的小儿"五脏六腑,成而未全"的怀疑,嘉庆四年(1799)六月,在奉天行医时,闻听有一女犯将被判处剐刑(肢体割碎),他赶赴刑场,仔细观察,发现成人与小儿的脏腑结构大致相同。后又去北京、奉天等地多次观察尸体,并向恒敬(道光年间领兵官员,见过死人颇多)求教,明确了横膈膜是人体内脏上下的分界线。其中关于膈、幽门括约肌、胰腺、会厌、主动脉干及其主要分支、脑的描述和认识等,在我国解剖史上尚属创见,我国现代解剖学

家侯宝璋教授对此予以高度评价。

在解剖尸体的过程中,王清任观察到了大量的"血瘀"现象,由此感悟、推断到活体上"血瘀"病理现象的普遍存在,从而引起他对血瘀证的高度重视,通过长期钻研、临床诊治反复验证,创立了血瘀理论。对临床实践中的困惑促使他勇敢地走上了解剖学研究的道路,而长期对人体解剖结构的艰苦、细致观察,又促进了他血瘀证的临床专题研究,并且为血瘀理论的形成奠定了一定的形态学基础。以此为基础,王清任创立了很多活血逐瘀方剂,他注重分辨瘀血的不同部位而分别给予针对性治疗,经临床实践验证,疗效可靠。

"活血化瘀法"是祖国医学宝库中的一份重要遗产。从秦汉以来,活血化瘀法不断充实完善,而以清代王清任的学术成就尤为引人注目。他的学术思想不仅对中医内外妇儿各科作出了贡献,而且对针灸临床应用也有着重要的指导意义。

王清任治学态度十分严谨。他主张医学家著书立说应建立在亲治其症万无一失的基础之上。他反对因循守旧,勇于实践革新,历尽千帆终成名于世。

★ 融入要点

绪论章节,介绍解剖学重要性时融入。

★ 融入点分析

王清任治学上非常严谨务实,反对因循守旧,勇于实践革新,同时具备高尚的医德、坚定的志向、勇于担当的责任意识,以及科学的思维方式。王清任的事迹既可以引领今天的医学生完成医德医风、敬业奉献等社会主义核心价值观的塑造和培养,也可以帮助医学生们明确要成为一名医者所必须具备的素养,从而对自身有所提升,将近期的学习规划和远期的学习目标有机结合起来,提高学习的有效性和持久性。

王清任从不盲从古人,重视实践,对人体内脏进行了深入研究。这种不盲从、敢怀疑、敢实践、尊古而不泥古的怀疑精神即使到了今天,也依然是非常可贵的品质,足以成为培养医学生科学精神的重要养料。

党的二十大报告指出,用社会主义核心价值观铸魂育人,完善思想政治工作体系,推进大中小学思想政治教育一体化建设。中国的中医药学作为中华优秀传统文化的重要载体,蕴含着极其丰富的思想政治教育资源,而这些中医大家身上所涌现的精神和品貌值得每一个学生学习和发扬光大。

参考文献

[1]王清任.医林改错[M].穆俊霞,张文平,校注.北京:中国医药科技出版社,2011.

[2]刘小菊,王海娟,高杰.王清任及其五逐瘀汤[J].中国中医药现代远程教育,2016,14 (17):116-118.

[3]夏中尚,杜正彩,邓家刚,等.基于大数据分析的中医治疗糖尿病用药规律研究[J].世 界中医药,2016,11(11):2223-2226,2230.

二、骨髓捐献——点亮生命的火把

★ 基本素材

白血病是一类造血干细胞的恶性克隆性疾病。白血病细胞由于增殖失控、分化障碍、凋亡受阻等机制在骨髓和其他造血组织中大量增生积累,使正常造血功能受抑制并继续浸润其他器官组织。白血病包括急性淋巴细胞性白血病(ALL)、急性髓细胞性白血病(AML)、慢性淋巴细胞性白血病(CLL)和慢性髓细胞性白血病(CML)等,每种类型有不同的特征和治疗方法。白血病的具体病因尚不完全清楚,但某些因素可能增加罹患白血病的风险,如某些遗传突变、环境暴露(如化学品和辐射),以及一些基因异常,其治疗方法因类型和个体情况而异。常见治疗方法包括化疗、放疗、骨髓移植、靶向治疗和免疫疗法等。放化疗是首选的治疗方式,但这些方法副作用较大,复发率较高,给患者及家庭都带来较大的痛苦。国际上从20世纪70年代起就将骨髓移植运用于白血病的治疗,并取得了良好的效果,但在中国由于骨髓供者的缺乏,许许多多的白血病患者延误了治疗时机,丧失了宝贵的生命。

1992年,中国红十字会总会受国家卫生部的委托,在北京正式建立"中华骨髓库",并在上海、北京等全国五个省市红十字会同时开展非血缘关系骨髓移植供者的征求工作。截至1997年底,有5 000余名志愿者报名加入"中华骨髓库",其中上海就有2 300多名。但由于在非血缘关系的人群中,配型相符率只有万分之一,只有极少数非常幸运的白血病患者才有可能在移植库中寻找到合适的供者。尽管这样,"中华骨髓库"使骨髓捐献移植切实走出了以家庭为单位的小圈子,原则上只要供者的数量足够大,就有可能为大多数白血病患者提供帮助。

外周血造血干细胞是指存在于外周血中的干细胞。干细胞由骨髓产生,少量被释放于外周血中。一种叫作Filgrastim的药物(重组人粒细胞集落刺激因子)能够增加释放到血液中的干细胞数量,从而有可能直接采集到足量的干细胞。外周血干细胞移植手术是目前国际上先进的可根治白血病的医疗手段之一,与骨髓移植相比,具有时间短、见效快的特点,尤其是其方法更安全,更易被供者接受。以前做骨髓移植,供者需要先局部麻醉,然后在骨骼上钻洞,多次抽取骨髓混合液;而目前采用的干细胞移植是从供者的外周血中(手臂上采血)采集造血干细胞,并通过机器聚集,将剩余的血液回输人体。只需总量为 50 mL 的干细胞,就可以使一位白血病患者重建正常的造血机制与免疫功能,并获得新生。

进行骨髓和造血干细胞捐献,是保护人的生命和健康、发扬人道主义精神的一项重要行动,是造福社会的公益事业。期望更多适龄、健康公民,特别是青年人积极加入捐献骨髓和造血干细胞的队伍中来,用可再生的细胞来挽救不可再生的生命,为血液病患者奉献"生命种子",帮助他们获得美好新生!

★ 融入要点

运动系统骨学章节,学习骨的构造时融入。

★ 融入点分析

人体内有两种不同类型的骨髓组织,即红骨髓和黄骨髓。

红骨髓是一种造血组织,主要存在于长骨的骨骺和其他类型骨,如扁骨、短骨和不规则骨的内部。它含有大量的红细胞,呈红色,有重要的造血功能。黄骨髓主要存在于成人骨骼中长骨的骨干部位。它主要由脂肪细胞组成,呈现黄色。黄骨髓在健康的成人体内并不具备造血功能,但在某些特定情况下(如严重的造血障碍),黄骨髓可以重新转化为红骨髓,以维持正常的造血功能。由于骨髓的可再生性使得骨髓移植成为可能的治疗方式。

生命科学是 20 世纪发展最为迅猛的学科之一,已经成为自然科学中最引人注目的领域。1957 年,美国华盛顿大学多纳尔·托马斯发现正常人的骨髓移植到患者体内,可以治疗造血功能障碍。这一技术的发现,使多纳尔·托马斯本人荣获了诺贝尔奖。这一技术很快得到全世界的认可,并已成为根治白血病等病的主要手段。造血干细胞移植是现代生命科学的重大突破。造血干细胞移植可治疗恶性血液病、部分恶性肿瘤、部分遗传性疾病等 75 种致死性疾病。因为有了造血干细胞移植技术,世界各地成千上万的疾病患者重新燃起了生命的希望。

捐献造血干细胞需要抽取捐献者血液,与普通献血没什么区别,对人的身体健康没有任何影响,但是却能帮助他人重获新生。骨髓移植需要的是人体内的造血干细胞。一个成年人的骨髓重量约 3 kg,一名供髓者提供 10 g 的骨髓造血干细胞就能挽救一名白血病患者的生命。人体的造血干细胞具有很强的再生能力。正常情况下,人体各种细胞每天都在不断新陈代谢,进行着生成、衰老、死亡的循环往复。失血或捐献造血干细胞后,可刺激骨髓加速造血,1～2周内,血液中的各种血细胞恢复到原来水平。因此,捐献造血干细胞不会影响健康。

骨髓作为主要的造血器官,随着年龄的增长,其造血功能逐渐下降。献血后,由于血细胞数量减少,对骨髓产生刺激作用,促使骨髓储备的成熟血细胞释放,并刺激骨髓造血组织,促使血细胞的生成。所以经常按规定期限献血,就可使骨髓保持旺盛的活力。

骨髓捐献的伟大意义在于它能够帮助患有严重血液疾病或癌症等疾病的患者恢复健康。骨髓捐献可以提供新的干细胞源并用于替代受损或有缺陷的骨髓,实现造血功能的恢复。这对于需要骨髓移植的患者来说,可能是他们唯一的治愈机会。骨髓捐献的过程相对简单,但对于接受捐献的患者来说,它意味着重新获得生命的希望。捐献者的无私奉献可以帮助救治他人,并给予他们重获新生的机会。它展现了人类之间深厚的关爱和共同帮助他人的意愿,也展示了无私奉献的精神和人性中永恒的善良。

参考文献

[1] 姚海娜,徐开林,曾令宇.造血干细胞与骨髓微环境相互作用的研究进展[J].国际输血及血液学杂志,2016,39(2):149-153.

[2] 郑邈,郑凯,孙汉英,等.联合成骨细胞移植促进骨髓移植小鼠的造血功能重建[J].中华器官移植杂志,2011,32(2):78-81.

[3] CHEN J,ZHANG D,ZHANG T,et al. Effect of the vascularized bone components on the survival of vascularized composite allografts[J]. J Surg Res,2018,224:132-138.

[4] 陈建武,陈晨,苏映军,等.一种大鼠带血管的骨髓移植模型[J].中华实验外科杂志,2013,30(8):1764-1766.

三、献身科学,追求真理——马歇尔以身试菌

★ 基本素材

巴里·马歇尔(Barry J. Marshall)是澳大利亚科学家,因发现了幽门螺杆菌,以及该菌在胃炎和胃溃疡等疾病中的作用,2005年被授予诺贝尔生理学或医学奖。2011年,他被评为中国工程院外籍院士。

胃是消化道中重要的器官,也是很多疾病的载体。有一种常见的疾病为胃溃疡,是消化性疾病的一种,约有10%的人一生当中曾罹患此病。既往医学家们认为胃溃疡的发

病与精神紧张、迷走神经兴奋、刺激性饮食、滥用阿司匹林药物等因素密切相关,但没有人认为与细菌感染有关。因为当时的共识是,没有任何生物能在胃的酸性环境下生存。直到1983年,澳大利亚胃肠病学家巴里·马歇尔提出胃溃疡的真凶是幽门螺杆菌这一理论,直接挑战了当时的主流观点,引起了医学家们集体反对。马歇尔是如何发现并验证了胃幽门螺杆菌的存在,又如何证明幽门螺杆菌就一定是引起胃溃疡的元凶呢? 其实最先发现胃幽门螺杆菌的是澳大利亚的另外一名病理学家,罗宾·沃伦(J. Robin Warren)。他在一份胃黏膜活体标本中,意外地发现了一种前所未见的细菌,体长大约3 μm。那是沃伦第一次观察到的幽门螺杆菌,但由于科学家们坚信"胃部的酸性环境内不能生长细菌"这一共识,没有一个人相信沃伦。只有一个人站出来帮助沃伦,那就是马歇尔。他们收集了100例胃炎患者的胃黏膜,细菌的检出率高达90%。

更加令人震惊的是,内窥镜检查发现所有的十二指肠溃疡患者胃内部都有这种细菌。基于这些发现,他们用微氧的方法分离培养出了幽门螺杆菌并提出了新的溃疡发病机制的假说。然而因为该假说在动物实验中无法得到证明(动物在体实验屡屡失败),许多科学家都仍在试图反驳他的假说,有人谴责他是"骗子"或"江湖郎中"。怎么办? 马歇尔医生要想证明自己的观点,就必须先通过在体实验来证明:于是马歇尔医生决定自己当一回"小白鼠"。一天早上,马歇尔医生仰起脖子,将一小杯幽门螺杆菌培养液一饮而尽。几天后,在反酸、呕吐和口臭的折磨之中,马歇尔医生惊喜地发现,他终于得了胃病!

研究胃肠病的专家们震惊了! 他们纷纷开展临床试验,进一步证实了马歇尔等人的发现。流行病学的调查结果更加令人吃惊:在许多国家,幽门螺杆菌的感染率竟然在50%以上,甚至有些国家超过了90%。2005年巴里·马歇尔(Barry J. Marshall)与罗宾·沃伦(J. Robin Warren)因为发现了幽门螺杆菌(helicobacter pylori,Hp),以及这种细菌在胃炎和胃溃疡等疾病中的作用,被授予诺贝尔生理学或医学奖。

★ 融入要点

消化系统章节,介绍胃的形态结构时融入。

★ 融入点分析

当有人问马歇尔博士当初为何会毫无畏惧地喝下大量细菌时,他这般回答:阻碍科学发展的不是无知,而是囿于成见!

古有神农尝百草,今有马歇尔饮细菌。科学家唯有冲破桎梏,敢于尝试,方能创造出新的奇迹!

马歇尔能创造奇迹,成为诺贝尔奖获得者,无疑是他自己献身科学,追求真理,探索努力的结果,这一切,都为他未来的科学研究打下良好的基础。

听完了这个故事,你是否和我一样,对科学家群体的探索精神充满敬意。人类的知识真的来之不易。有些人认为人类的知识来自神,神对自己创造的世界全知全能,人类有幸从神那里获得了一些知识。还有些人认为知识来自神秘的祖先,祖先有着后人无法企及的智慧。然而真相是,人类的知识之塔是人类自己通过一代又一代的努力,逐步搭建出来的。建造这座知识之塔的任何一块砖背后,都有不为人知的艰难曲折。

参考文献

[1]马刚,张汝鹏,梁寒.幽门螺杆菌与胃癌相关的研究进展[J].中国肿瘤临床,2023,50(1):44-48.

[2]中国医药生物技术协会慢病管理分会幽门螺杆菌与慢性胃病工作组.我国幽门螺杆菌临床诊疗现状的调查研究[J].中华消化杂志,2023,43(7):459-464.

[3]赖瑞丹.巴里·马歇尔发现幽门螺杆菌的诺贝尔奖得主[J].健康博览,2012(6):4.

[4]徐瑶.他喝下了幽门螺杆菌[N].健康时报,2015-05-21.

四、新中国泌尿外科奠基人——吴阶平

★ 基本素材

吴阶平同志1917年1月出生于江苏省常州市,少年时代在天津读书求学。1933年进入北京协和医学院学习,1942年以优异成绩毕业于北京协和医学院,获医学博士学位。1947年,吴阶平赴美国芝加哥大学进修,师从前列腺癌内分泌治疗创始人、1966年度诺贝尔生理学或医学奖获得者哈金斯教授,从此走上了泌尿外科之路。吴阶平缜密的思维、熟练的手术技巧、流利的外语深受导师的赏识,相处仅1年,哈金斯就诚恳地希望他能留在美国从医。但是,吴阶平婉言谢绝了导师的邀请,坚持回到祖国,为祖国服务。回国不久,他迎来了新中国成立!1949年,吴阶平在北京大学医学院任外科副教授,开始建立泌尿外科。在临床工作中,他非常注意观察患者的症状表现和病情变化,工作精益求精。新中国成立初期,结核患者较多,一侧肾结核患者在切除病侧肾之后,可以靠另一侧正常肾存活,而若患者双侧肾都患结核,在当时的医疗条件下被公认为绝症。吴阶平在临床工作实践中,对所谓"双侧肾结核"的诊断产生怀疑。他从1953年开始进行深入研究，采用肾穿刺的方法，从患者肾中取得尿液，进行结核分枝杆菌检查和肾造影，并对诊断为"双侧肾结核"晚期患者的尸体进行检查。根据大量资料和临床实例，他发现在诊断双侧肾结核的患者中，约有15%实际是可以治疗的一侧肾结核、对侧肾积水，提出了"肾结核对侧肾积水"这一新概念。在临床工作中他把双肾结核与肾结核对侧肾积水区别开来，并制订了切实可行的诊断和治疗方案。他的这一创建是泌尿外科学一项突破性进展，使全国数以千计的患者生命得到挽救。以前医学界认为"当患者一侧肾切除，只要留存的另一侧肾正常，肾切除对患者日后的劳动能力和寿命就不会有什么影响"，吴阶平通过长期临床实践，认为实际情况并不是如此简单。他观察到多数做过肾切除手术的人，劳动能力和寿命确实不受影响，但也有少数人不然。关键在于留存肾是否有充分的代偿性生长能力，并且与肾切除时的年龄密切相关。20世纪80年代初他指导全国泌尿外科专业第一个博士开始进行这项科研。他们用年轻和年老的大白鼠，在切除一侧肾后，观察两者的留存肾代偿性生长的差别。所谓"代偿性生长"是依靠肾切除后血清中出现的"促肾生长因子"对肾细胞的影响而实现的。在实验过程中，分别培养年轻和年老的大白鼠的肾细胞，同时收集两者在肾切除后的血清。实验方法是分别用两种血清与两种肾细胞进行交错组合式培养(即A-a、A-b、B-a、B-b)。观察年轻、年老的肾细胞对相同术后血清的反应；不同术后血清对年轻和年老的肾细胞的反应。通过反复多次实验，证实了年轻和年老的肾细胞对同样血清都有反应，但前者反应强得多；年轻和年老动物在肾切除后，血清中都有促肾生长因子，但年老动物术后血清的促进作用较弱；如果用年轻动物术后血清与年老动物的肾细胞一起培养，就可以得到较好的代偿性生长。进一步采用人体肾细胞和肾切除后的血清按年龄进行交错组合式培养，获得同样结论。这项基础性研究对临床工作具有重要的指导意义。

早期男性输精管结扎手术有时达不到避孕的效果，究其原因可能是在手术时其远端残留精子所致。吴阶平在1956—1957年间采取了改进措施，即在手术切断输精管尚未结扎之前，向远段精道(即输精管、精囊、后尿道)注入杀灭精子的药物(如醋酸苯汞溶液)。此法简便可行，在全国推广使用，对计划生育工作作出重大贡献。以上2项科研成果均获得1978年全国科学大会奖。1960年吴阶平遇到一例临床诊断为"嗜铬细胞瘤"的病例，而手术病理结果表明，患者并无肿瘤，只发现髓质增生。他查遍内分泌学专著，文中或否认有这种疾病存在，或根本忽略这一情况。在文献资料复习中他查到4篇报告，其中提到6例与他所见的类似。他认为此症虽属罕见，但不容忽视。1960—1976年的16年中，他收集到17个病例。当时的化验条件不够完善，但他明确证实了这种疾病存在，确定"肾上腺髓质增生"为一个独立疾病，原卫生部授予他科技成果甲等奖。1979年美国《泌尿外科年鉴》选入了他的报告，给予很高评价。

 **融入要点**

泌尿系统章节中介绍泌尿系统概论时融入。

 **融入点分析**

　　吴阶平同志在自己的从业生涯中,为祖国医学奉献终身。在留美学习取得一定成绩之后,面对国内复杂严峻的战争形势,坚持回到祖国,为祖国服务。在临床工作中,他非常注意观察患者的症状表现和病情变化,工作精益求精。把双肾结核与肾结核对侧肾积水区别开来,并制订了切实可行的诊断和治疗方案。确定"肾上腺髓质增生"为一个独立疾病。"一切为了患者,为了患者一切,为了一切患者!"是我国伟大的医学家吴阶平院士献身医学、追求真理的一生写照。正是一切从患者出发,发展了祖国的医学、教育事业,为推进中国特色社会主义事业、实现中华民族伟大复兴作出了重要贡献!

　　"敬佑生命、救死扶伤、甘于奉献、大爱无疆",这是习近平总书记对我国医务人员的肯定,也是殷切希望与要求。短短 16 个字,道出了医学的内涵:医学是科学与人文相统一的一门学科,严谨的科学态度、精湛的医学技术和温暖的人文关怀,从来都是医疗服务中不可或缺的组成部分!

参考文献

[1]吴阶平医学基金会.吴阶平:大医精诚　止于至善[J].放射学实践,2022,37(11):1332-1461.

[2]姜乃强.国之大医吴阶平的求学时光[J].教育家,2018(23):46-47.

[3]王德.医界楷模——吴阶平[J].中国医学人文,2016,2(11):2.

五、母亲的伟大

 **基本素材**

　　子宫的意思就是孩子的宫殿,这是我们住过的最温暖、最舒适的房子。在精子与卵子相遇之后,受精卵进入子宫着床,逐步发育。在怀孕期间,女性腹部不断隆起,胎儿在

子宫内慢慢发育完成,最后经产道产出。

已经来到人世间的你是否会好奇自己作为一个小小的胚胎在母亲子宫里的情形呢?怀胎十月,胚胎在子宫内经历了漫长的孕育过程。怀孕大概不到 50 d 的时候胎心发育,胎儿有了心跳。3 个月的时候,神经系统发育,胎头可占身长的一半。胚胎发育前 3 个月是关键期,应慎用药物,有些药物可通过胎盘进入胎儿体内,用药不当可引起先天畸形、发育迟缓、死胎等。如果在这个时期孕妇有任何不适,应到正规医院就诊,切勿随意滥用药物。5 个月时妈妈已经明显感觉到胎儿的运动,6 个月时听力开始发育,如果想让宝宝更聪明,可以听些舒缓的胎教音乐,让宝宝欣赏美妙的音乐。怀孕 8 个月,胎儿的骨骼发育变硬,肺和胃肠功能接近成熟,即便在本月份早产,也可以通过完善的保育措施挽救婴儿。但是,母体才是胎儿生存的最佳环境,最新的研究表明,35~39 周是胎儿脑部发育的关键时期,美国围产学界重新定义,将出生于 39~41 周的新生儿认定为真正意义上的足月儿,因此,应尽量避免早产的发生。怀孕 40 周,胎头已经入盆,固定在骨盆中,胎儿身长 50~51 cm,体重 2 900~3 400 g,内脏、肌肉、神经等充分发育,已完全具备生活在母体之外的条件。这时候母体也做好了充分的准备,分泌前列腺素软化宫颈、分泌催产素引起子宫平滑肌的收缩。当宫颈口扩展到 10 cm 时,子宫颈就完全打开了,孕妇会感觉到要向下用力。随着每一次宫缩,宝宝都会向下移动一点,头部的 3 块软骨会有一定程度的重叠,以便通过狭窄的产道。宝宝的头顶逐渐从阴道口露出来,当他头部最宽的部分露出来时,孕妇再用力几次,宝宝的脸、肩膀和身体就全都露出来了,最后胎盘与子宫剥离并娩出。当宝宝完成第 1 次呼吸,神奇的分娩过程就完成了,一个新的生命终于来了人世间。这就是生命的孕育过程。

★ 融入要点

生殖系统章节,讲解女性生殖系统子宫的结构时融入。

★ 融入点分析

子宫腔小,所以在未受孕的时候,子宫底位于小骨盆入口平面以下。子宫比我们的拳头小一些,子宫腔内容积大约只有 5 mL,而随着胎儿的长大,子宫腔的容积也逐渐变大。大到什么程度呢?孩子需要多大,子宫就多大。所以说母爱的包容,从体内就开始了,从受精卵的时候就开始了。你不停地向母亲索取,母亲倾尽一切都给了你。到分娩的那一刻,整个子宫的容积有多少呢?连同胎儿、羊水、胎盘一起大约有 5 000 mL,从 5 mL 到 5 000 mL,扩张了约 1 000 倍,这是一个多么神奇、多么伟大的器官!在分娩 6 周后,子宫会自己慢慢恢复到怀孕之前的样子。这 6 周,在中国叫作坐月子,在医学上叫作产褥期。

在怀孕时,母亲开心地感受着孩子在自己体内一步步发育,这个专门为宝宝私人订制的最营养、最温暖的房子,也给母体带了一些甜蜜的负担。子宫的位置在小骨盆中央,没怀孕时,子宫底位于小骨盆入口以下。随着这个房子越长越大,会逐步挤压周围的器官。我们观察子宫解剖图片,可以看到子宫前面是膀胱,后面是直肠。母亲在怀孕时,因为子宫扩张向前压迫膀胱,膀胱腔变小,储存尿液的功能下降,导致母亲尿频的情况;而子宫向后压迫直肠,向上挤压腹内的肠道、胃等消化器官,会导致便秘、饱腹感强、消化不良等情况。除了生殖系统本身的变化外,其他系统都会为了给宝宝提供养分,产生一定的变化,出现其他的不适。比如怀孕期间心脏的负担增大,容量在孕晚期会比孕前增多10%,即便是在休息状态下心跳每分钟会增加 10 ~ 15 次。心输出量同样在早期妊娠开始增加,妊娠 20 ~ 32 周时达到最高值,即比基线水平高30% ~ 50%。所以怀孕前就有心脏病的女性在孕期一定要当心心功能的问题。怀孕后血管里的血液容量会增加,以便适应全身器官增加的供血。母亲体内的血容量在怀孕 1 个半月左右开始增加,在怀孕 8 个月左右达到高峰,总共增加了接近 1 450 mL(接近 3 瓶 500 mL 矿泉水),并且维持这个水平到分娩时。其中,血浆容量的增加大于红细胞容积的增加,导致"生理性贫血"。这也解释了为什么那么多女性孕期会贫血。怀孕期间很多孕妇凝血因子增加,让其处于高凝状态,目的就是防止围产期出血。

怀胎十月,一朝分娩,怀孕的母亲是最辛苦的,也是最美的。在我们出生以后,母亲也一步步地陪伴着我们的成长。生活中,为我们付出最多的是父母,而我们又为父母付出了多少呢? 有时,只是看起来微不足道的一句话,却会让父母感到欣慰;有时,只是一次爱的回报,却会让父母泪流满面;有时,只不过为他们做一顿早餐,却会让父母感受到我们长大了。光在指间流过,不知不觉父母的脸上被岁月刻下了一道道皱纹,染上了一根根白发。当你不经意间发现父母的两鬓有了白雪的痕迹,当你发现父母的身形渐渐弯曲,当你发现父母手上厚实的老茧时,你是否想过要对辛劳的父母说一声"谢谢"? 时光溜走,爱不凋零。父母陪我们长大,我们伴他们到老。念慈母半世辛劳,跪乳羊羔,还报今朝。

参考文献

李芳,张玉霞,王磊.孕期膳食营养指导对孕产妇妊娠结局的影响[J/OL].疾病预防控制通报,2023,38(4):6-9.[2023-08-24].https://doi.org/10.13215/j.cnki.jbyfkztb.2306011.

六、生命之光——心肺复苏

★ 基本素材

患者,男,28岁,在医院陪护父亲时,突然栽倒在地,意识丧失,心脏停搏,脉搏消失。医护人员立即对其进行胸外按压(每分钟100~120次,每次下压胸廓达到5~6 cm),同时建立输液通道方便补液及给药。5名医护人员对患者持续按压了2 h 22 min,有效胸外按压超过1.5万次,直到使用体外膜肺氧合(ECMO)为患者建立起独立的体外循环,患者的血压、心跳等指标直观地反馈在心电监护设备上,医护人员才停止心肺复苏。经过后续治疗,患者逐渐苏醒,虽然短暂的缺血缺氧造成了一定的脑损伤,患者丧失了1个月的记忆,但是珍贵的生命得以保全。

★ 融入要点

循环系统章节,介绍心脏的解剖结构及血液循环的概念时融入。

★ 融入点分析

在神经-体液调节下,血液沿心血管系统循环不息。血液由左心室搏出,经主动脉及其分支到达全身毛细血管,血液在此与周围的组织、细胞进行物质和气体交换,再通过各级静脉,最后经上、下腔静脉及心冠状窦返回右心房,这一循环途径称体循环(大循环)。血液由右心室搏出,经肺动脉干及其各级分支到达肺泡毛细血管进行气体交换,再经肺静脉进入左心房,这一循环途径称肺循环(小循环)。体循环和肺循环同时进行,体循环的路程长,流经范围广,以动脉血滋养全身各部,并将全身各部的代谢产物和二氧化碳运回心。肺循环路程较短,只通过肺,主要使静脉血转变成氧饱和的动脉血。当心脏停搏,血液循环便不能维持,若得不到及时有效的复苏抢救,4~6 min后会造成患者脑和其他重要组织器官的不可逆损伤,甚至短期内因全身缺氧而死亡,因此心搏骤停后必须现场立即进行心肺复苏(cardiopulmonary resuscitation,CPR)。CPR是针对心跳、呼吸骤停所采取的抢救措施,目的是恢复患者自主呼吸和自主循环。我国心搏骤停的复苏成功率低于1%,也就是说100例心搏骤停患者能抢救回来的不到1人,最主要的原因是心搏骤停绝大部分发生在院外,我国心肺复苏的普及率又非常低(不到1%),欧美发达国家的普及率远远超过我国,德国高达80%。从2020年开始每年6月1—7日为"中国心肺复苏周",将积极培养民众急救意识,培训更多"第一目击人",提高院外心搏骤停存活率,改善我国心源性猝死率高的现状。而我们作为医学生,要有职业精神和使命感,所以现在起我们要学好专业知识,把基础打扎实,才能救死扶伤并且把医学知识传递给更多的人。

参考文献

[1] HE X J,LIU Y,TIAN S J,et al. Cardiopulmonary resuscitation and termination of resuscitation on out-of-hospital cardiac arrest in China[J].中华医学杂志英文版,2022,135(9):1123-1125.

[2] SUN X D,DONG C X,AN Y Q. To explore the effect of PBL teaching method on clinical interns' cardiopulmonary resuscitation training[J]. International Journal of Social Science and Education Research,2022,5(4):453-459.

[3] 孙钰杰,冯迪,张阳.思政融入实践技能课程的路径:新生心肺复苏教学效果分析及启示[J].中国医学教育技术,2023,37(1):102-106.

七、爱护人体的动力泵——心脏

★ 基本素材

《中国心血管健康与疾病报告2022》显示,目前,心血管病死亡占城乡居民总死亡原因的首位。心血管病的疾病负担日渐加重,已成为重大的公共卫生问题。中国心血管病患病率处于持续上升阶段。据统计,2017年我国冠心病患者男性占72.65%,患者的平均年龄为62.4岁,主要危险因素为高血压、高脂血症、吸烟和糖尿病。冠状动脉粥样硬化形成缓慢,但是由于其早期没有明显症状容易被忽略,一旦梗阻导致心肌坏死,则发病突然,症状严重。患者多出现压榨性心前区疼痛、大汗、上肢麻木、有濒死感。急性期死亡率非常高,大约1/3的患者没有机会到达医院抢救。早发现、早治疗是挽救生命的关键环节。急性心肌梗死发病后的120 min内是抢救患者、改善预后的最佳时间,时间推迟越久挽救心肌的可能性越小,坏死心肌的面积越大。

★ 融入要点

循环系统章节,介绍冠状动脉时融入。

⭐ **融入点分析**

　　心的血液供应来自左、右冠状动脉,回流的静脉血,绝大部分经冠状窦汇入右心房,一部分直接流入右心房,极少部分流入左心房和左、右心室。心本身的循环称为冠状循环。尽管心仅占体重的约0.5%,而总的冠脉血流量占心输出量的4%～5%。因此,冠状循环具有十分重要的地位。冠心病(coronary heart disease,CHD),即冠状动脉粥样硬化性心脏病(coronary atherosclerotic heart disease),又称缺血性心脏病,是指冠状动脉及其分支发生动脉粥样硬化而引起血管管腔狭窄或闭塞,导致心肌缺血、缺氧或坏死而引发的心脏病。换句话说,就是冠状动脉壁上沉积了一层像小米粥样的脂类,使动脉壁增厚变硬,弹性降低,管腔变窄,血管内皮受损,局部形成血栓,阻塞血管,导致血流中断,引起供血心肌缺血、缺氧或坏死。如左心室侧壁和后壁心肌梗死主要是由于阻塞了左旋支,前壁和室间隔前部心肌梗死主要是由于阻塞前室间支。冠状动脉任何一支阻塞,还可能引起心传导系统不同部分的血供障碍,从而导致相应的心绞痛或心律失常。救治急性心肌梗死是生与死的竞赛,这就要求患者或家属能在第一时间发现病症、采取救助。同学们作为医学生可以尝试向大众进行健康教育和科普宣传,让健康知识和技能融入人们生活,促进并引导人们建立健康文明的生活方式。

参考文献

[1]胡盛寿,王增武.《中国心血管健康与疾病报告2022》概述[J].中国心血管病研究, 2023,21(7):577-600.

[2]YAO Y,ZHU P,XU N,et al. Effects of chronic obstructive pulmonary disease on long-term prognosis of patients with coronary heart disease post-percutaneous coronary intervention [J]. Journal of Geriatric Cardiology,2022,19(6):428-434.

[3]XU H,CAO W Z,BAI Y Y,et al. Establishment of a diagnostic model of coronary heart disease in elderly patients with diabetes mellitus based on machine learning algorithms[J]. Journal of Geriatric Cardiology,2022,19(6):445-455.

[4]SAI X Y,GAO F,ZHANG W Y,et al. Combined effect of smoking and obesity on coronary heart disease mortality in male veterans:a 30-year cohort study[J]. Biomedical and Environmental Sciences,2021,34(3):184-191.

八、白内障患者的春天

★ 基本素材

白内障是一种常见的眼部疾病，由于眼睛晶状体的渐进性浑浊，干扰患者视力和检查者对患者眼底的观察。白内障大多与衰老有关，可能发生在一侧或双侧的眼睛。我们常说眼睛是通往世界的窗户，但对于白内障患者来说，来自五彩斑斓世界的光线从瞳孔进入眼睛后，由于浑浊变性的晶状体的干扰和阻挡，光线无法正常呈现在视网膜部位，使得患者的世界变得模糊，好似被一层纱布蒙住了眼睛，给他们的生活带来了诸多不便。

白内障是从何而来的呢？它的常见病因包括慢性眼部疾病、眼外伤、糖尿病、电离辐射、慢性类固醇的使用、吸烟、高血压、家族遗传等。这类疾病以 40 岁以上的人群多见，且发病率随年龄的增长而增多，尤其以老年人群最为多见。

对于白内障患者来说，单眼或双眼的视力进行性减退是其典型的临床表现，当观察其患侧眼部可以发现，从瞳孔望进去看到的是一片灰白的颜色，这也是晶状体浑浊的特征表现。这样的视觉障碍严重影响患者的生活质量，使他们行动受限，尤其是对于本就腿脚不便的老年人群来说，更是增添了许多不便。

那么，白内障这类疾病有没有什么行之有效的治疗手段呢？目前还没有可以消除白内障或延缓其进展的有效药物，通过中医药治疗手段或用眼镜等优化患者的屈光矫正可能在一定程度上推迟患者的手术需求。对于白内障患者，最为有效的治疗手段还是手术治疗，通过手术用人工晶体置换患者患侧的晶状体，从而达到改善患者视力的目的。目前，随着科技的发展，白内障手术方法已经经过了几代的更迭，从最初的白内障囊内摘出术、白内障囊外摘出术，到白内障超声乳化技术、白内障飞秒激光技术，实现了从大切口到小切口的巨大转变，使得手术安全性得到有效控制，手术时间短、术后反应轻，为白内障患者的治疗提供了便利。此外，现如今白内障手术归入医保报销范围，在较大程度上解决了患者看病难、看病贵的问题，在较大范围内为白内障患者的视力恢复提供了保障。

★ 融入要点

感觉器章节，介绍晶状体时融入。

![融入点分析]

在讲述晶状体这一内容时,通过一幅白内障患者的眼部图片引起学生注意,通过观看白内障患者眼中的世界等视频引导学生了解白内障的临床表现和给患者带来的不便,进一步深入了解晶状体在视觉中的作用,培养学生的钻研精神,以及医者的人文关怀精神。白内障是常见的眼部疾病,尤其以老年人群多见,且具备成熟有效的治疗手段,是医学生们走入临床后较为多见的疾病之一,深入了解白内障这一疾病,能够帮助学生们更深入地了解晶状体在人视觉产生中的作用和当晶状体发生病变时对人的视觉产生的影响。同时,通过对白内障手术更迭的阐述和白内障医保政策的宣讲,引导学生了解科技进步给医学发展带来的重大影响和国家医保政策为居民带来的保障与福利,从而培养学生的社会责任感和不断追求创新发展的科学精神。

参考文献

[1] ORFEO V, ARAGONA P, ALESSIO G, et al. Expert consensus on the management of patients undergoing cataract surgery: a delphi study [J]. European Journal of Ophthalmology,2023:11206721231200996.

[2] 邵毅,接英,刘祖国.人工智能在眼前节疾病诊断中的应用指南(2023)[J].国际眼科杂志,2023,23(9):1421-1430.

[3] 李晓宇,喻晓兵,邱蕾.中国老年人视力评估技术应用共识(草案)[J].中国老年保健医学,2019,17(4):26-27.

[4] 卢奕.解读眼科临床指南(PPP)规范诊治理念[J].中国眼耳鼻喉科杂志,2018,18(2):79-81.

九、"中国脑计划"——向最后的前沿进发

![基本素材]

人脑约有1 000亿个神经元,彼此通过突触连接等方式构成了错综复杂的神经网络。虽然人类对大脑的探秘从未停止,有近1/3的诺贝尔生理学或医学奖与脑科学有关,但是目前人类对大脑的认识和理解依然有限。在2021年 *Science* 公布的全球最前沿的125

个科学问题中,16 个与脑科学紧密相关,如"人类的情感源于何处""意识存在于何处"
"为什么我们需要睡眠"等,不仅展示了脑科学领域诸多仍未被解密的关键问题,而且也
体现了人类对大脑机制不断探索的渴求。此外,由脑疾病带来的社会负担逐年加重,如
抑郁症和阿尔茨海默病(AD)等,但是目前仍然缺乏对脑疾病行之有效的预防与治疗手
段,这一现状也督促科学家投入更多的精力去挖掘脑疾病背后的发生发展机制,从而开
发更加精准、有效的诊疗措施。

　　面对脑科学这一仍未被完全开垦的领域,由政府主导的大型科研项目应运而生。瑞
士、美国和日本等国家先后启动了针对大脑的研究项目,而我国也于 2021 年正式启动
"脑科学与类脑科学研究"(brain science and brain-like intelligence technology),即"中国
脑计划"。

　　面对全球各国在脑科学研究领域展开的激烈竞争和广泛合作,2014 年我国脑科学研
究学者们在香山科学会议中专门探讨了中国脑科学计划的目标、任务和可行性;2016 年
3 月国家发布了《中华人民共和国国民经济和社会发展第十三个五年(2016—2020 年)规
划纲要》(简称《"十三五"规划纲要》),将"脑科学与类脑研究"列为"国家重大科技创新
和工程项目",标志着"中国脑计划"的全面展开。随后在 2018 年,中国脑科学"地区性计
划"分别启动,北京和上海在当地政府的大力支持下,分别于同年 3 月和 5 月成立脑科学
与类脑研究中心。2021 年 9 月,伴随着中华人民共和国科学技术部(简称科技部)发布的
《科技创新 2030——"脑科学与类脑研究"重大项目 2021 年度项目申报指南》,酝酿 6 年
多的"中国脑计划"宣布正式启动,国家拨款经费预算近 32 亿元,整体规模预计可达到百
亿元甚至千亿元级别。

　　中国脑计划以"脑认知功能解析"为核心,以"理解脑、修复脑、模拟脑"为目标,确定
了"一体两翼"的发展战略。其中,"一体"指解析大脑认知功能原理,"两翼"分别指认知
障碍相关重大脑疾病诊治,以及类脑计算和脑机智能发展。

　　对脑认知原理从分子细胞、功能环路、全脑网络到认知行为的多尺度研究,不仅可以
促进认知障碍相关脑疾病的发病机制解析,而且也为类脑计算与脑机智能的原理模拟打
下坚实的理论基础;同样,脑疾病和类脑计算等领域的研究也可以为脑认知原理解析提
供人脑研究的线索和新型神经调控技术;而脑机智能的发展则可以为认知障碍相关脑疾
病的研究提供智能诊断、治疗和康复技术。三者相辅相成,为中国脑计划提供了源源不
断的前进动力。不同于其他国家脑计划仅将"脑疾病"归为项目的长期目标,中国脑计划
将重大脑疾病诊治纳入项目的重要一环,利用我国庞大的脑疾病人群数据进行大规模的
队列研究和建立数据样本库,为探索早期预防、诊断和治疗手段提供最坚实的数据支撑。
中国脑计划还将"类脑计算和脑机智能"放在优先发展的位置,利用脑科学研究成果反哺
人工智能等研究领域。另外,其他国家脑计划多以啮齿类动物为实验模型,而中国脑计
划将重点发展猕猴疾病动物模型,进一步促进对高级认知功能,以及脑疾病的病理机制

等问题的探究。

中国脑计划的正式启动标志着我国脑科学研究迈上了一个新的台阶,不仅推动了对大脑认知原理的解析和人工智能技术的发展,而且通过建立中国人脑健康多维度大数据,有望全面解析脑疾病的发病机制,实现脑疾病的早预防、早诊断和早治疗。

★ 融入要点

神经系统章节,介绍脑与脑神经相关内容时融入。

★ 融入点分析

大脑是人类智慧的集结,是已知宇宙当中最复杂的产物,但我们对大脑认知却很晚,比如我们常说心想事成、心外无物,在很长的历史时期当中,我们都以为是心在操控着人类的思维,因此对大脑的研究也被称作是自然科学的"终极疆域"。

人脑拥有近1 000亿个神经元和100万亿个连接,是科学上最大的谜团与挑战之一。脑科学的进步,不仅关系到一系列困扰人类的脑疾病的诊疗,同时也是人工智能、脑机接口、仿生科学等前沿科技发展的基础,可以看作是最能诞生革命性变化的领域。从2013年起,美国、欧洲、日本相继启动了各自的大型脑科学计划。面向世界科技前沿,我国对基础研究的支持也在不断加强,从"十三五"规划到"十四五"规划,脑科学都被列为重点前沿科技项目。2021年,酝酿多年的"中国脑计划"正式启动。

神经科学和人工智能在理论和应用技术上的对接及其相关产业的发展对经济社会的影响越来越大,大国间的竞争博弈也日趋激烈。现在我们正处于历史发展的窗口期,面临巨大的机遇和前所未有的挑战。在这样重要的时期,我们应该把握窗口期,强化论证,形成国际科技合作的新策略,争取在"中国脑计划"的强力推动之下为我国科技事业发展添砖加瓦。

科技创新在国家发展大局中处于核心地位,脑科学的发展已经成为强国之策。理解脑的工作机制,进而揭示人类智能的形成和运作原理,解决脑重大疾病对人类造成的困扰,对人脑认知功能开发、模拟和保护,决定未来人口素质,抢占国际竞争的技术制高点具有重要意义。

习近平总书记曾深刻指出,"科学家精神是科技工作者在长期科学实践中积累的宝贵精神财富""要充分发挥青年的创造精神,勇于开拓实践,勇于探索真理。养成了历史思维、辩证思维、系统思维、创新思维的习惯,终身受用"。新时代更需要广大科技工作者发扬以爱国主义为底色的科学家精神,肩负起历史赋予的科技创新重任,把自己的科学追求融入建设社会主义现代化国家的伟大事业中去。

参考文献

[1] 刘晓星,高腾,陆唐胜,等.中国脑计划:从基础到临床(英文)[J]. Science Bulletin, 2023,68(5):444-447.

[2] ERÖ C,GEWALTIG M O,KELLER D,et al. A cell atlas for the mouse brain[J]. Frontiers in Neuroinformatics,2018,12:84.

[3] COOK S J,JARRELL T A,BRITTIN C A,et al. Whole-animal connectomes of both Caenorhabditis elegans sexes[J]. Nature,2019,571(7763):63-71.

[4] WOODWARD A,HASHIKAWA T,MAEDA M,et al. The Brain/MINDS 3D digital marmoset brain atlas[J]. Scientific Data,2018,5(1):1-12.

[5] SUN Q,LI X,REN M,et al. A whole-brain map of long-range inputs to GABA ergic interneurons in the mouse medial prefrontal cortex[J]. Nature Neuroscience,2019,22(8):1357-1370.

[6] 李萍萍,马涛,张鑫,等.各国脑计划实施特点对我国脑科学创新的启示[J].同济大学学报(医学版),2019,40(4):397-401.

第二篇

医学细胞生物学

一、中国"细胞生物学之父"——郑国锠

★ **基本素材**

在我国首次提出了"细胞生物学"概念的郑国锠院士是一位从寒门走出的科学家。他的求学之旅充满了艰辛与挫折。1914年3月,郑国锠出生于江苏常熟的一个农民家庭。由于家境贫寒,他在小学毕业后被迫辍学,随后被介绍到县城的一家米行当学徒。然而,米行并未能维持多久,他只能返回家中,投身于农田劳动。尽管家境极为贫困,郑国锠的父亲仍然坚持让儿子继续学业。在亲戚的帮助,以及父亲的坚定支持下,郑国锠完成了初中教育,并于1931年考入了一所免费的师范高中,得以继续深造。毕业后,他成了一名小学教师。当时,中国正面临着抗日战争的挑战,他辗转于江苏、湖南、重庆等地的战火之间,秉持着"科学救国"的信念,一边投身于教育工作,一边自学科学知识。即使在条件艰苦的情况下,他也从未放弃对知识的追求。4年后,郑国锠成功考入了国立中央大学师范学院博物系,毕业后又考上了研究生并兼职助教。

1947年,在留美同学的帮助下,他获得了美国田纳西大学动物和昆虫系的奖学金。对于他来说,这800美元的资助犹如"天上掉下的馅饼",给予了他巨大的帮助。然而,由于该系尚不能授予博士学位,半年后,郑国锠又申请到威斯康星大学植物系,师从美国著名细胞学家赫斯金教授,专攻植物细胞学。郑国锠在威斯康星大学夜以继日,提前完成室主任赫斯金教授交给的任务,对大量显微镜切片进行观察、整理和分析,深得导师喜爱。1950年底,郑国锠获得美国威斯康星大学博士学位。

从农民到学徒,从中学生到小学老师,从大学生到博士,一路风霜,世情冷暖,郑国锠可谓吃尽了苦。就在这前途一片大好、人生柳暗花明的时刻,他却做出了一个改变一生的决定。

1949年10月1日,新中国成立后,尚在美国留学攻读博士学位的郑国锠和许多留学生一样高兴。回到祖国去! 建设新中国! 这样的念头深深种在了郑国锠心里。赫斯金教授不想失去一个自己最看好的学生和得力助手。尽管他极力挽留,希望郑国锠夫妇留在美国继续做研究,但郑国锠心意已决,在博士论文还没有写完的时候,就提前预订了船票。赫斯金教授对这位得意弟子的前途十分担忧:"我理解你的心情,只是你回去,中国的科研条件跟不上,浪费了大好时光。"郑国锠说:"将来会改变的。国家有力量,民族有希望,我个人才能有前途。"他深知,每一个游子的选择、命运、尊严乃至生命永远都是与祖国生死不分的。

1951年2月,郑国锠怀着回国报效的心情,谢绝导师再三挽留,放弃美国优越的生活、工作条件,携夫人回到祖国。

郑国锠的故乡位于江苏常熟,一个河湖交错、水网密布的地方。自古以来,这里就有"苏湖熟,天下足"的美誉。尽管家人和朋友都建议他选择离家较近的上海,那里不仅条件优越,而且方便照顾家人,但郑国锠却在面对国内多所高校和研究机构的邀请时,坚定地选择了前往当时还相对荒凉落后的西北地区,于1951年4月27日来到兰州大学。他说:"如果只是为了优裕的工作、生活条件,那完全可以当个美籍华人,留在美国不回来。现在既然选择回来了,就是想为新中国做些事情,就应该到最需要的地方去。"

郑国锠在兰州大学一直从事植物细胞学的基础理论研究。他深入观察了18个科、30个属、41种不同类型的双子叶和单子叶植物,发现这些植物中普遍存在细胞融合现象,且该现象出现的时期、顺序、形态、方向和方式,以及核重新形成的过程都很有规律,既有普遍性,也有一致性。郑教授进一步指出,染色质穿壁运动的主要动因是细胞生理状态的改变,而非机械损伤或固定液的影响。1965年,他利用电子显微镜对百合花粉母细胞进行了深入观察,发现染色质穿壁之前,细胞质中的细胞器(如液泡、线粒体和造粉质体)已先行进行穿壁运动,这些细胞器都是通过胞间通道穿向另一个细胞的。这一发现进一步证实了细胞融合是一种正常的生理现象。

关于细胞融合的机制,1973年郑国锠提出假说,认为"核液的川流运动对花粉母细胞间染色质穿壁运动起着直接的推动作用,而原生质中收缩蛋白的主动伸缩运动却是染色质穿壁运动的主要动力,原生质川流运动和染色质穿壁运动所需要的能源是有氧呼吸后所生成的能,通过ATP释放高能磷酸键形式供给的"。这个假说在对百合、蚕豆、黑麦和洋葱的研究中得到了证实。

对于细胞融合后出现的染色体基数的改变,能不能保留到精子形成,存在两种不同看法。有人认为,这种变异不能传到后代,对进化也就没有意义;也有人认为缺少1~2个染色体的也能形成精子。郑国锠等在百合、曼陀罗的实验中,对染色质穿壁后减数分裂中期Ⅰ、中期Ⅱ、形成小孢子和精子的2次有丝分裂中期的染色体数目做了统计,两者基数改变的百分率基本上相似,没有显著差异,特别是在花粉管的中期,染色体不少是可以数清楚的。他们还明显地观察到缺少 1～2 个染色体的也能形成精子,如果这种精子有机会授粉,后代将发生变异,这样有可能导致新物种的形成。郑国锠认为,细胞融合对加速生物进化具有很重要的意义。20 世纪 90 年代末,这一看法在研究胞间通道(细胞融合发生的关键结构)生物发生方面,解答了长期悬而未决的问题。

从 1951 年 4 月至 2012 年 10 月,郑国锠在兰州大学生物系工作 61 年,他不畏条件的艰苦,将毕生精力投入兰州大学生物系的教学和科研事业,为兰州大学的发展、为甘肃地方经济建设、为中国的细胞生物学学科的建立和发展贡献了自己的全部力量。

★ 融入要点

绪论章节,介绍中国细胞生物学发展时融入。

★ 融入点分析

"人生度若飞,所贵志无违。博士留洋得,专家报国归。痴心唯绛帐,笃学尽明矾。淡泊名偏振,山高云自依。"这首五律是甘肃省科学技术协会副主席宋寿海 1994 年在郑国锠院士八十华诞暨从教五十周年时献的贺词。虽然只有短短几句,却描绘出郑国锠院士一生的轨迹与情怀。他生于江南,学于美国,却扎根西北,奉献于教育科研。他以对祖国人民的深情,对科教的执着,历经沧桑变迁,在祖国最需要的地方谱写了辉煌的人生篇章。

作为医学生,我们肩负着维护人民健康的神圣使命。在新时代背景下,将个人的专业成长与国家的发展紧密结合,积极投身祖国最需要的地方,是每位医学生的责任与担当,这不仅是个人价值的实现,更是对社会主义核心价值观的践行。到祖国需要的地方去,是医学生对社会责任的深刻认识。通过深入基层、偏远地区,我们能够亲身感受人民的疾苦和医疗资源分布不均的问题。在这样的实践中,我们能够更加坚定为人民服务的信念,将个人的成长融入国家发展的大局中。作为医学生,我们要在实践中不断锤炼自己的品德修养,将敬业、诚信、友善等价值理念融入日常工作中。通过志愿服务、支医行动等,我们能够用实际行动践行社会主义核心价值观,传递正能量,为社会和谐稳定作出贡献。到祖国需要的地方去,也是高等医学教育中"知行合一"理念的践行。医学生要将学到的理论知识运用到实践中,不断总结经验,提高自己的专业水平。在实践中,我们还要注重反思与总结,不断完善自己的人格品质和职业素养,努力成为德才兼备的医学人才。

参考文献

[1]贾鹏飞.郑国锠:中国植物细胞生物学的开拓者[J].中国细胞生物学学报,2013(10):1570-1574.

[2]任炜峰,贾鹏飞.老骥伏枥,壮心不已——记我国细胞生物学奠基人郑国锠[J].生命世界,2008(3):92-97.

二、基因诊断技术先驱——简悦威

★ 基本素材

在美国科学界,华裔自然科学家在各个领域都有着卓越的贡献。然而,在1996年之前,生命科学领域中的华裔美国科学院院士却屈指可数。唯有简悦威(Yuet Wai Kan)教授,被誉为分子诊断的创始人,独树一帜。

简悦威教授出生于香港,早年的他于1958年获得香港大学医学院理学学士学位,并在1980年获得该校理学博士学位。随后,他在玛丽女王医院进行了住院医师培训。1976年,他受聘于享有盛誉的非营利性基金会——美国霍华德·休斯医学研究所(Howard Hughes Medical Institute,HMI)担任研究员。1983年,简悦威教授成为美国旧金山加州大学(UCSB)的讲座教授,自1990年起他还兼任香港大学分子生物学研究所所长。他的荣誉无数,先后被选为英国皇家学会院士(1981)、美国国家科学院士(1986)、第三世界科学院院士(1988)、中央研究院院士(1988)、中国科学院外籍院士(1996)。他还曾担任1990年度的美国血液学学会(American Society of Hematology,ASH)主席。

血红蛋白是红细胞中具有重要生理功能的组织特异性蛋白,其分子的异常会导致一系列疾病,统称为血红蛋白病。每年全球约有40万血红蛋白病患儿出生,该类疾病具有极高的发病率和死亡率。血红蛋白病主要分为两大类:血红蛋白变异体和地中海贫血。其中,最常见的血红蛋白变异体是镰状细胞贫血,它是一种常染色体隐性遗传病,在非洲和地中海地区尤为常见。在某些地区,镰状细胞贫血的杂合子基因频率甚至高达40%。镰状细胞贫血的分子机制已经明确:组成血红蛋白的β-珠蛋白基因的第6位密码子发生单碱基置换突变,导致β-多肽链该位置的谷氨酸突变为缬氨酸,使得正常的红细胞形状变为镰刀状或月牙状。这些异常的红细胞会导致血液黏度增加,容易形成血栓,造成局部组织缺氧甚至坏死,从而引发一系列的症状,如肌肉骨骼痛、腹痛等。同时,这些镰状细胞在通过狭窄的毛细血管时，由于不易变形，容易被挤压破裂，从而引发溶血性贫血。地中海贫血则主要表现为 α 或 β 珠蛋白肽链合成量的降低，导致血红蛋白四聚体的不平衡，在临床上表现为溶血性贫血。α 地中海贫血主要分布在热带和亚热带地区，全球约有 2.76 亿携带者。β 地中海贫血则高发于地中海沿岸国家，以及中东、印度、巴基斯坦、东南亚等地，全球携带者约有 8 000 万～9 000 万。在中国，地中海贫血主要见于长江以南地区，尤其是广东、广西、海南、贵州、四川等地。

1974 年，简悦威教授等人首次检测分析了 α 地中海贫血患者的珠蛋白链杂交信息，确定了患者的 α 基因缺失情况。这一开创性的研究为后续的基因诊断奠定了基础。随后在 1976 年和 1978 年，他们又揭示了镰状细胞贫血的限制性内切酶片段长度多态性（RFLP）现象，并将这一技术应用于该疾病的基因诊断与产前诊断。这些原创性的研究工作极大地推动了基因诊断学的发展，对疾病诊断学产生了深远影响。此后，随着科技的发展，遗传标记从第一代的 RFLP 发展到第二代的 STR（短串联重复序列），再到第三代的 SNP（单核苷酸多态性），再到第四代的全基因组序列，直接检测基因；分子诊断分析的层次也从 DNA 发展到 RNA 再到蛋白质；分子诊断分析的方法不断发展，包括 DNA 杂交、基因限制酶酶谱分析、RFLP 连锁分析、RNA 杂交、PCR 体外扩增、qPCR、FISH、DNA 测序、生物芯片技术、蛋白质印迹等。这使得传统的基因诊断（DNA 诊断）概念发展到更全面的分子诊断（DNA 诊断、RNA 诊断和蛋白质诊断）的新概念。同时产生了从源头上阻断疾病基因遗传的植入前遗传学诊断（PGD）技术。因此，作为分子诊断先驱的简悦威荣获了仅次于诺贝尔奖的拉斯卡奖（1991），并被授予了第一届邵逸夫生命科学和医学奖（2004）。

简悦威教授还是细胞特异性基因转移的创始人。他的实验室采用红细胞生成素多肽与反转录病毒载体外壳蛋白组成嵌合蛋白，成功实现了红细胞特异性基因转移，这一创新性研究受到了国际基因治疗领域的广泛关注。

简悦威教授是一位杰出的科学家和教育家，他的贡献不仅在于科学研究，更在于对人类健康事业的推动和发展。

★ 融入要点

介绍细胞的概念与分子基础时融入。

★ 融入点分析

简悦威教授的研究体现了科学家严谨的科研态度和开拓创新精神。他在血红蛋白病的研究中，通过创新的实验方法和数据分析，揭示了该疾病的分子机制，为疾病的诊断和治疗提供了重要的理论依据。这种严谨的科学态度和创新精神能够引导学生树立正确的人生观和价值观,培养他们的独立思考能力和创新精神。他的分子诊断研究展示了科学研究的价值和意义,为临床医学的发展提供了重要的支持,使得医生能够更准确地诊断疾病,并为患者提供个性化的治疗方案。

在大学的学习过程中,严谨的科研态度和开拓创新精神是不可或缺的。它们不仅影响学生的学习成果,更决定了他们未来在学术和职业生涯中的发展。严谨的科研态度是进行高质量学术研究的基础。它要求学生以高度的责任心和严谨的科学方法对待每一个研究环节,从选题、设计实验、收集数据到分析结果,每一步都不能马虎。严谨的态度有助于学生发现并纠正研究中可能出现的错误,从而提高研究的质量和可靠性。同时,创新精神是推动学术进步的重要动力。在学术研究中,只有不断地挑战传统观念,勇于提出新的假设和方法,才能够取得突破性的成果。大学生应当敢于质疑现有知识,发挥自己的想象力,不断尝试新的研究思路和方法。这种精神不仅有助于学生在学术领域取得成功,也有助于推动整个学科的发展。然而,需要注意的是,创新并不意味着盲目冒险。在追求创新的过程中,学生应当保持批判性思维,对新的观点和方法进行审慎的评估。他们需要学会在严谨的科研态度和创新精神之间找到平衡,以确保研究既有科学性也有创新性。通过培养和保持这两种精神,大学生可以为学术界和社会作出更大的贡献。

参考文献

[1] 郭晓强. 简悦威[J]. 遗传,2008(3):255-256.

[2] KAN Y W,GOLBUS M S,DOZY A M. Prenatal diagnosis of alpha-thalassemia. Clinical application of molecular hybridization [J]. The New England Journal of Medicine, 1976,295(21):1165-1167.

三、生物化学家——邹承鲁

★ 基本素材

时至今日,在云南师范大学校园里,还矗立着"国立西南联合大学纪念碑"。碑石正面是冯友兰撰写的碑文,背面刻着抗战以来从军的834名联大学子姓名,邹承鲁的名字就在其中。

1944年,侵华日军调集主力对中国大后方发动大规模进攻,直逼贵阳、昆明和重庆。在国家生死存亡的危急关头,一向崇尚科学救国的邹承鲁为了保家卫国,不顾家人强烈反对,积极响应西南联大号召,毅然投笔从戎,于1945年1月和联大200多名同学一起正式加入抗战队伍。青年士兵们面临的危险不仅来自战火、悬崖,还来自霍乱、"红虫病"、疟疾等传染病,有的学生士兵因染病身亡。邹承鲁亲眼见到这一切,更加坚定了今后科学救国的决心。

1945年,日本投降。随着抗日战争的胜利,邹承鲁完成了军人的使命。退役后,他于1945年9月回到阔别8个月的西南联大继续完成学业,顺利毕业。在邹承鲁心目中,科学和爱国是不可分割的,需要的时候要用鲜血和身躯保卫自己的国家,科学研究的目的是祖国的独立和强大。

次年,他以第一名的成绩通过二战后重启的首届"庚子赔款"留英公费考试,赴英后,师从英国剑桥大学著名生物化学家戴维·基林(David Keilin)教授,从事呼吸链还原酶研究。研究生期间,邹承鲁在国际上最早用蛋白水解酶部分水解方法研究蛋白质结构与功能的关系,单独署名的论文在英国《自然》杂志发表。他还发现细胞色素c纯化后与线粒体结合时在性质上发生变化,证明细胞色素b与琥珀酸脱氢酶不是同一物质。

学成归国后,邹承鲁在生物化学领域开展了具有重大意义的开创性工作。1958年,邹承鲁参加人工合成胰岛素工作,并负责胰岛素分子A链和B链的拆合,他所带领的团队,实现了看似不可能完成的科学目标——把胰岛素拆成A链和B链,再重新组合在一起,使天然胰岛素的产率从0.7%提高到1%,再提高到5%,最后达到了远超预期的10%,为完成国际上第一个蛋白质–胰岛素的人工合成作出了重要贡献。在之后的研究中,他阐明了胰岛素分子正确折叠的机制,创立了"邹氏公式"和"邹氏作图法",建立了酶活性不可逆抑制动力学的理论体系,提出了酶活性部位柔性的学说。

作为一位成就卓越的科学家,邹承鲁身上展现出的勇往直前、敢为人先的创新精神,与时代的发展紧密相连。在科学家精神被广泛推崇的今天,他的事迹具有更加深刻的启示意义。

★ 融入要点

内膜系统章节,介绍高尔基体具有水解加工蛋白质功能时融入。

★ 融入点分析

在20世纪的中国科学界,邹承鲁是一位令人敬仰的科学家,他不仅在学术上取得了卓越的成就,更是一位满怀爱国情怀的知识分子。在国家生死存亡的危急关头,邹承鲁毅然投笔从戎,响应知识青年从军运动,加入抗战队伍,保卫祖国。在建设新中国的历程中,经历了国家的苦难和民族的屈辱他用科学报效祖国,为民族的复兴贡献自己的力量。他深知,科学技术是推动国家进步的强大动力,也是提升民族地位的关键。因此,他毅然选择了科学研究的道路,并为之奋斗终身。在科研工作中,邹承鲁始终坚持自主创新,致力于打破国外的技术封锁。他带领团队攻克了一个又一个关键技术难题,取得了多项世界领先的科研成果。这些成果不仅推动了我国科技事业的发展,也提升了民族自豪感和自信心。他用自己的智慧和汗水,书写着对祖国的无限热爱和忠诚。除了科研工作,邹承鲁还是一位热心公益事业的人士。他积极参与各种社会活动,倡导科学普及和教育事业的发展。他深知,一个国家的未来在于人才的培养,因此他将自己的知识和经验毫无保留地传授给年轻一代。他希望通过自己的努力,为年轻一代的成长和发展创造更好的条件和环境,培养出更多的优秀人才来服务国家和民族。邹承鲁的爱国情怀还体现在他对国家大事的关心和参与上。他曾多次为国家献计献策,为推动科技事业的发展和国家的现代化建设提出了宝贵的建议。他不计个人得失,始终以国家和民族的利益为重,展现了知识分子的担当和情怀。邹承鲁院士的一生,是对国家和民族的无私奉献,是对科学研究的执着追求,更是对爱国情怀的深刻诠释。

参考文献

[1] 王志珍.邹承鲁先生与中国蛋白质折叠研究[J].生物化学与生物物理进展,2023,50(5):857-860.

[2] 温菲.邹承鲁:攀登前人没有攀登过的高峰[J].今日科苑,2021(8):64-70.

四、细胞生物学家——翟中和

★ 基本素材

翟中和,1930年出生于江苏溧阳的一个普通农家,从小就面临着艰苦的教育条件。他经常要冒雨上学,饿着肚子上课。然而,他在晚年的回顾中指出,正是这段早年的中小学教育培养了他的自学和自律习惯,让他在后来的逆境中能迎难而上。1950年,翟中和考入清华大学生物系,在那里,他师从陈桢、赵以炳、沈同、李继侗等著名教授,学习到了普通生物学、植物学等领域的专业知识。同时,清华大学作为国内较早解放的大学之一,其爱国主义校园文化深深地影响着青年翟中和,使他在思想和行动上不断追求进步。

1951年，翟中和成为新中国第一批被派往苏联学习的大学生。由于刚到苏联时语言不通，他在那里的学业面临着巨大的困难。但他每天坚持15个小时的紧张学习，心中只有一个信念，那就是"为了新中国建设一定要努力学习"。经过5年的努力学习，他在彼得格勒大学得到了系统而良好的专业训练，并被评为优秀毕业生。回国后被分配到北京大学任教。1959年，翟中和再次被派往苏联科学院生物物理研究所进修。两次留苏经历，为他此后的学术科研事业奠定了坚实的基础。

翟中和于1961年回到北京大学。从20世纪60年代初到70年代中期，他与同事们在国内早期开展了细胞超微结构技术的研究，并进行了细胞放射效应的一系列探索。虽然很多研究成果并未以论文的形式公开发表，但他们的实验室经验得到了丰富，并逐渐养成了坚持进行实验的习惯。从1973年到1976年，翟中和与同事、学生前往兽医药品厂，与经验丰富的工人和技术人员合作研发疫苗。这个过程使他对病毒在细胞内的繁殖规律产生了浓厚的兴趣，并从实践问题中提炼出理论研究的课题。尽管当时的科研条件和设备相对有限，但翟中和凭借强烈的科研热情和执着追求，带领团队进行了力所能及的研究。1978年，翟中和在北京大学创建了细胞生物学专业，从硕士点到博士点再到重点学科点，始终将"病毒与细胞关系"作为主要研究课题。他们先后发表了约60篇科研论文，并逐渐形成了一个团结、勤奋的研究集体，成立了细胞生物学实验室。经过10年的努力，翟中和带领的研究团队在病毒的分离、鉴定，以及细胞疫苗研制方面取得了既具有科研意义又具有实践价值的成果。他首次成功研发了鸭瘟细胞疫苗，并在动物病毒复制与细胞结构关系研究方面取得了突出成就。20世纪80年代初，中国迎来了"科学的春天"，翟中和意识到中国的生命科学发展水平与国外存在较大差距，他深感急需拓展知识面，并在科研中引入分子生物学技术。1985年，身为教授和博士生导师的翟中和，在年逾半百之时第三次跨出国门，前往美国麻省理工学院担任访问教授。当时麻省理工学院生物系只有他一位中国教授。从长期进行的结构形态研究转变到分子生物学研究，对于一个年过半百的人来说，难度之大可想而知。然而，他勇敢地面对挑战，穿梭在0 ℃的冷室和36 ℃的温室之间，尽管温差对他的身体造成很大伤害，不久他就患上了坐骨神经炎，直不起腰，走不了路，但他并未停止研究。在短短一年半的时间内，他发表了多篇有分量的论文。

提到翟中和，生物界有耳熟能详的几个"首次"：首次研制成鸭瘟细胞疫苗，在动物病毒复制与细胞结构关系方面取得突出成就；首次在国际上证实原始真核细胞存在染色体骨架与核骨架；首次在国内建立非细胞体系核重建的实验模式，直观地显示了重建核的核骨架体系。

翟中和的一生，从农家子弟到新中国第一批留苏大学生，再到北大教授、中国科学院（简称中科院）院士，他始终坚持勤奋为学，在学术上不断精进，在研究中不断开拓；亦坚持淡泊处世，将个人利益置之度外，为集体、为国家贡献付出。著名遗传学家谈家桢先生曾送他一幅书法,其上所书"重学问,淡名利"6个字,是翟中和学术人生的追求与写照。

★ 融入要点

细胞骨架章节,介绍细胞核骨架时融入。

★ 融入点分析

翟中和院士说,他相信"勤能补拙""几十年来的长期积累和努力可以弥补自己的很多不足"。翟中和院士在面对困难和挑战时,始终坚持不懈地努力,如他在苏联学习时,每天坚持15小时的紧张学习,最终获评优秀毕业生;在美国麻省理工学院担任访问教授时,强忍病痛勇敢地面对挑战并穿梭在冷室和温室之间,尽管温差对他的身体造成很大伤害,但他并未停止研究;翟中和在北大老生物学系的小楼里完成过许多重要的实验,因为他的实验室是晚上最晚熄灯的,所以他被称为北大"生物学系的最后一盏灯"。

对大学生而言,勤奋治学是一种宝贵的品质,它不仅关系到个人的成长和发展,更是推动社会进步的重要力量。勤奋治学意味着对知识的渴望和对学术的追求,是对自己负责、对社会负责的体现。大学生勤奋治学的动力来源于对知识的热爱和对未来的憧憬。只有通过不断学习、不断积累,才能够拓宽自己的视野、增强自己的能力,为未来的职业生涯和社会发展做好准备。勤奋治学不仅仅指刻苦努力,更是一种态度和习惯。大学生应该树立正确的学习观念,保持积极向上的心态,养成良好的学习习惯和方法。勤奋治学需要大学生具备自律和毅力的品质。大学宽松自由的环境容易让人懈怠,而学术研究往往需要长时间的投入和努力。因此,大学生应该制定合理的学习计划,培养良好的学习习惯,克服拖延症等不良习惯。通过坚持不懈的努力,大学生可以克服困难、突破自我,取得优异的学术成果。

参考文献

[1]王丽媛.翟中和:勤奋为学,淡泊处世[J].今日科苑,2017(9):36-40.

[2]仇方迎.还孩子以天性——访中科院院士、北京大学教授翟中和[J].北京教育,1997(Z2):1.

五、低渗制片技术发明者——徐道觉

★ 基本素材

尽管明确了染色体就是基因的载体,但由于染色体制备技术的限制,许多染色体在光学显微镜下重叠难以分辨,因此,对于人类染色体组的确切数目,各国学者报告的结果各不相同。

1921年,美国遗传学权威学者 Theophilus Painter 提出人体的染色体数目为 $2n=48$ 条。这个结论在当时的生物医学教科书和百科全书中被广泛接受。然而,到了1956年,美籍华裔学者蒋有兴和 Albert Levan 首次确认人类染色体的真实数目为 $2n=46$ 条,而非先前认为的48条。

有趣的是,这个重要的发现其实是由另一位美籍华裔科学家、浙江大学的杰出校友徐道觉先生最先观察到的。然而,由于当时的权威认为人类的染色体数目为48条,他并未能确认并发表自己的发现。

徐道觉,1917年4月17日生于中国浙江绍兴。1932年他毕业于浙江省立一中,考入浙江大学代办高级农业职业学校,1936—1941年就读于国立浙江大学,而后,在遗传学家谈家桢指导下获理科硕士学位后留校任教,1948年赴美,于1951年在美国得克萨斯大学获博士学位,随即,他在位于加尔维斯敦市的该校医学院从事博士后研究工作,1953年被聘为助理教授。1955年,他应聘到位于休斯敦市的该校安德森医院和肿瘤研究所任实验细胞学研究室主任,副教授;1961年晋升为教授;1980年被聘为该中心第一位首席教授。

徐道觉在美国得克萨斯大学取得博士学位后,由于当时的处境,他不得不放弃自己擅长的果蝇遗传学研究,转而从事组织培养学研究。在一个宁静的夜晚,徐道觉一如往常地走进实验室,开始他的研究。在处理一些治疗性流产胚胎组织(皮肤和脾)的培养标本时,他按照常规操作步骤使用盐溶液冲洗细胞。然而,他在显微镜下看到的,却是分散得十分均匀且美丽的染色体。他无法相信自己的眼睛,于是他走出实验室,绕着大楼走了一圈,然后到咖啡馆喝了一杯咖啡,使自己清醒过来后,他回到实验台前,再次检测了更多的染色体制片,结果仍然看到了相同的现象。没有发现一个分裂象具有纺锤体定向,也没有一个分裂细胞显示出细胞分裂中期的边界,所有这些都是非典型的中期特征。他试图研究其他的标本并获取更多的培养物,希望能够重复这个"奇迹",然而却再也无法得到像之前那样分散得好的样本。他猜想一定是在人脾培养物中出现了一些"差错"。于是,他开展了大规模的实验,试图从各种因素的实验中找到这个奥秘,包括培养基的成分、培养条件、培养温度、秋水仙碱、固定液和染色液等。然而，直到 1952 年 4 月，当他改变平衡盐溶液的张力时，他才取得了成功。当他把蒸馏水和平衡盐溶液混合以降低张力时，"奇迹"再次出现了。他立刻意识到，这个强大的工具可能同样适用于其他细胞材料或物种细胞。果不其然，这个方法对所有的生物体和培养物都适用。可以肯定的是，3 个月前出现的神奇现象，一定是实验室中的某一位技术员在配制平衡盐溶液时心不在焉，读错了称量天平的刻度标尺，导致配制的溶液为低渗液，而这次意外的"错误"使得徐道觉成功地将低渗技术应用到人体染色体的研究中。低渗处理的作用在于可使红细胞胀破，白细胞胀大，造成染色体空间的变大，染色体易伸展而不再重叠，得以清晰地在显微镜下显示。由此，徐道觉确认了正确的人类染色体数目：$2n=46$。

利用低渗液处理染色体标本是人类细胞遗传学和脊椎动物细胞遗传学得以发展的一个重要转折，是染色体研究中不可缺少的一个环节。但由于受到权威学者 Painter 等阐述的人类染色体组为 $2n=48$ 条结论的影响，徐道觉未能公布自己所观察到的 46 条染色体的事实，也许是面对众多的权威不敢发布，也许是认为条件未成熟不肯轻易发布，总之，他最终没有发表这一划时代的原创性研究成果。这对整个科学界来说，无疑是一个不小的损失；而对他个人来说，实在是一个莫大的遗憾。一位科学家曾如此形容徐道觉先生昔日的科学发现："这好比一位足球明星，在世界杯决赛中从后场盘球，狂奔几十米，连晃数人，但到对方禁区内却犹豫不决，没有拔脚怒射，错过了得分良机，全场一片叹息！"

尽管徐道觉的发现没有被首先发表，但他的贡献不容忽视。他的研究为后来的科学家提供了重要的启示和基础。他的故事也提醒我们，在科学研究中，勇于挑战权威和独立思考是非常重要的。

★ 融入要点

细胞核章节，介绍染色体组概念时融入。

★ 融入点分析

徐道觉博士在研究过程中展现了追求真理、坚韧不拔的科学精神，为了看清楚染色体，他不断尝试和改进实验方法，试图从各种因素的实验中找到成功的奥秘，最终成功地发现了低渗处理技术，为人类细胞遗传学和脊椎动物细胞遗传学的发展作出了重要贡献。

追求真理是大学生学习的根本目的。在学习过程中，大学生应该始终保持好奇心和求知欲，积极探索未知领域，不畏艰难险阻，勇攀学术高峰。同时，他们还应该具备批判性思维,勇于挑战传统观念和权威观点,通过独立思考和深入研究,探寻事物的本质和内在规律。在追求真理的过程中,大学生还应该注重学术道德和诚信,遵守学术规范和法律法规,保持学术研究的公正性和客观性。坚韧不拔是大学生必须具备的品质。在学习过程中,大学生会遇到各种困难和挑战,如复杂难懂的知识点、实验数据的波动、学术论文的撰写等。面对这些困难,大学生应该具备坚定的信念和毅力,坚持不懈地努力,不断尝试和改进。同时,他们还应该学会从失败中汲取教训,调整自己的学习方法和策略,不断提高自己的学习效率和应对困难的能力。追求真理和坚韧不拔是相辅相成的品质。只有对真理保持敬畏之心,才能够不断深入探索和研究;只有具备坚韧不拔的品质,才能够克服困难和挑战,取得真正的学术成果。

参考文献

[1]高翼之.现代细胞遗传学大师徐道觉[J].生命世界,2006(1):86-89.

[2]冯永康.不断探索、不停奋斗的遗传学家徐道觉:纪念人类及哺乳动物细胞遗传学的开创者徐道觉诞辰100周年[J].生物学通报,2017,52(10):55-59.

六、生物物理学家——贝时璋

★ 基本素材

　　贝时璋是我国杰出的实验生物学家、细胞生物学家和教育家。他是中国细胞学和胚胎学的创始人之一,也是中国生物物理学的奠基人。他于1948年荣获中央研究院第一届院士称号,1955年成为首批中国科学院学部委员(1993年改称中国科学院院士)。自从1928年获得德国图宾根大学的博士学位证书以来,他分别在1978年、1988年、2003年和2008年被该大学授予"金博士""钻石博士"等荣誉称号,并被德国政府授予"惟一学术公民"的称号。

　　贝时璋教授在细胞学领域最重要的研究工作是关于细胞重建现象的研究和细胞重建学说的创建。在1932年春,他在杭州西湖后面的松木场采集实验动物时,偶然发现了一种形态异常的南京丰年虫。这些丰年虫的雄性个体的头型像雌性的,而雌性个体的头型又像雄性的,这种异常的现象引起了贝时璋的关注。在实验室里,贝时璋通过显微镜观察发现,这些丰年虫的性别非雌非雄、亦雌亦雄,是一种中间性。他还发现,这种雌雄同体的中间性丰年虫在生活周期的某一时期会进行性的转变,而且生殖细胞的转变是以老细胞的解体和新细胞的形成为基础的。贝时璋将这种现象称为"细胞重建"。贝时璋的研究表明，细胞重建是不同于细胞分裂的另外一种细胞繁殖过程，二者有着明显的不同。细胞分裂是由母细胞一分为二产生两个子细胞，而细胞重建则是在具有组成细胞的物质基础和条件下，从没有细胞结构到有细胞结构一步一步地从头开始、从无到有重新组织起来的过程。1934年春，贝时璋在浙江大学生物学系的一次书报讨论会上报告了这些现象，并提出了"细胞重建假说"，认为细胞分裂不是细胞繁殖增生的唯一途径，细胞重建是细胞繁殖增生的另外一条途径。然而，由于当时的研究条件限制，关于细胞重建的研究工作在1943年暂时放了下来。直到1970年，贝时璋在中国科学院生物物理研究所组建了一个细胞重建研究组，重新开展研究工作。他们观察到鸡胚早期发育中普遍存在细胞重建的现象，并发现了丰年虫和鸡胚细胞中的卵黄颗粒内都有染色质、DNA、组蛋白等重要的核物质。实验也表明，重建的细胞不仅结构完整，功能也是正常的。此外，他还发现细胞重建不仅发生在生殖细胞中，还广泛存在于胚胎时期的体细胞中。这些发现进一步证明了细胞重建是一种普遍存在的细胞繁殖方式。之后，贝时璋又开展了小鼠骨髓在原位和离体培养下的核重建和细胞重建的研究，以沙眼衣原体和大豆根瘤菌（均为原核细胞生物）为材料，同样观察到了细胞重建现象。到1980年时，他对细胞重建这一繁殖现象已经有了比较系统的认识，并提出了"细胞重建学说"。贝时璋的这些研究工作表明，细胞重建是一种普遍存在的细胞繁殖方式，它不仅可以发生在生殖细胞中，还可以发生在胚胎时期的体细胞中。这种繁殖方式不同于传统的细胞分裂方式，但同样可以完成细胞的繁殖和分化。他的这些发现为我们对生命起源和细胞进化的理解提供了重要的启示。即使在百岁高龄，他仍然坚守在科研一线，心系国家的繁荣和科学的发展。

贝时璋的名字被镌刻在科学的历史长河中，他的一生与中国科学紧密相连，为新中国的科学事业发展作出了巨大贡献。

★ 融入要点

细胞分裂与细胞周期章节，介绍细胞增殖方式时融入。

★ 融入点分析

贝时璋院士是我国国内公认的生物物理学奠基人。贝时璋在德国留学期间，深受中国留学生爱国精神的感染，他逐渐体会到，作为中国青年，自己背负着国家的期望，因此他倍加珍惜留学机会，用1年时间学习了涵盖了植物学、动物学、物理学、化学、病理学等多门学科的课程。贝时璋归国后在浙江大学任教时倡导发展实验生物学，重视各门基础课程的教学，陆续配齐了各分支学科的师资力量，并参照图宾根大学的教育模式，构建了具有浙江大学特色的生物学系学术传统:除主系学科外,学生还要选修辅系学科;定期召开书报讨论会,开展学术交流,传播学科交叉和发展边缘学科的学术思想。他以"学科交叉"理念创建了浙江大学生物系、中国科学院生物物理研究所和中国科技大学生物物理系,他组织开展了"核试验放射性本底自然监测""核爆试验对动物本身及其远后期辐射效应监测""生物探空火箭"等研究工作,为中国生命科学和"载人航天"事业作出了杰出贡献。

大学生在学习的过程中,夯实学科基础、注重学科交叉创新是至关重要的。学科基础是构建知识体系和培养综合素质的基石,只有打好了基础,才能够更好地应对复杂多变的实际问题。而学科交叉创新则能够拓宽知识视野、培养跨学科的思维方式、提高解决问题的能力。大学生应该注重学科基础。无论是哪个学科,都需要有扎实的基础知识作为支撑。只有掌握了学科的基本概念、原理和方法,才能够更好地理解该学科的核心思想和逻辑体系。因此,大学生应该认真听讲,阅读教材和参考书目,积极参与课堂讨论和课后作业,不断提高自己的学科基础水平。此外,大学生应该注重学科交叉创新。学科交叉是当今学术研究的重要趋势,通过不同学科之间的交叉融合,可以产生新的学术思想和研究成果。大学生应该积极探索不同学科之间的联系和交叉点,尝试将不同学科的知识和方法结合起来,开拓新的研究领域和思路。

参考文献

[1]吴志菲.贝时璋:一生致力于探索边缘科学[J].国际人才交流,2023(4):38-43.

[2]中国科学院生物物理研究所."我们要为国家争气"——怀念贝时璋先生[J].生物化学与生物物理进展,2022,49(6):959.

[3]王谷岩.贝时璋:真实科学家的科学人生[J].中国细胞生物学学报,2019,41(1):157-172.

七、中国细胞生物学奠基人——汪德耀

★ 基本素材

汪德耀,1903年2月8日出生于江苏省灌云县。他在家乡接受私塾教育,后到北京念小学和中学。他小时候路过上海一个公园,亲眼看到门口立着一块写有"狗与华人不得入内"的牌子,心里感到莫大的侮辱。这次经历是他人生中最刻骨铭心的一幕,他从此立下了"要不受外侮,必使国家富强"的信念。

1919 年 5 月 4 日,五四运动在北京爆发。五四运动中的经历,促使汪德耀更迫切地寻找救国救民的道路。他当时认为,国家之所以受到不平等待遇,就是因为贫穷落后、人民愚昧、科学不发达,要想使国家富强,就应该兴科学办教育,他决心走科学救国之路。

1921 年,汪德耀通过语文、数学、英语三门功课的考试,以优异成绩考取公费赴法留学的资格。在异国他乡,汪德耀努力攻读,于 1925 年获得里昂中法大学理学硕士学位,翌年转到巴黎大学攻读博士学位。1931 年"九一八"事变爆发,汪德耀毅然决定归国效命,他历经艰难,乘轮船在海上飘荡 35 个昼夜,回到了日夜牵挂的祖国。那一年,他才28 岁,是我国第一位细胞学博士,也是当时国内 7 个获得法国国家博士学位的学者之一。

汪德耀在回国后,先后在北平大学、湖南师院等院校任教,之后转任福建省研究院院长。尽管生活辗转艰辛,他仍然坚定地进行科学探求。在抗日战争的 8 年中,他发表了学术论文《动物细胞的细胞质组成研究》,中国细胞学界公认它是最早研究细胞质两种主要细胞器(线粒体系及液泡系)的原创性论文,也是抗日战争 8 年中唯一的一篇细胞学相关论文。

1943 年,汪德耀受聘为厦门大学教授,并在 1945 年 9 月接任厦门大学校长。在抗战胜利后,他在组织学校战后重建,以及保护厦门大学师生和资产安全方面作出了重大贡献。在 1949 年新中国成立前夕,汪德耀拒绝了国民党要求他将厦门大学搬到台湾的密令,为保护厦门大学师生和贵重仪器图书的安全作出了不可磨灭的贡献。

此后,汪德耀在厦门大学长期任教,并成为我国细胞生物学的奠基人之一。他从事细胞生物学的教学和科学研究,取得了许多重大的研究成果。从 20 世纪 50 年代起,他参与制定我国细胞学的发展规划,并领导科研组承担了有关细胞器结构和功能,以及核质相互关系等国家重点科研项目的研究。他在动植物细胞液泡系的演进规律、液泡系与高尔基体的相互关系、细胞质基本组成成分和动物细胞非有丝分裂等方面的研究取得了突破性进展。他的研究成果还包括关于牡蛎人工授精、育苗和大小牡蛎人工杂交的研究,解决了我国养殖海产贝类幼苗紧缺的问题。在 1972 年,他写出了《现代细胞生物学主要特征及发展动态》一文,自己出资印刷并分送给各大学和科研单位,为祖国的科学春天到来敲响了晨钟。改革开放后,汪德耀重新焕发了青春,他的研究成果和论著大量涌现。他一方面继续进行北京鸭精子发生过程的细胞学研究,另一方面开展北京鸭精子发生过程中细胞骨架和核孔复合体的研究,首次报道了鸟类精细胞变态过程中的微管空间构型和核孔复合体的超微结构。这些研究成果被认为填补了国际上关于鸟类精子发生过程超微结构研究的空白,也是我国在细胞生物学新领域——细胞骨架的第一篇论文。

汪德耀又把细胞生物学的研究同当前医学上的难题癌症结合起来,开展了现代癌细胞生物学三大重点课题之一,癌细胞诱导分化问题的探索,取得了重要成果,并创办了国家重点实验室——肿瘤癌细胞工程实验室。他一生共发表论文 150 多篇,编写专著

6 部,主编的《普通细胞生物学》获得国家教委优秀教材一等奖,合著的《膜分子生物学》获"中国图书奖"。他共获得省级以上奖励 10 多项。作为我国细胞生物学的奠基人之一,汪老不仅科研硕果累累,而且桃李遍天下。多少年来,汪德耀始终没有离开过教学第一线。1981 年他被国务院审批为我国第一批博士生导师之一,生前共指导了数十名硕士生、博士生,不少学生成为学科带头人。

汪德耀一生经历清王朝、北洋军阀政府、"中华民国"和新中国 4 个时期。这位饱经百年沧桑的老学人生前曾向人表达了他的两个心愿。一是希望现在的同志,现在的青年,不要忘记历史,尤其不要忘记我国近代受屈辱的历史,永远牢记"落后就要挨打"的历史教训,要把个人的前途命运与国家的前途命运紧紧联系在一起,为振兴中华而奋斗;二是自己虽然年事已高,但爱国心不会老,愿继续为祖国做些力所能及的事情。

这就是一位终生爱国爱党的老科学家、教育家崇高的风范!

★ 融入要点

细胞分化章节,介绍癌细胞时融入。

★ 融入点分析

汪德耀院士在科学研究中追求真理,积极推动细胞生物学的发展。他坚持科学救国,认为国家的进步需要依靠科学和教育的发展。

在抗战期间,他坚持科研工作,并发表了多篇学术论文。在"文化大革命"期间,他遭受迫害,但仍然坚持科研工作,并写出了《现代细胞生物学主要特征及发展动态》一文,为祖国的科学春天敲响了晨钟。汪德耀院士不仅关注科学研究,也关心社会问题。他参与了细胞生物学的教学和科研工作,并开展了关于牡蛎人工授精、育苗和大小牡蛎人工杂交的研究,解决了我国养殖海产贝类幼苗紧缺的问题。他还将细胞生物学的研究同当前医学上的难题——癌症结合起来,开展了现代癌细胞生物学的研究,填补了国际上关于鸟类精子发生过程超微结构研究的空白。汪德耀院士一生从事教学工作,他始终没有离开过教学第一线。他关心学生的成长和发展,认真指导了数十名硕士生、博士生,不少学生成为学科带头人。他不仅关注学生的学术发展,也关心他们的道德品质和人生观。汪德耀院士希望现在的同志和青年不要忘记历史,永远牢记"落后就要挨打"的历史教训,把个人的前途命运与国家的前途命运紧紧联系在一起。

参考文献

[1]林妍,吴乔.汪德耀:中国细胞生物学的奠基人[J].中国细胞生物学学报,2019,41

（8）：1671-1676.

[2]卢明辉.一爱祖国　二爱科学——追记我国细胞生物学奠基人、原厦门大学校长汪德耀教授[J].厦门科技,2000(6):23-24.

[3]白蓝.科教报国　一片丹心——记细胞生物学家汪德耀教授[J].厦门科技,1996(1):5-6.

第三篇

组织学与胚胎学

一、中外组织学科学家——比沙和马文昭

★ 基本素材

　　17世纪初,比沙是近代组织学研究的开创者。在应用解剖、腐化、干燥、浸润、煮沸等多种研究方法,以及结合动物生理学实验和临床观察的基础上,比沙对结构和功能之间的关系进行了深入的理解和研究。即使在当时的显微技术和标本制作技术尚未发达的情况下,他区分了人体内各种不同的结构,并首次提出了"组织"的概念。这一概念作为机体生理功能和病理变化的基本单位,对于现代医学和生物学的发展产生了深远的影响。他深入地研究了人体各种组织结构,并提出了组织是维持机体正常生理功能和病理变化的基本单位的理论。在器官病理学的基础上,他进一步探索了疾病的本质,为后来出现的细胞病理学奠定了重要的基础。比沙对于组织学的开拓与研究对现在组织学的研究有着指导作用,现在不少组织学理论都来源于比沙的理论。比沙对组织学的研究环环相扣,全面细致。

　　组织学进入中国可以追溯到近代,近代中国国力衰弱,内忧外患,许多中国人选择出国寻找救国之道。马文昭先生出身贫寒,少年时生活困苦,曾到教会学校半工半读,经常受到歧视,内心十分压抑,但他刻苦、勤奋,受资助进通县协和书院学习,于1915年毕业,后在山西、河北等地行医。1919年在协和医学院 E. V. Cowdry 教授指导下开始攻读组织学,1920年参与创建中国解剖学会,1920—1921年赴美国芝加哥大学从事线粒体和高尔基复合体的研究,发表多篇文章。回国后在协和医学院解剖科任教,1946年担任北京大学医学院院长,兼任解剖学教研室主任。他采用了活体染色和固定切片等技术,对线粒体和高尔基复合体在生理和病理状态下的形态学变化进行了深入研究。1928年,他再次前往美国芝加哥大学研究院进修,进一步研究了线粒体和高尔基体在细胞中的功

能,并指出这两种细胞器是细胞各种代谢功能最重要的结构。随着细胞功能的亢进和衰退,这两种细胞器的数量也会相应地增长或减少。他又结合临床开展了有关磷脂类在诸多疾病中的治疗作用的研究。马文昭致力于组织学、细胞学的教学与科研,为我国的基础医学事业发展作出了重大贡献。他勤奋工作,为国家培养了大批人才,是我国医学教育和科学研究领域杰出的科学家。

★ **融入要点**

绪论章节,介绍组织学与胚胎学发展史时融入。

★ **融入点分析**

比沙和马文昭两位中外科学家的优秀事例体现了科学家宝贵的品质,就是"创新""爱国"和"求实"。

首先,是勇攀高峰、敢为人先的创新精神。比沙首次进行了具有开创性意义的机体组织分类研究,将组织视为生理功能和病理变化的基本单位。马文昭作为组织学的奠基人,他将组织学研究透彻,勇于创新,打破旧的理念,随着时代进步而进步。医学就好比冰山,我们探索到的仅仅只是冰山一角,而藏在水里的那一部分往往需要他这样的科学家去探索。"健康所系,性命相托"这8个字是每个医学生的誓言,如果没有先辈们对医学的研究,人类难以战胜病魔。

其次,是胸怀祖国、服务人民的爱国主义精神。马文昭用自己的一生投入祖国医药事业中,为祖国培养医学人才。爱国主义是中国人民对祖国的一种情感,是国家发展、民族团结的重要精神支柱。国际形势复杂而充满挑战,中国面临着外部和内部环境的挑战。习近平总书记在全国教育大会上强调,"我们的教育必须把培养社会主义建设者和接班人作为根本任务,培养一代又一代拥护中国共产党领导和我国社会主义制度,立志为中国特色社会主义事业奋斗终身的有用人才。"大学生是我们国家的未来、民族的希望,是社会建设的栋梁,对其进行爱国主义教育,是培养中国特色社会主义接班人的现实需要。厚植大学生的爱国情怀,增强大学生的国家认同感和民族自豪感,引导大学生树立远大的目标,通过实际的行动回报国家,使其成为具有较高思想道德素质的人才。科学无国界,科学家有自己的国家,成就与荣誉建立在爱国的基础上才会更闪耀。

最后,是求实的精神。这两位科学家都生活在社会进步与变迁的黄金时期,成长于逆境之中,用平凡的命运书写了不平凡的人生,他们都是科学领域的先锋。他们敢于否认错误观点,用自己的理论积累和实践操作证明自己的观点。倘若医学失去了组织学,失去了人体微观下的形态结构,医学界的未来将会渺茫。

参考文献

[1]尹银亮.近代组织学的创始人——比沙[J].医学与哲学,1991(4):48-49.

[2]刘斌.深切怀念我国组织学、细胞学奠基人马文昭院士[J].解剖学报,2011,42(5):577.

[3]李肇特.勤奋工作数十年如一日——纪念马文昭教授[J].北京医学院学报,1982(4):386-387.

[4]王晗竹.爱国主义教育融入高校思政课教学的路径探析[J].中国军转民,2023(8):60-61.

二、方舟苦渡万千甜——"糖丸爷爷"顾方舟

 **基本素材**

"糖丸爷爷"顾方舟出生于1926年。1955年,他毕业于苏联医学科学院病毒学研究所,是我国著名的医学科学家和病毒学专家。也许你没有听过这个叫作顾方舟的人,但你一定在小时候吃过一颗颗像糖果一样的药丸,那就是脊髓灰质炎疫苗。

1955年一场奇怪的疫情在江苏南通暴发,随后迅速蔓延到全国多地,大批儿童染病致死,病死率高达28%,引起社会恐慌。患上这种病,轻则腿瘸,重则瘫痪,甚至会因无法自主呼吸而窒息死亡。这种病名叫脊髓灰质炎,具有极强的传染性,主要在夏秋两季高发,俗称小儿麻痹症。1957年,顾方舟临危受命,开始脊髓灰质炎疫苗研究工作。

当时存在死疫苗和活疫苗两种方法去防治脊髓灰质炎,死疫苗是最稳妥的,风险小,技术成熟,但是活疫苗的成本仅仅是死疫苗的千分之一,为了能够让每个孩子都能用得起这个疫苗,顾老深思熟虑后选择了活疫苗。为了进一步控制成本并实现自主疫苗研发,顾方舟团队在昆明市建立了医学生物学研究所。该团队由一群精英组成,他们选择在距离市区几十公里外的昆明西山安营扎寨,与时间赛跑,以死神为对手,开展着一场关乎生命与健康的激烈竞赛。顾方舟实施了以下2个步骤的计划:进行动物实验,以及开展临床试验。在动物实验顺利完成后,临床试验被划分为3个阶段,即Ⅰ、Ⅱ、Ⅲ期。对于疫苗Ⅲ期试验的第一期,需要在少数个体身上检测其效果,顾老及其研究团队首先承担起了试药者的角色,几人没有犹豫喝下了一小瓶疫苗溶液。在这凶险的1周中,顾老及其团队成员均未表现出任何患病症状。然而,这一结果并未促使他掉以轻心。鉴于成

年人普遍对脊髓灰质炎病毒具有免疫力,他强调必须证明该疫苗对儿童也同样安全。

但这种情况下,几乎没有人会让孩子来进行试验,顾方舟先生决定在自己刚满月的孩子身上进行疫苗喂食,并隐瞒妻子。一些实验室成员也受到了深刻影响,纷纷选择让自己的孩子参与本次试验。经过漫长的 1 个月后,孩子们的生命体征正常,这一期的实验得到了圆满的结束。临床试验完美通过。1960 年 12 月,500 万剂疫苗被投入中国11 个面临脊髓灰质炎威胁的城市,及时阻止了疾病蔓延。

之后,又有一个问题摆在顾先生面前。因为液体减毒活疫苗需要保持低温运输和储存的条件,在大规模推广方面存在一定的困难。此外,疫苗的口感问题也使得儿童对其产生抵触情绪。为了解决这些问题,顾方舟提出了一种创新方法:将疫苗制成固体糖丸。经过一年多的研究和测试,他成功地研制出了糖丸疫苗。随着糖丸疫苗的大规模生产,我国进入了全面控制脊髓灰质炎流行的阶段。在 1975 年,顾方舟团队着手研制三价混合型糖丸疫苗。经过不懈的努力,终于在 1985 年探索出了最佳的配比方案,成功研制出了三价糖丸疫苗。1986 年,三价糖丸疫苗在全国范围内推广使用,为彻底消灭脊髓灰质炎提供了强有力的武器。这颗小小的糖丸,守护着成千上万儿童的健康,承载着中国的殷切希望,书写了一段无声却又壮美的医术传奇。自 1994 年我国发现最后一例患者以来,至今未发现由本土野病毒引起的脊髓灰质炎病例。顾方舟于 2019 年 1 月 2 日突然离世,享年 92 岁。他的离世让我们深感痛惜,但他的贡献将永远铭刻在历史的长河中。他生前曾说,"希望我们的担子能交给年轻人,祝愿全国免疫工作者看好每一个孩子,保护每一个孩子,使他们能够健康地成长。"

★ **融入要点**

神经组织章节,介绍神经元和突触时融入。

★ **融入点分析**

顾方舟先生的优秀事例体现了以下几个宝贵的品质,就是"无私奉献""爱国"和"坚持不懈的毅力"。

首先,顾方舟舍己幼,为人之幼,无私奉献,医者大仁。顾先生毕生致力于消灭脊髓灰质炎。在临床试验阶段,他不仅以身作则,自愿尝试试验药物,还出于对试验的充分信任,拿自己刚满月的儿子进行试验。他坚信,"我们自己生产的东西,自己都不相信,那别人怎么能相信呢?"顾先生的从容自信、为国家和人民利益忘我奉献的精神,令人深感钦佩。

其次,顾方舟心系百姓,胸怀大志,坚定地站在人民的角度看问题、解决问题。为了能够让每个孩子都能用得起这个疫苗,顾先生扎根山区,全心研究活疫苗,并不断改善研究技术,是当之无愧的引领时代精神的"人民科学家"。顾方舟先生倾尽毕生精力,成功地帮助我国消除了脊髓灰质炎。他的贡献不朽而伟大,在我国公共卫生史上树立了一座永恒的丰碑。尽管他在追求目标的过程中经历了许多艰辛,但他从未自认为是英雄。在顾方舟先生的遗体告别仪式上,门口悬挂着一副挽联:"为一大事来鞠躬尽瘁,做一大事去泽被子孙。"这恰如其分地描绘了他一生的奉献和成就。人民就需要这样的"人民科学家",人民永远不会也不应该忘记这样的"人民科学家"。一代人有一代人的奋斗,一个时代有一个时代的担当。"守初心、担使命",我们正前所未有地走近世界舞台中央,我们比以往任何时候都强烈需要人民科学家精神,需要它爆发出更强大的时代感召力和引领力,用人民科学家精神助推中华民族伟大复兴,为建设世界科技强国汇聚磅礴力量。

最后,顾方舟不忘初心、坚持不懈地进行科学研究。他将自己的一生投入科学研究建设,从小就立志从事医学相关的专业,坚持自己的理想并为之不断奋斗,努力学习完善自己,去苏联进修磨炼自己。在研究出疫苗后,顾方舟又根据实际情况进行分析完善,考虑到活疫苗不易运输与保存,他又想到将疫苗变成极易保存的糖丸。他的一生致力于一项伟大的事业,并取得了巨大的成就。他的功绩犹如一粒糖丸,是治疗疾病的灵丹妙药,更是他拳拳赤子心的体现。

顾方舟先生制造出救人的糖丸,以庸常对抗瞬变,以渺小铸造伟大。

参考文献

[1]中国实验动物学会.深切悼念顾方舟教授[J].中国比较医学杂志,2019,29(1):119.

[2]"浙里"科学家的红色人生(二)[J].科学24小时,2022(10):32-36.

[3]新华社."糖丸爷爷"顾方舟:护佑中国儿童 远离小儿麻痹症[J].健康中国观察,2019(10):45-47.

[4]科学家精神丛书编写组.科学家精神爱国篇[M].北京:科学技术文献出版社,2020.

[5]陈晶钰."糖丸爷爷"——顾方舟[J].中国医学人文,2019,5(2):2.

三、无偿献血,护佑生命

★ 基本素材

献血是一项具有崇高的无私奉献精神的社会公益事业,自愿无偿献血者则是公认的最安全的血液来源。自1997年起,我国已不断加强血站建设,以保障献血者和受血者的合法权益。在各级政府的共同努力下，无偿献血事业得到了快速发展，参与无偿献血的公民数量也在不断增加。然而，近几年来，我国无偿献血量的增长速度逐渐下滑，而临床用血需求却不断增长，这导致各地频频出现"供血紧张"的情况。因此，呼吁更多的人加入献血队伍中来，对于保障我国的血液供应和医疗安全具有重要意义。

湖南中医药大学吕广仁同学，在大学5年间，积极参与无偿献血等公益活动，自2014年起，除了寒暑假不在长沙市的时间段，基本上每2~3周捐献一次成分血。在深入了解成分血后，他开始主动到献血屋担任志愿服务工作，直至大四上学期，一年多时间里，他积极参与志愿服务，并累计完成了超过300 h的志愿服务工作。因此，他荣获了"全国无偿献血志愿服务二星级志愿者"的称号。截至2021年8月，他总共献血99次，其中包括2次全血和97次机采血小板，累计参加无偿献血志愿服务活动超过300 h。在经过初配、高分辨、体检等一系列程序后，他于2019年10月成功捐献造血干细胞，挽救了一位白血病患者的生命。此外，他在2017年底已在微信端完成"中国人体器官捐献志愿登记"，是长沙市目前累计献血次数最多且成功捐献造血干细胞的在读大学生。他直接带动身边的同学参加机采血小板捐献超过百人次，间接影响了一批同学加入无偿献血的行列。当被问及为何参与献血时，吕广仁同学表示："现在献血已经成为我的一种生活习惯，就像吃饭、睡觉一样。我知道长沙献血最多的人已献血200多次。作为一名医学生，虽然我没有亲身经历过生命垂危等待用血的焦急心情，但是临床上这样的病人是很常见的。目前全国血库的情况并不乐观，比较紧缺，我只是希望能够帮助到别人。"吕广仁同学还获得过全国无偿献血奉献奖金奖、2017年度中国大学生自强之星提名奖、第十四届中国大学生年度人物入围奖、湖南省普通高校优秀大学生党员、第二批全国"百名研究生党员标兵"等荣誉。

詹姆斯·哈里斯于1937年出生，现年已86岁。在初中时期，他因肺病接受了胸部大手术，为了挽救他的生命，医生输给他13人份的血量，最终成功救治了他的生命。因此，他下定决心终身参与无偿献血工作。在一次献血过程中，医生发现在他的体内存在一种极其罕见的能够抵抗溶血症的抗体。这一发现增强了他的献血决心，自此他每隔一段时间就会去献血一次。60多年来，他累计献血已超过1 100次，成为世界上累计献血数量最多的人。据澳大利亚红十字会统计，他的血液至少挽救了220万个溶血症儿童的生命，其中包括他的孙子孙女。在1999年，也就是20世纪的最后一年，澳大利亚政府为了表彰他的贡献，向他颁发了澳大利亚勋章。

自2014年7月至12月，由于血液偏型问题，以下驻区部队官兵集中参加了急救应急献血活动：中国人民解放军93246部队74分队、中国人民解放军65043部队、长白山公安天池边防工作站、吉林公安边防总队安图大队、道边防工作站、武警部队保护区森林长白山大队、武警部队白河森大队、长白山消防队等，共有68名官兵参与了献血，献血总量为21 700 mL。

 **融入要点**

血液章节,介绍血液成分时融入。

 **融入点分析**

无偿献血这一优秀社会行为充分显现出中华民族"无私奉献"和"团结友爱"的传统美德,是我国血液事业和社会精神文明建设发展的总趋势。献血不仅充分体现了人们崇高的爱心和奉献精神,更在实质上为病患解除了痛苦,甚至能够挽救他们的生命。这种行为的价值无法用物质来衡量,更无法用金钱来比较。

无偿献血不仅是一种互相帮助、团结友爱的表现,更是一种互救互助的体现。献血者今天以无私奉献的精神为他人送去生命的希望,将来自己或亲属面临困境时,也可以得到他人同样无私的援助。这种团结互助和人道友爱的精神正是社会主义社会中人与人之间关系的充分展示,也是社会精神文明建设的核心价值所在。

参考文献

[1] BEDNALL T C, BOVE L L, CHEETHAM A, et al. A systematic review and meta-analysis of antecedents of blood donation behavior and intentions [J]. Social Science and Medicine, 2013, 96.

[2] 周金歌,李欣,雷梓烨,等.无偿献血的法律思考[J].秦智,2022,16(10):45-47.

[3] 段涵敏.吕广仁:热血青春 护佑生命[N].湖南日报,2019-11-08.

四、蓝天保卫战

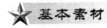 **基本素材**

保护碧水蓝天,共创美好家园。

随着城市化进程的推进,人民生活水平逐步提高,然而环境污染问题也日益凸显。许多工厂排放的废气和道路上汽车排放的尾气,引发了雾霾天气的频繁出现。由于我们的呼吸系统与外界环境直接接触,长期生活在雾霾天气中会严重影响呼吸系统,严重者甚至危及生命。1952 年 12 月,伦敦因严重空气污染而出现了大烟雾。此次事件是由于反气旋和煤炭使用导致空气污染物增多,同时缺乏风力使得城市上空形成厚厚的烟雾。据报道,该次雾霾事件导致 10 万余人患病,死亡人数约为 12 000 人。此外,1930 年的比利时雾霾事件导致约 60 人死亡,2013 年中国中东部地区的严重雾霾事件也再次提醒人们要重视环境保护。日本治理空气污染花费了 30 年的时间,这一经验也再次提醒我们要重视环境保护。因此,我们必须采取有效措施治理空气污染,保护好环境,以保障人民的身体健康和生命安全。

保卫蓝天便是保护呼吸系统。呼吸系统由导气部和呼吸部组成。导气部包括鼻、咽、喉、气管、叶支气管、段支气管、小支气管、细支气管和终末细支气管;呼吸部由呼吸性细支气管、肺泡管、肺泡囊,以及肺泡等构成。导气部是气体进出的通道,呼吸部(主要是肺泡)则是进行气体交换的主要场所。这也就是为什么大气污染会直接损伤我们呼吸系统。呼吸系统的主要功能就是进行机体与外界环境间气体交换,从而保证机体生理活动的正常运行。中医认为肺为娇脏,其不耐寒热、不容异物,肺主呼吸,外合皮毛,在窍为鼻,与外界相通,外感六淫之邪从皮毛或口鼻而入常易犯肺而为病,其他脏腑的病变亦常累及肺。大气污染物中的细颗粒物、臭氧、二氧化硫、一氧化碳等物质,都会对我们的呼吸系统造成伤害,引起过敏、支气管炎、哮喘等呼吸系统疾病甚至导致癌症。就拿现在比较关注的空气污染物 PM2.5。PM2.5 是指大气中直径≤2.5 μm 的颗粒物,也称为可入肺颗粒物。由于人体的生理结构无法对 PM2.5 进行过滤和阻拦,因此这种细颗粒物造成的雾霾天气对人体健康的危害可能比沙尘暴更为严重。

雾霾中的颗粒物可能进入鼻腔,但鼻毛的摆动可以有效地阻挡直径大于 10 μm 的颗粒物。然而,直径小于 2.5 μm 的颗粒物会通过支气管继续深入,此时上呼吸道纤毛会试图阻止其进入下呼吸道。部分 PM2.5 可能随着痰液等排出体外,但大部分 PM2.5 会继续向下进入下呼吸道。

在气管中,由于气管的盘根错节,这些颗粒物会遇到白细胞。尽管白细胞具有吞噬和释放多种酶来溶解 PM2.5 的能力,但由于颗粒物的数量庞大,它们可以轻易地直达肺泡。一旦 PM2.5 分布到肺泡,它们会遇到肺巨噬细胞,这些细胞专门吞噬异物。然而,由于 PM2.5 的粒径极小,直径相当于人类头发的 1/10,携带难以分解的重金属和毒素,并可能成为病毒和细菌的载体,这些颗粒物对人体的影响远远不止于肺部。它们在大气中的停留时间长、输送距离远,被吸入人体后会影响肺的气体交换,引发或加重呼吸系统疾病。此外,PM2.5 还会穿越气血屏障进入循环系统,攻击其他器官,导致充血性心力衰竭和冠心病等疾病的发生。

党的二十大报告指出,坚持精准治污、科学治污、依法治污,持续深入打好蓝天、碧水、净土保卫战。保卫蓝天就是保卫人类自身,保卫蓝天没有旁观者,在这场“战役”中,我们该如何贡献自己的力量呢? 节约用水、随手关灯,节约能源,绿色低碳出行等。

金山银山不如绿水青山,时光荏苒,无法暂停或倒转,因此保卫蓝天的征程绝无中场休息可言。唯不忘初心、保持进取心,我们方能打赢蓝天保卫战。

在这个过程中,我们需要强化各类污染物的协同控制,以实现重污染天气的根本改善。蓝天,作为人类生存的基本环境,其保卫具有重大意义。同时,保卫蓝天并非孤立存在,而是需要我们每个人都积极参与,从自身做起,形成全民共治的良好局面。例如,通过节约用水、合理使用电力等能源,以及倡导绿色低碳出行等行为,我们能够切实减少环境污染,为保卫蓝天贡献一份力量。我们需要认识到,生态环境的保护和经济发展并非矛盾对立的关系。绿色的生态环境是持续发展的基础,只有保持生态环境的优美,才能真正实现可持续发展。同时,保卫蓝天的战斗不会给我们留下任何喘息的机会,我们必须始终不忘初心、保持进取心,切实推进环境保护事业。唯有如此,我们才能在蓝天保卫战中取得最终的胜利。

★ 融入要点

呼吸系统章节,介绍气管时融入。

★ 融入点分析

为了更好地理解和保护我们的呼吸系统,我们需要了解雾霾是如何侵入我们的身体的。通过学习呼吸系统的知识,我们可以从自身健康出发,更好地关注全人类的健康。大气污染防治是推进生态文明建设的重要措施,也是保护人民健康的必然要求。人与自然环境是密不可分的。当我们享受温暖的阳光和蓝天白云时,也应该关注自然环境的保护和人与自然的和谐。环境质量和空气质量与可持续发展和人类健康密切相关。

为了保卫蓝天,我们必须坚持知行合一、步步为营、久久为功的原则。只有通过全社会的共同努力,我们才能实现蓝天常在、青山常在、绿水常在的目标。当我们重视保护蓝天时,蓝天也会给予我们回报。在新时代,让我们共同努力,像保护我们的眼睛一样呵护蓝天,为建设美好的未来而奋斗。

参考文献

[1]谢林霞.世界重大空气污染事件盘点[J].新湘评论,2013(10):19.

[2]严俊乾.论国家治理视域下的雾霾问题[J].世纪桥,2014(4):95-96.

[3]刘文静.蓝天保卫战:雾霾多发启动 PM2.5 监测之旅[J].气象知识,2012(1):15-17.

[4]刘宇彤,张涛图.哈尔滨:多措并举保卫蓝天碧水[J].东北之窗,2022(12):24-26.

五、"试管婴儿之父"的故事——科学与人文的碰撞

★ 基本素材

在 1978 年 7 月 25 日那个具有特殊意义的午夜,英国奥尔德姆综合医院手术室迎来了世界首位试管婴儿路易丝·布朗(Louise Brown)的诞生。她的母亲莱斯利·布朗(Lesley Brown)因为输卵管阻塞的手术失败,导致她一直无法怀上自己的孩子。在经历了 9 年的备孕无果之后,这对夫妇终于通过先进的"试管婴儿"技术获得了属于他们的宝贝。对于这对夫妇而言,他们最应致谢的人无疑是享有"试管婴儿之父"尊称的罗伯特·爱德华兹。

1925 年罗伯特·爱德华兹出生于英格兰曼彻斯特,后任英国剑桥大学教授。在那个时候全世界约有10%的家庭忍受着无法生育孩子的痛苦,当时的医疗技术不能够有效地解决这一问题。其实在 1950 年,他就觉得体外受精是治疗不孕症的有效技术,也和其他同事进行了一系列的研究;在 1962 年,华裔生物学家张明觉以兔子为实验对象成功实现了哺乳动物的体外受精过程。这一实验对于罗伯特的启发非常大,促使他开始在其他动物身上进行类似的实验,并取得了一系列成功。这些成果为他日后进行人体体外受精实验奠定了坚实的基础。

研究过程中,他受到了很多人的质疑,很多人认为体外受精是违背自然科学规律、违背伦理道德的,特别是宗教教廷对罗伯特这一行为进行了强烈谴责,所以很多人都对此持反对态度。但是罗伯特始终觉得,孩子是人生中最宝贵的礼物,一个家庭如果没有一个可可爱爱的孩子,该多么沮丧和遗憾啊!他没有被这些批评所打倒,而是坚持自己的信念和理念,他认为自己所做的是符合科学、道德和人道的。他说:"我不认为体外受精技术是不自然的,它只是一种帮助自然发生的方法。"这也是支撑罗伯特不顾一切反对,坚持研究试管婴儿的根源和动力。他和同事们一心研究这项技术,最终有所建树,对于精子和卵细胞无法在体内结合的情况,他们将卵子提取出来,在试管里面进行体外受精,结合成受精卵后再植入子宫当中进行胚胎发育,科学家还可以在将胚胎植入母亲的子宫之前检查出其是否携带某种疾病的遗传基因。1978 年 7 月 25 日,英国的路易丝·布朗成了全世界第一个"试管婴儿",标志着不孕不育治疗方面的革命性进展。

随后有人担心"试管"里培育出的会不会是畸形怪物。人们还担心这样的孩子能否正常发育、生活和繁育后代,担心体外受精技术是否安全有效。罗伯特不但没有收获赞赏和认同,反而受到了大量的质疑和恐吓,一些宗教狂热分子认为他破坏了伦理道德并

对他进行了批判,他们称路易丝·布朗为"魔鬼的造物",要求罗伯特立即停止"扮演上帝"的做法。罗伯特在各种流言蜚语中不为所动,依旧坚持自己的理想信念日复一日地工作,发展完善试管婴儿技术。随着路易丝·布朗的健康成长,而且通过自然受精也有了自己的孩子,人们对于体外受精技术也渐渐地有了改观,同时也逐渐被大家认可。有赖于这项技术,现在约有400万个"试管婴儿"如同路易斯·布朗一样诞生在这个世界上,也表示全世界又有400万个家庭从此多了孩子们的欢声笑语,这就是对体外受精最好的证明,对罗伯特先生最好的嘉奖。

2010年10月4日,85岁的罗伯特·爱德华兹教授荣获诺贝尔生理学或医学奖,以表彰他在试管授精科学领域取得的杰出成就。目前国内从事体外受精的生殖医学中心已有300多家,体外受精在中国蓬勃发展。罗伯特·爱德华兹教授的成就造福了全人类,推动了人类生命健康事业的蓬勃发展。

 **融入要点**

胚胎章节,介绍受精时融入。

融入点分析

通过了解罗伯特·爱德华兹教授与"试管婴儿"的故事,我们可以学习到他对科学未知领域的探索精神。爱德华兹教授敢于打破惯例和模式,追求创新和进步。他的成功引领了从基础性发现到当前体外受精治疗的全过程,这一创新性工作催生了一个全新的医学领域。因此,他的贡献被视为现代医学发展历程中的一块重要里程碑。

他坚持追求真理的精神令人叹服。面对困难和质疑,他毫不胆怯,毫不退缩,始终坚持初心,不断进行探索。他勇敢地面对未知的挑战,毫不畏惧地进行科学研究,不断创新,必然会遭到质疑和反对。然而,他始终坚定自己的信念,并以成果回应质疑。在科学领域,没有一条平坦的道路,只有那些勇于面对艰辛,勇往直前,攀登陡峭山路的人,才有可能达到辉煌的巅峰。

同时,这也是一个科学与人文相结合的故事。爱德华兹教授为科学、为造福人类事业而奋斗的精神让人敬佩,在试管婴儿这条未曾有人走过的道路上勇往直前,为全世界饱受不孕不育痛苦的人们带来了生育的希望,送去了孩子的笑声。它展示了一个科学家在生殖生理学领域的创新和突破,以及他对人类生命尊严和幸福的关怀和贡献。

心之所愿,无所不成。

参考文献

[1]郭惠柠,张秋金.试管婴儿技术概述[J].生物学教学,2021,46(8):2-4.

[2]宋济范."试管婴儿之父"罗伯特·爱德华兹获得诺贝尔奖[J].生殖医学杂志,2010(6):473.

[3]赵无忌.体外授精技术之父罗伯特·爱德华兹获诺贝尔生理学或医学奖[J].世界科学,2010,32(11):7-8.

六、"衣原体之父"——汤飞凡

★ 基本素材

　　汤飞凡,我国知名的微生物学家,1897年出生于湖南醴陵汤家坪,祖辈均为文人,家道中落,12岁时他跟随父亲到湖南长沙读初中,之后考入了湖南省立甲种工业学校学习。汤飞凡深刻体会着穷苦人民的贫病交加、有病无处医的痛苦。一次,他听到外国人嘲笑我们中国人是"东亚病夫"时,便立志学医,树立悬壶济世的远大理想。1914年湘雅医学院首届招生,汤飞凡毅然报考。尽管他从未学过英语,但他的勇气和决心打动了主考官胡美,从而被破格录取成了第一批学生,从湘雅医学院毕业后,他申请到北京协和医院细菌学系进修。当时汤飞凡十分崇拜巴斯德和科赫——国际顶尖微生物学家。日本的北里柴三郎被称为"东方的科赫",汤飞凡也暗下决心,要终身从事微生物学研究,努力成为"东方的巴斯德"。于是,他又前往美国哈佛大学医学院细菌学系进行深造,并开始了病毒学的研究工作。

　　作为中国病毒学领域的先驱,汤飞凡以其卓越的工作能力和严谨的科研精神,成为第一个在该领域获得同事们尊重和赞赏的中国籍科学家。进修期满,在接收到哈佛大学著名细菌学家秦瑟教授的多次邀请后,汤飞凡教授收到了时任国立中央大学医学院院长的颜福庆的邀请,希望他能够回国共同谋划国家医学教育的发展,并致力于振兴中华医学。在信中,颜福庆院长并未承诺任何优厚的待遇,只有恳切的言辞和对祖国医学教育所面临的困境的阐述。汤飞凡深感祖国对他的需要并肩负为科学事业贡献的责任,因此于1929年毅然携带家人回国,受聘为国立中央大学医学院细菌学系的副教授。面对匮乏的科研条件,他亲自操刀改进实验设备,甚至将自己的显微镜捐献给实验室,从而将细菌学系从无到有地建立起来,展现了他严谨的科学态度和坚定的奉献精神。

在 20 世纪早期的流行性疾病中,沙眼是一种极为猖獗的疾病。在我国,对沙眼的高发率有"十眼九沙"之说,成为我国首要致盲因素之一。但是沙眼的病原体是细菌还是病毒? 学术界争论不休。1928 年日本学者野口英世通过分离实验,断言沙眼的致病原是一种"颗粒杆菌"。在 1933 年,汤飞凡使用保存在美国的野口"颗粒杆菌"进行了志愿者接种试验。试验结果表明,这种细菌并不能导致疾病,从而推翻了野口所代表的"细菌病原说"。20 世纪 50 年代,我国沙眼肆虐,一直没找到合适的治疗办法。在危急时刻,汤飞凡主动承担起了疫苗研制工作。终于,通过 8 次实验,汤飞凡和他的助手成功地分离出了世界上第一株沙眼病原体,并将其命名为 TE8。这一成就使他成了世界上首位发现重要病原体的中国人。

1957 年,汤飞凡在《中华医学杂志》上公开发表自己对于沙眼的研究成果,这引起了许多人的关注,当然也存在质疑——目前的实验数据尚且无法证明引起人类沙眼的是TE8。而唯一能推翻该质疑且证明自己的方法就是做人体实验,可沙眼具有很强的传染性,人体实验的风险极大,为进一步证实实验结果,汤飞凡决定以身试毒,用自己的眼睛去体验并观察沙眼的发病过程。在 1958 年元旦这一天,已经年届六旬的汤飞凡博士,决定亲自进行一项大胆的实验。他让助手将沙眼病原体植入自己的一只眼中。几天后,典型的沙眼症状出现了。为了更好地观察整个病理过程,汤飞凡博士忍受着畏光、流泪等不适症状,坚持让眼睛红肿了 40 多天才接受治疗。最终,他的实验结果确切无疑地证实了他所分离的病原体就是沙眼致病体。

成功分离沙眼病原体的研究为有效防治沙眼奠定了稳固的基础。截至 2014 年底,我国沙眼患病率已降低至 0.196%,成功实现了消灭致盲性沙眼的目标。由此,关于沙眼病原体的争议在历经近 1 个世纪之后,终于画上了圆满的句号。1970 年,国际上正式将沙眼病原体和其他几种介于病毒和细菌之间的、对抗生素敏感的微生物命名为衣原体,汤飞凡先生因此被誉为"衣原体之父"。1981 年,国际眼科防治组织决定向他颁发"沙眼金质奖章",以表彰他在这一领域的杰出贡献。

汤飞凡的杰出贡献不仅在于建设了中国的防疫队伍,还在于在抗战期间瘟疫肆虐的艰难时刻,他重建了中央防疫处,并成功研发出中国第一支青霉素,拯救了抗战战士的千万条生命;他领导的中央防疫处研发出稳定独立的牛痘疫苗,使中国比世界提前 16 年消灭了天花;在新中国成立初期时期,鼠疫猖獗,然而他仅用了 2 个月的时间,就成功研制出了 90 000 mL 的减毒活菌苗,成功遏制了鼠疫的蔓延。此外,他还独立研发了具有中国自主知识产权的牛痘疫苗、白喉疫苗、狂犬疫苗,以及全球首支斑疹伤寒疫苗。对于这样一位杰出的老医学工作者,每一位医学生都应该深深地记住他,缅怀他为医学事业作出的巨大贡献。他的献身医学的精神、对科学研究的严谨求实的态度以及对医学事业的执着追求,都值得我们学习和传承。

★ 融入要点

眼与耳章节,介绍眼球时融入。

★ 融入点分析

汤飞凡先生的优秀事例体现了科学家宝贵的品质,就是"献身求真""爱国"和"敢于质疑"。

汤飞凡在当时一穷二白的背景下,凭借坚持不懈和献身求真的精神为我国、为世界沙眼的治疗作出了巨大贡献。为进一步证实实验结果,汤飞凡以身试毒,用自己的眼睛去体验并观察沙眼的发病过程。医学的进步永远没有尽头,身处信息化与科技化飞速发展时代的我们应当永远保持钻研精神,不断与疾病作斗争。汤飞凡能够取得如此巨大成就,也源自他"为中华之崛起而读书"的决心。尽管别国开出了许多丰厚条件,他毅然决然回到祖国,为祖国奉献了一切。汤飞凡曾写道:"祖国需要我,我有责任为祖国的科学事业作出贡献。"也正是这句话,鼓励着有爱国之心、报国之梦的他奉献于祖国、献身于科学。同时,汤飞凡还敢于质疑,打破成规,敢于质疑已有的观念,在一次次的验证中才能加深理解,实践是检验真理的唯一标准。正是有不同的观点,才能有现在的医学体系。

汤飞凡,一个将自己的一生都奉献给医学的科学家,一个用生命书写着爱国情怀的"国士"。诚然,我们无法统计,他究竟救过多少中国人的生命,我们也无法衡量,他乐于奉献、死而后已的精神价值。无疑,汤飞凡对中国预防医学事业所做的贡献是巨大的,他值得被每一个中国人铭记在心!一个充满希望的民族,必然拥有其英雄作为精神的引领;一个有光明前景的国家,绝对需要先锋作为发展的中坚力量。

吾辈应当铭记汤飞凡的功绩,以之为榜样,去学习、去敬畏!我们应树立远大理想,合理规划人生,明确前进方向,不懈奋斗,勇于追梦,将自己的理想同祖国的前途紧密联系在一起,自立自强、勇当先锋、勇挑重担、敢当脊梁、不负使命,争做新时代好青年,奋进新征程!

参考文献

[1]黄欣.衣原体之父——汤飞凡[J].创新世界周刊,2018(10):76-77.

[2]梅兴无."中国疫苗之父"汤飞凡[J].世纪风采,2020(8):30-36.

[3]梅兴无.中国第一代病毒学家汤飞凡[J].炎黄春秋,2020(9):88-93.

[4]管辉.中国疫苗之父:汤飞凡[J]中国档案,2020(5):86-87.

[5]佚名.防疫战士 功在千秋——"中国疫苗之父"汤飞凡[J].华南理工大学学报:自然科学版,2022,50(8):F0002.

[6]李春发.新中国伊始战"疫"专家汤飞凡的不凡人生[J].文史月刊,2020(5):12-17.

第四篇

局部解剖学

一、无语良师，大爱无疆

★ **基本素材**

在传统观念的长期影响下，我国的遗体捐献事业起步晚，捐献数量不足。在每学期的第一堂解剖课上，老师们都会讲这个故事：20年前的一天，一位老人在女儿的陪同下来到医学院解剖楼。他姓王，是长沙某学校的退休老师，患有冠心病正在住院，他来了却一桩心愿——希望去世以后捐出遗体。当时他很激动地说："我死后要捐献我的遗体，我是一名共产党员，要为党的事业作最后的贡献。"正是王老师这样的"无语良师"选择在生命终结时为医学教育和医学研究事业捐献自己的血肉之躯，为莘莘学子学医之路架起知识的桥梁，为培育出一代又一代优秀的医生作出了无私的贡献。老师们通过整理和收集遗体捐献相关知识和遗体捐献宣传片，在局部解剖学开课之前介绍我国遗体捐献的现状，使学生们从思想上认识到尸体解剖机会的来之不易，从而尊重每一位遗体捐献者，珍惜每一次解剖课机会。收集来自身边的遗体捐献者的资料，通过讲述捐献者的故事，使学生感受到他们的平凡与伟大，以及对生命的热爱和对医学发展的期待，从而学会尊重生命，敬畏生命。在今后的学习过程中，不仅要尊重大体老师，珍惜每一次解剖课机会；还要珍爱自己的生命，在任何时候不以任何形式损害或终结自己的生命；将来更要作为一名医务工作者去珍爱、守护每一位患者的生命，竭尽所能去解除患者的病痛、抚慰患者的心灵、挽救患者的生命。完善局部解剖学开课仪式、实验课默哀仪式和结课仪式等相关流程，整理解剖学誓词及解剖学操作宣誓词，组织学生参加清明节感恩、遗体捐献，以及与遗体捐献登记者交流等活动。通过亲自参与缅怀大体老师的一系列活动，使学生深刻领悟"无语良师"崇高的奉献精神，从而在今后的学习过程中能以感恩之心面对"无语良师"，以恭敬之情面对授业师长，不忘初心、践诺前行。

⭐ **融入要点**

绪论章节,介绍局部解剖学学习目的及学习方法时融入。

⭐ **融入点分析**

局部解剖学操作一般是8～10人一组,需要结合教材及操作指导完成每节课的操作任务并对解剖出的结构进行辨认,因而需要学生分工合作。然而目前的大学生为独生子女,从小受父母、祖父母等的多重关爱,容易以自我为中心,缺乏团队合作意识。通过实行分组解剖、小组内轮流操作,以及以小组为单位操作评价等措施,让学生明白,大到一个国家、一个单位,小到一个班级,甚至一个学习小组,生活中需要团队、团队中需要分工协作,从而培养学生团队协作的能力,激发学生的集体荣誉感。

局部解剖学是一门形态学科,主要通过对大体老师的解剖来了解人体各局部器官结构的位置、层次及毗邻关系。目前,学校大体老师的主要来源为遗体捐献,因此围绕遗体捐献等活动是局部解剖学得天独厚的思政元素。局部解剖学实验课条件艰苦且多名学生共用一位大体老师,因此,是培养学生吃苦耐劳和团队精神的前沿阵地。另外,在对人体结构的讲述或解剖操作过程中通过挖掘与之相关的人物事迹、国家重大医疗事件,以及生活实例,可以很好地进行职业素养、家国情怀及人生观、价值观等教育。因此,局部解剖学思政主要围绕生命教育、家国情怀、职业素养、人文素养,以及人生观、价值观五个主题进行。

参考文献

[1]靳辉,冯改丰,杨蓬勃,等.局部解剖学课程思政素材库的建设与应用[J].医学教育研究与实践,2022,30(4):476-480.

[2]冯改丰,周劲松,靳辉,等.课程思政在局部解剖学教学中的应用与思考[J].医学教育研究与实践,2021,29(3):436-439.

[3]曾瑞霞,阎文柱,屈惠莹,等.基于临床应用能力培养的局部解剖学课程教学实践[J].中国继续医学教育,2022,14(1):5-9.

[4]靳辉,计胜峰,杨蓬勃,等.基于翻转课堂与PBL相结合的"人体解剖学"教学研究与实践[J].中国医学教育技术,2022,36(1):65-69.

二、解剖学家——李继硕

★ 基本素材

1920 年出生的李继硕，早年就读于长春医科大学，毕业后留校任教。新中国成立后，他把大量精力投入对解剖学教研室的基础建设工作。他主编的《国人体质资料汇编》不仅获得当时的国家教委科技进步一等奖，也让世界解剖学领域了解了中国人体质参数，丰富了解剖学。"文化大革命"期间，他被诬为"反动学术权威"而受尽折磨，不得不离开解剖学教研室，每天能做的就是打扫病房、厕所，倒痰盂、便盆……但他内心始终保持对科学研究的执着。白天，他照常参加劳动，夜深人静的时候则偷偷拿出解剖学相关书籍埋头苦读。他在默默等待着继续能为解剖学事业发展作贡献的时机。"文化大革命"后，李继硕重新回到解剖学教研室。由他提出的将解剖学由"单纯教学型"向"教学研究型"转变，由单纯形态学向综合神经科学转变的发展思路，成为我国解剖学发展的主流。李继硕率先开展的神经解剖学研究获国家自然科学基金资助，丰富了"神经解剖学"这一学科门类；发现了三叉神经领域本体感觉中枢通路，填补了国际解剖学空白；系统阐明了盆腔内脏初级传入的联系方式，首次完善了对其传入途径的认识；先后出版专著 4 部、发表论文 120 多篇；主持完成的"在骶髓后连合核中发现内脏痛信息的传递途径及调节方式"研究项目，获得了迄今为止国内解剖学界唯一的自然科学奖。

李继硕领导组建了拥有 5 个实验系列、16 个单项实验室的国内一流解剖学科，在 20 世纪 80 年代就成为首批博士学位授权学科和国家重点学科。他的教研室还被誉为中国"神经解剖技术发源地"。

李继硕和他的同事用了整整 50 年时间，陆续搜集到 1 420 件解剖标本，使第四军医大学的标本陈列馆名列国内之首，给中国乃至世界解剖学者提供了丰富的标本资源。

2000 年秋季的一天，教室的门被轻轻推开，李继硕那熟悉的身影出现了。但让大家惊讶的是，他的脖子上戴着笨重的脖套，走路的姿态也少了往日的灵活。原来，他刚做颈部手术不久，医生要求他安静休息，但他还是照常来上课了。

李继硕的教学生涯贯穿一生，其课堂教学因"形象好、口才好、板书好"而受到学生青睐。有人曾经统计，由他执笔起草的教学计划、方案和报告有 100 多篇，撰写或修改的教案有 200 多本，共数百万字。至今，他参与撰写或主编的解剖学教材，仍然是被学生公认的规范教材之一。

★ 融入要点

颈部章节,介绍颈部结构时融入。

★ 融入点分析

作为一名医学生,以后要当一名好医生,既要有救死扶伤的医者仁心,也要有扎实的临床技能与知识储备,更要有勇攀医学高峰、冲击医学科研未知领域的冲劲与韧劲,这就是"职业精神"。它与人们的职业活动紧密联系,具有职业特征的精神与操守,是从事这种职业就该具有的精神、能力和自觉。职业精神的实践内涵体现在敬业、勤业、创业、立业四个方面。在全面建设小康社会,不断推进中国特色社会主义伟大事业,实现中华民族伟大复兴的征程中,从事不同职业的人们都应当以李继硕教授为榜样,大力弘扬社会主义职业精神,尽职尽责,贡献自己的聪明才智。

首先,李继硕教授一生都在践行"勤业""敬业"的精神。他心系军事医学教育事业,长期以来把三尺讲台当作施展才华的人生舞台,为人民军队培养出一批批军医优秀人才;作为学科带头人,他获得了迄今为止国内解剖学界唯一的自然科学奖。他所领导的解剖学教研室于 20 世纪 80 年代就成为首批博士学位授权学科和国家重点学科,被誉为中国"神经解剖技术发源地"和"解剖学研究前沿阵地"。他创造着基础医学的未来,为培养高素质医学人才提供了跃升的平台;作为军校园丁,他视教育如生命,探索创建了"教学、科研、思想政治工作"三位一体的育人思路,堪称教书育人的典范。其次,"创业""立业"方面,新中国成立前夕,他毅然从北京参军到大西北,在困境中组建解剖学教研室,多方收集无主尸体。"文化大革命"期间,他被诬陷为"日本特务"和"反动学术权威",但他仍坚持一边当清洁工一边偷偷学习业务。"文化大革命"结束后,他始终为教书育人事业默默奉献。因长期超负荷工作,李继硕患上多种疾病,先后动过 5 次手术。晚年,他因腰椎间盘突出压迫神经,常常小便失禁,只好带着"尿不湿"和替换内裤上班,每天还要工作十几个小时。一位院士感慨地说:"他没有轰轰烈烈的壮举,但有平凡中的伟大,他的人生实践蕴含着丰富的精神宝藏。"

李继硕视名利淡如水,先后三次给学校党委递交辞呈并举荐新人,是第四军医大学第一个让出主任职位的高级专家。在文章署名、成果申报、学术任职上,都把机会让给年轻人。生前有关机构几次要对他的事迹进行宣传,都被他拒绝。日本友人、香港实业家赞助的经费,他全部用于改善教研室实验条件和人才培养。

颈部位于头与胸和上肢之间,颈部的支持结构是脊柱的颈段。纵横于三者之间的血管、神经、淋巴管及气管和食管的结构在此区交汇,故颈部各结构的相互关系也更复杂。

颈部是一座"桥",一条"梯"。李继硕教授倾注毕生心智,以蜡炬般的情怀为学子"搭桥作梯"。李继硕招收研究生很严格,政治和人品过不了关的,分数再高也不收。他特别重视学生的德行塑造和人格培养,勉励他们志存高远、早日成才。他担任党支部正、副书记20多年,每周三下午都要组织全体人员学习马列著作和理论文章,长期坚持用科学理论育人。

　　李继硕老师一生治学严谨、甘为人梯,积极推进中国解剖学发展,体现了"职业精神"的内涵,李继硕老师用生命唱响了当代知识分子的壮歌。

参考文献

[1]桂兰润,王百忍,李继硕.三叉神经领域本体感觉中枢通路新发现的两个核团(AVM、ADO)的位置、形态及细胞构筑[J].神经解剖学杂志,1998(2):135-141,208.

[2]李继硕,秦秉志,杜彦军,等.内脏和躯体初级传入纤维在骶髓后连合核的汇聚[J].针刺研究,1991(Z1):194.

[3]李云庆.通过培养优秀青年人才提高教师队伍素质的做法与体会[J].中华神经外科疾病研究杂志,2015,14(3):255-258.

[4]SHEN X,WU H,SHI C,et al. Preoperative and intraoperative skull traction combined with anterior-only cervical operation in the treatment of severe cervical kyphosis(>50 degrees)[J]. World Neurosurg,2019,130:e915-e925.

三、众志成城,防控疫情

★ 基本素材

　　2020年初,一场新冠肺炎疫情突袭大江南北!它暴发于人流规模最大的春节假期,成为新中国成立以来在我国发生的传播速度最快、感染范围最广、防控难度最大的一次重大突发公共卫生事件,中华民族又一次面临严峻考验。"生命重于泰山。疫情就是命令,防控就是责任。"在以习近平同志为核心的党中央坚强领导下,举国上下同时间赛跑,与病魔较量!从耄耋院士到"90后""00后",医无私,兵无畏,民齐心,党员干部冲锋在前,社区工作者奋战一线。湖北人民识大体顾大局,亿万人民手相牵心相连!一场力度空前的疫情防控阻击战全面打响,14亿中国人民在共克时艰中勇毅前行!钟南山院士在面对2003年的传染性非典型肺炎疫情(简称"非典")时,始终坚持实事求是的科学态度,敢于质疑与临床表现存在差异的结论,并将疫情的真实情况公之于众。从那时起,全国人民都记住了这么一张刚毅的面孔。在抗击"非典"时,钟南山不顾生命危险救治危重患者,奔赴疫区指导医疗救治工作,倡导与国际卫生组织合作,主持制定我国"非典"等急性传染病诊治指南,为战胜"非典"疫情作出重要贡献。那一年钟南山67岁。2020年1月18日晚,腊月二十四,钟南山赶到了人山人海的广州高铁站。正当春运,去武汉的高铁票早已卖光,事情紧急,他颇费周折才挤上了G1102次车,在车道找了一个座位。这一天,武汉不明原因肺炎患者增加到了59例。这种原因不明的病例出现在新闻中,给这个漫长的暖冬带来一丝隐忧与不安。4个多小时后,84岁的他在深夜时分抵达武汉。这一次,武汉的患者发热、乏力,部分出现干咳,痰很少,少数有流鼻涕、鼻塞、胃肠道症状,个别有心肌、消化道、神经系统问题。这与"非典"既相似又不一样。他判断,两者相比,尽管有很多同源性,但应是完全不同的两种病毒。这种新型病毒到底有多危险,会怎么变异,他并不了解,这正是他忧虑的地方。面对新闻媒体,他郑重公布:"现在可以说,肯定的,有人传人现象。"此言一出,惊醒了全国人民,人们匆忙的脚步停了下来,庚子大年,烟花爆竹沉默不响了,大江南北一片寂静,大家众志成城,抗击疫情!党中央及各级领导统一部署,医务人员不顾个人安危,驰援湖北各地区,他们成为新时代最美、最勇敢的逆行者!日夜奋战,舍生忘死,不负重托,不辱使命,同时间赛跑,与病魔较量,发挥了火线上的中流砥柱作用!经过全国人民2个多月的共同努力,我国取得了抗疫的阶段性胜利!

举世瞩目的二十国集团领导人应对新冠肺炎特别峰会在2020年3月26日举行。国家主席习近平同志出席视频峰会并发表重要讲话,分享中国疫情防控的经验和成果,提出有效开展国际联防联控的中国方案,为坚决打好新冠肺炎疫情防控全球阻击战注入了强大信心与力量!重大传染性疾病是人类的共同敌人。这次疫情再次表明,人类是一个休戚与共的命运共同体,面对这一全球性挑战,唯有齐心协力、团结应对,才能取得胜利!

★ 融入要点

胸部章节,介绍胸腔内器官肺时融入。

★ 融入点分析

2020年的春节,对于中国人来说是个特殊的春节。没有熙熙攘攘的街道,也没有锣鼓喧天的庙会,没有走亲访友的热闹,也没有大街小巷的欢笑,但我们中国人拥有一场精神盛宴,它包含着团结一致,它包含着众志成城,它包含着战胜新型冠状病毒的决心!几千年来,治理桀骜不驯的大江大河,迎战数不胜数的自然灾害,抵御寇急祸重的外来侵略,中华民族成长的道路上充满各种可以预见和难以预见的风险挑战。但总有不惧风雨的勇气、不畏艰险的力量,汇聚成推动中华民族不断发展壮大的历史潮流! 在这场"遭遇战"中,中国社会经受了巨大的考验,所有人用充满期待和依赖的目光关注着医生,关注着医院,关注着整个医疗卫生系统。

面对前所未有的巨大挑战,广大医护人员像战士一样迎着危险挺身而出,医疗卫生系统如同战时一样全体动员紧急应战,医护人员付出了巨大的努力和牺牲,同时,医疗卫生系统也收获了宝贵的经验和教训。

参考文献

[1]习近平出席二十国集团领导人应对新冠肺炎特别峰会并发表重要讲话[J].党建,2020(4):1,11.

[2]国家卫生健康委员会宣传司编.最美逆行者[M].北京:人民出版社,2020.

四、关注肺癌,重在预防

★ 基本素材

目前,肺癌在世界上的发病率、死亡率均居世界癌症中的第 1 位,也是我国人群中常见的恶性肿瘤(癌症)之一。2019 年 1 月,国家癌症中心发布了全国癌症统计数据,恶性肿瘤已经成为严重威胁中国人群健康的主要公共卫生问题之一。根据最新的统计数据显示,恶性肿瘤死亡占居民全部死因的 23.91%,且近十几年来恶性肿瘤的发病率、死亡率均呈持续上升态势。

★ 融入要点

胸部章节,介绍胸腔内器官肺时融入。

★ 融入点分析

在我国男性癌症发病率中,肺癌发病率居首位,每年发病约 78.1 万例。中国近 30 年肺癌发病率上升了 465%,且多数患者确诊时已属晚期,失去了手术根治的机会,防控形势十分严峻。在日常生活中,有哪些与肺癌确切相关的因素呢? 香烟烟雾产生的尼古丁及其代谢物可通过促进细胞增殖、血管生成、浸润、上皮细胞间质样转化从而促进肿瘤的生长与转移;暴露于二手烟者患肺癌的危险是未暴露者的 1.31 倍;有慢性肺部疾病、哮喘或慢性阻塞性肺疾病病史的非吸烟者比没有这些病史的人患非小细胞肺癌的危险性高;PM2.5 中含有致癌物多环芳烃,它在气道的暴露可以诱导人体内脂质的代谢,从而加快肺癌的进展;家庭用煤、建筑材料和室内装修材料释放出的气体氡与肺癌发病有关;有肿瘤家族史者发生肺癌的危险性是没有肿瘤家族史的 2.47 倍;二氧化硅、石棉、无机砷、棉尘等职业暴露使肺癌发病的危险性升高;油炸和烟熏这两类食品的摄入均为肺癌发生的独立危险因素;工作强度大、睡眠质量差、性格急躁、缺乏解压途径是肺癌发病的独立危险因素。肺癌的发生是多因素共同作用造成,其病因构成十分复杂。对肺癌发生的确切病因仍需结合基因组学、代谢组学、分子流行病学等学科作进一步的研究,为肺癌的防治工作提供科学依据。肺癌对人民健康的危害严重,对于日常可控的因素我们要积极防控,比如要主动戒烟、避免二手烟、雾霾天气佩戴口罩、劳逸结合、保持乐观心态等,从个人做起,预防肺癌的发生。

参考文献

[1] BADE B C, DELA CRUZ C S. Lung Cancer 2020: Epidemiology, etiology, and prevention [J]. Clin Chest Med, 2020, 41(1): 1-24.

[2] 中华医学会肿瘤学分会, 中华医学会杂志社. 中华医学会肺癌临床诊疗指南(2023版)[J]. 中华医学杂志, 2023, 103(27): 2037-2074.

五、"暴走妈妈"——陈玉蓉

★ 基本素材

2009 年"感动中国"十大人物之一——"暴走妈妈"陈玉蓉,55 岁时患有重度脂肪肝,然而为了割肝拯救患有先天性肝功能不全疾病的儿子,风雨无阻地每天暴走 10 km。

事情是这样的,陈玉蓉的儿子叫叶海斌,13 岁那年,海斌突然变得说话结巴,连走路都走不直了,他被确诊为一种先天性疾病——肝豆状核变性,肝无法排泄体内产生的铜,致使铜长期淤积,进而影响中枢神经、体内脏器,最终可能导致死亡。2008 年 12 月 14 日夜里,叶海斌病情恶化,被送到宜昌一家医院抢救。所幸叶海斌抢救成功了,陈玉蓉决定把肝捐出一部分给儿子。然而一个意想不到的事打破了陈玉蓉捐肝救子的希望。

2008年12月31日,陈玉蓉的肝穿结果显示:重度脂肪肝,脂肪变性肝细胞占50%～60%。为了使肝恢复正常,陈玉蓉从医院出院后,开始了自己的减肥计划。每天走10 km路,每餐吃半个拳头大的米饭团,这些事情她以常人难以想象的毅力坚持下来。7个多月来,她的鞋子走破了4双,脚上的老茧长了就刮,刮了又长,而几条裤子的腰围松了又松。她从68 kg减至60 kg。复查肝穿显示:脂肪变性肝细胞占比小于1%。脂肪肝没有了!"这简直是个奇迹!"武汉同济医院消化内科主任田德安也连声感叹,从医几十年,还没有见过一个患者能在短短7个月内消除脂肪肝,更何况还是重度。"没有坚定的信念和非凡的毅力,肯定做不到!"2009年11月2日,武汉同济医院器官移植科联合相关科室进行大会诊,一致通过"暴走妈妈"陈玉蓉的捐肝申请。"暴走妈妈"陈玉蓉的儿子叶海斌于2009年11月3日送进手术室进行肝移植手术,由武汉同济医院器官移植外科陈知水教授亲自主刀完成。

这是一场命运的马拉松,陈玉蓉忍住饥饿和疲倦不敢停住脚步。上苍用疾病考验人类的亲情,她就舍出血肉,付出艰辛,守住信心。她是母亲,她一定要赢,她的脚步为人们丈量出一份伟大的亲情。她用行为阐释了母爱齐天,也让陈玉蓉得到了"暴走妈妈"的称号。

★ **融入要点**

腹部章节,讲述腹部内脏肝的解剖时融入。

★ **融入点分析**

通过口头讲述故事,同时结合小视频资料及图片的展示来教学。教育同学们要有坚持不懈的精神,同时感恩母爱的伟大。首先,引导同学要有坚持不懈的精神,要敢于攻坚克难、肯干事、干实事、有担当。其次,还要有勇于开拓创新、清正廉洁、不懈奋斗的精神。要时刻以奋斗者的姿态眺望远方,只有这样,他们的人生抱负才会更加远大,而目标才会更加清晰,理想才会更加丰满,努力才会有方向。最后,我们要常怀感恩之心,体恤母亲的养育之恩,感恩母爱的伟大。

参考文献

[1] "暴走"妈妈割肝救子记[J].人人健康,2009(23):52.
[2] 李雅兰.陈玉蓉 暴走妈妈 再燃儿子生命之火[J].健康大视野,2009(22):8.

六、"中国肝胆外科之父"——吴孟超院士

★ 基本素材

吴孟超(1922年8月31日—2021年5月22日),福建闽清人,著名肝胆外科专家,中国科学院院士,中国肝脏外科的开拓者和主要创始人之一,李庄同济医院终身名誉院长,被誉为"中国肝胆外科之父"和有可能获得诺贝尔生理学或医学奖的中国大陆学者之一。

20世纪50年代,从同济医学院毕业的吴孟超投入了肝脏外科研究,与同事做出了中国第一个肝脏解剖标本,最先提出中国人肝脏解剖"五叶四段"的新见解,在国内首创常温下间歇肝门阻断切肝法,并率先突破人体中肝叶手术禁区。1960年3月1日,他成功完成了我国首例肝癌切除手术。在20世纪70年代,他成功切除迄今为止世界上最大的重达18 kg的肝特大海绵状血管瘤,患者仍健在。他建立了完整的肝海绵状血管瘤和小肝癌的早期诊治体系,较早应用肝动脉结扎法和肝动脉栓塞法治疗中、晚期肝癌。20世纪80年代建立了常温下无血切肝术、肝癌复发再切除和肝癌二期手术技术。20世纪90年代,在肝癌综合免疫治疗、生物治疗、肿瘤生物信号传导研究、病毒与基因治疗和肝移植领域,以及早期发现肝癌的检测手段和技术研究方面均取得重要成果,并首先开展腹腔镜下肝切除和肝动脉结扎术。在他的领导下,全院共施行肝叶切除术1.4万余例,其中肝癌1万余例,术后5年总体生存率逐步提高,小肝癌术后5年生存率达79.8%,最长目前存活45年,患者仍健在。

学术上,他还主持建立了肝胆外科疾病治疗及研究专科中心。先后获国家、军队和市科技进步一、二等奖24项,出版《腹部外科手术学图谱》《肝脏外科学》等医学专著19部,在国内外许多著名医学刊物上先后发表论文220余篇(其中Science 1篇),SCI引文374篇次,中文引文354篇次。同时他率先申办国家第一批硕士点和博士后流动站,逐步实施培养世界一流人才,建设世界一流学科的宏伟计划。在他的培养下,不少学生在各自的研究领域里已崭露头角,有的方面甚至已超越老师。自1978年以来,在他指导下全院共培养博士后研究员18名、博士研究生70名、硕士研究生105名。他们目前大都成为学科骨干和带头人,在国内外取得了许多骄人的成绩。1996年他用所获奖金和社会捐赠共500万元成立吴孟超肝胆外科医学基金。2006年1月,他获得"国家最高科学技术奖"。

临床上,他保持清正廉洁,树立高尚的医德医风。几十年如一日,吴孟超对患者满腔

热忱,高度负责,廉洁行医,赢得了海内外广大患者的敬重。人们盛赞他是"救命恩人""华佗再世""白求恩式的好医生"。不管什么患者向吴孟超求医,他都认真接待,细心诊治。他人到哪里,病看到哪里,外出考察、开会的间隙常常是他为患者诊疗的时间。出差归来,他总是先到病房看望患者,然后再回家。许多患者为了感谢他的救命之恩,送来各种礼物乃至成百上千元的"红包",不少华侨还送来外币、金戒指等,均被他婉言谢绝。在他的带领下,全院没有违反政治纪律的人和事,大家自觉地遵守文明规范服务守则,不收患者红包、不收患者礼物、不以物代药、不开大处方和人情方,使患者的满意率一直保持在95%以上,在确保诊疗效果的前提下,尽量用便宜的药,尽量减少重复检查,每年能给患者节省7 000多万元。

★ 融入要点

腹部章节,讲述腹部内脏肝胆解剖时融入。

★ 融入点分析

通过口头讲述故事,同时结合小视频资料及图片的展示来教学。教育同学们要有职业道德、家国情怀。作为一名医学生,我们在学习过程中,要打好基础,学好理论知识,要有良好的职业道德和高度责任心,而且要有良好的人文素质。此外,让学生培养爱国之情、砥砺强国之志,实践报国之行。

参考文献

[1]汪建强.医本仁术 吴孟超传[M].南京:江苏人民出版社,2009.

[2]朱国明.吴孟超"三实"人生观对医学生思想教育的启示[J].中国医学伦理学,2023,36(5):588-592.

[3]方鸿辉.吴孟超:肝胆医学创始人的创新灵感[J].放射学实践,2022,37(10):1192,1337.

七、"宫颈癌疫苗之父"——周健

 基本素材

能够岿然不动,坚持正见,渡过难关的人是不多的。

——(法)雨果。

1980年,德国科学家哈拉尔德·楚尔·豪森证实,宫颈癌是由人乳头瘤病毒(HPV)感染所致。但是,并不是所有被感染的女性都会发生这种癌症。在人的一生之中,80%以上的男性和女性会在某个阶段感染上HPV。然而,绝大部分被感染的女性会自动清除这种病毒,但有2%的感染者会发展成癌症。虽然仅这2%的发生率,世界上每年也有50多万名女性罹患宫颈癌,其中25万余人因此丧生。

从理论上讲,既然某种疾病是病毒感染导致的,那么就可能发明一种针对这种病毒的疫苗。通常情况下,疫苗都是按这样的思路制作的——通过改造或弱化某种病毒,让它丧失引发疾病的能力,但却能激发身体的免疫系统产生抗体。这样,当真正的病毒侵犯时,免疫系统就可以用已有的抗体来对付这种病毒。然而,HPV是一种特殊的小DNA病毒,不能单独在体外进行繁殖,必须寄生在活细胞内。而且,当HPV在活细胞中繁殖时,它的基因会与细胞的基因产生融合。因此,科学家一直无法获得研制疫苗所需的病毒。如果不能获得病毒,那么疫苗的研制就是空想。世界上至少有2 000多位科学家在研究HPV与宫颈癌,他们苦思冥想,希望找到提取或制作这种病毒的方法。

1988年,周健在北京医科大学生物化学研究所做博士后,跟随病毒学家张乃蘅教授做HPV研究。后来,周健申请到位于剑桥大学的英国帝国癌症研究基金会(ICRF)的肿瘤和病毒实验室做研究,并成为国际HPV研究先驱Lionel Crawford教授接收的第一位中国研究员。1989年,周健的妻子孙小依作为访问学者,在周健到剑桥10个月以后,来到他身边,成为他的助手。

在剑桥,周健作为一位优秀的分子病毒学家,对HPV的研究表现出了特别的兴趣。研制宫颈癌疫苗面临的最大问题是无法获得HPV。在此之前,分子生物学研究已经发现,HPV有70多种类型,但它们都具有相似的颗粒状结构:内核是导致疾病的病毒DNA,外表是一层有20个面的蛋白质"外壳"。作为一名分子病毒学家,周健擅长克隆基因,并在细胞中将它们表达出来。他尝试通过重组DNA技术做出这种病毒的外壳。他的想法是要制造出一种病毒样颗粒,使其外表类似HPV,但内核不含病毒DNA,这样的颗

粒可以像"稻草人"一样让体内产生免疫反应,但又不会致病。然而,他们在 6 个月时间里一无所获。

1990 年年底的一个夜晚,周健在和孙小依散步时突然说:"已经有表达和纯化了的L1、L2(HPV 晚期蛋白,病毒壳膜的主要构成)蛋白,何不把这两个蛋白放在组织液里,看看它们能否合成病毒样颗粒?"孙小依当时就嘲笑他:"哪有这种可能,将两个东西放在一起就行了?如果这么简单,别人早就看到病毒颗粒了,还能轮到我们吗?"当时孙小依以为周健在跟她开玩笑,并没有把这个想法太当回事。后来在丈夫的第 2 次催促下,孙小依才抱着试一试的心态,将两个现存的 HPV 晚期蛋白放在试管里。"加一点儿这个,加一点儿那个,好像幼儿园小朋友做游戏一样,就这么简单。"大约过了 2 个星期,两人将合成好的东西拿到电子显微镜下观察,一个病毒颗粒真的合成了。

与周健合作开展宫颈癌疫苗研究的是澳大利亚免疫学家弗雷泽,他们经过实验证实了新合成的病毒样颗粒能够激发免疫反应。两人的第一篇论文发表在 1991 年第 185 期的《病毒学》期刊上,论文中详细介绍了制造病毒样颗粒的实验细节。弗雷泽和周健最担心的问题是:病毒样颗粒所产生的免疫反应是否足以让它成为疫苗?在最初的几年里,他们努力让这种病毒样颗粒表现出所期望的效果,但是进展缓慢。昆士兰大学开始与投资公司和有疫苗研发能力的制药公司联系。在获得默克制药公司支持后,大规模的动物实验和临床试验开始了。

就在宫颈癌疫苗的临床试验还在世界各地进行中的时候,1999 年 3 月 10 日,周健在回母校访学期间,因为感染性休克永远闭上了眼睛。7 年之后,2006 年,默克制药公司和葛兰素史克制药公司生产的两种宫颈癌疫苗面世。1 年之内,包括美国、英国、加拿大和澳大利亚等国在内的 80 个国家先后批准了这种疫苗的使用。澳大利亚是第一个批准这种疫苗使用的国家。2006 年 8 月 28 日下午,在澳大利亚昆士兰州的亚历山大医院,弗雷泽为一对昆士兰少年姐妹接种了世界第一支宫颈癌疫苗,孙小依和 20 岁的儿子周子晞见证了这一时刻。周子晞说:"我们多么高兴,试验表明这种疫苗百分之百有效,这是一个幸福的时刻,人们终于能接种这种疫苗。但这也是一个悲伤的时刻,因为我的父亲今天不能够和我们在一起。"

★ 融入要点

盆部与会阴章节,介绍子宫部分时融入。

★ 融入点分析

宫颈癌是由病毒感染引发的癌症,是一种常见的女性癌症,其发病率仅次于乳腺癌。

最初,流行病学的研究发现宫颈癌与性生活有关。19世纪中叶的学者注意到,修女和妓女的宫颈癌发生率有显著差异。之后,许多流行病学家指出,性生活的某些特质,如早婚、多产及复杂的性关系都与宫颈癌的发生有关,因此逐步形成宫颈癌是性传染病的观念。

周健是我国一位无私奉献、才华出众的科学家。他和2006年度荣获澳大利亚杰出人物称号的伊恩·弗雷泽教授一起,发明了世界上第一支预防宫颈癌的疫苗。宫颈癌疫苗是世界上第一种癌症疫苗,它的成功研制是人类医学史上一项重大突破,蕴涵着勤奋、执着、合作、机会、发现、爱和悲伤、友谊、善良的美好故事。周健的研究成果,使全世界千百万妇女得以受益。

参考文献

王立伟.周健:一位发明了宫颈癌疫苗的中国科学家[EB/OL].(2016-07-26)[2023-02-12].https://www.yicai.com/news/5050603.html

八、"神经科学之父"——拉蒙·卡哈尔

★ 基本素材

拉蒙·卡哈尔(Santiago Ramón y Cajal,1852—1934年),西班牙病理学家、组织学家、神经学家,1906年诺贝尔生理学或医学奖得主。他创立的神经元学说奠定了近代神经科学的基础。1852年,卡哈尔出生于西班牙阿拉贡自治区的一个医生家庭,他从小性格叛逆,但在绘画、艺术和体操等方面有出色的才能。1868年,他跟着父亲进行解剖学研究,从此走上医学研究之路。1877年,他在马德里获得博士学位。

19世纪中期,细胞学说已经推广到动物领域,但人们对神经组织的组成还有疑惑,甚至不知道神经纤维和神经细胞之间的关系。1873年,意大利组织解剖学家卡米洛·高尔基(Camilo Golgi)发明了黑色染色法(高尔基银染法),使人们可以看到完整的神经细胞。高尔基用这种方法对神经组织的结构进行研究,并创立了神经组织网状学说。

1886年,组织胚胎学家希斯(Wihelm His)提出了不同的结论,他认为神经胞体和它们的突起形成了一个独立的单位,但是没有直接的证据。1887年,卡哈尔学会并改进了高尔基银染法,使其更加稳定。用这个方法,他对小脑和视网膜进行观察,发现小脑分子层细胞的突起是以末梢的形式终止于浦肯野细胞体的,神经细胞的轴突是自由的、终结的,而不是相互之间形成网状结构。为了推广研究成果,他自掏腰包创办了杂志,每期都

有60份送给其他国家的解剖学家。

1889年,卡哈尔在柏林召开的德国解剖学会年会上宣读了自己的论文,并展示了他在显微镜下的发现。1891年,卡哈尔的支持者瓦尔代尔(Wilhelm von Waldeyer)给神经细胞取了个专门的名字——神经元,这个学说被称为"神经元学说",而卡哈尔也成了神经元学说的奠基人,他因此获得1906年的诺贝尔生理学或医学奖。

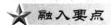 **融入要点**

脊柱章节,介绍椎管内容物时融入。

融入点分析

卡哈尔的事迹包含以下思政元素。

1. 科学精神:高尔基创立了神经组织网状学说,但卡哈尔不迷信权威,通过对神经细胞的观察,发现了小脑和视网膜的神经细胞的轴突是自由的、终结的,大胆地否定了高尔基的观点,体现了他客观理性的精神。这种发现得益于他改进高尔基银染法,并经过了大量细致入微的观察,说明了创新和严谨求实的精神对于推动科学进步的重要性。

2. 奉献精神:为了推广他的研究成果,卡哈尔不顾经济窘迫,创办杂志,体现了奉献精神。

3. 家国情怀:由于西班牙语不是科学上的通用语言,西班牙人在科学中的发现被外界严重低估,卡哈尔希望通过自己的努力改变外界对西班牙人的刻板印象。正是怀着对国家的热爱,他才坚持不懈地介绍自己的研究成果。

参考文献

[1]李相尧.拉蒙·卡哈尔和神经元学说[J].生物学教学,2004(11):56.
[2]顾凡及.神经科学之父——拉蒙·卡哈尔[J].自然杂志,2019,41(5):386-390.

九、"中国外科之父"——裘法祖

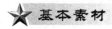 **基本素材**

裘法祖,"中国外科之父",70年手术未错一刀,划开了中国外科手术新时代。

1914 年,裘法祖出生于西子湖畔的一个书香世家。从小聪慧勤奋的他,于 18 岁那年如愿考入同济大学医学预科班学习德语。从此,他便和医学结下了不解之缘。1 年后他的母亲因患急性阑尾炎得不到有效的手术治疗而去世。丧母之痛,痛彻心扉。裘法祖更加坚定了学医的信念,并立志要让天下的母亲们不再受此病折磨。他学习越发刻苦,在图书馆里度过了所有的课余时间,"图书馆馆长"的戏称也因此而来。裘法祖后来说道:"其实年轻人哪有不爱玩的,我读大学时也喜欢娱乐活动,可为了实现治病救人的理想,我逼着自己沉下心来学习。"医科前期结业考试,他成绩斐然,解剖学更是获得了满分的傲人成绩。1936 年,在姐姐的资助下,裘法祖只身远赴德国留学,就读于慕尼黑大学医学院。求学 3 年里,他努力拼搏,把所有时间都放在学习上,就连寒暑假都会去医院见习。在毕业之际,他以 14 门课程全优的成绩,拿到了德国医学博士学位。随即他成功应聘上慕尼黑大学医学院的外科医师,正式开启了医生的职业生涯。1943 年,他来到巴特特尔茨备用医院工作。凭借着高超的技术和认真负责的态度,这位"中国神医"名噪一时,也因此被提升为外科主任。由中国人担任外科主任,这在当时的德国绝对史无前例。1946 年,中国抗日战争胜利的消息传到德国,裘法祖毅然辞去医院外科主任的职务,回到了祖国,期望用自己的双手治愈还在为祖国而战的同胞。1946 年 10 月,在一艘从德国开往上海的轮船上,裘法祖成功地为一名肝破裂,生命垂危的患者实施了肝缝补手术,让患者转危为安。随后裘法祖回国从医的 60 多年,是中国外科迎来历史性变革的 60 多年。他不仅奠定了今天中国医学里的专科概念,更用一把小小手术刀开创了我国外科手术领域非凡的历史:20 世纪 50 年代,他率先开展分流术和断流术,并创建了"贲门周围血管离断术";20 世纪 60 年代,他在手术中确诊全世界第一例临床脑血吸虫病,是我国晚期血吸虫病外科治疗的开创者;20 世纪 80 年代,他筹建起我国第一所器官移植研究所,并建立起全国第一个器官移植病房。直到现在,裘法祖主持的肝移植仍然保持着两项全国纪录:例数最多,存活时间最长。

★ **融入要点**

上肢章节,介绍上肢部分时融入。

★ **融入点分析**

作为中国外科奠基人,裘法祖是医学界公认的一把宝刀。他自创的"裘式刀法"以稳、准、轻、细、快见长,点燃了无数患者生命之灯。他常说,"德不近佛者不可以为医,才不近仙者不可以为医",可见他对医者门槛的要求之高,同时他也以此为标准严格要求自己。每次手术前后对每一件器械、每一块纱布的认真清点,让他在进行无数次手术时未错一刀,也使得他的手术台成了最安全的手术台。因为"医生的一个错误,病人可能就要为之付出一生的代价",所以他对待学生非常严厉。

思政融入要点如下。

1.在课程开始时,介绍裘法祖的生平事迹以及对医学事业的杰出贡献,以激发学生对医学事业的热爱和敬仰之情,并为后续的课程内容做好铺垫。

2.介绍裘法祖在医学领域的科学研究与探索精神,鼓励学生通过自己的努力和探索,不断提高自己的医学知识和技能。

3.裘法祖的求学经历和工作经历中充满了勤奋努力和自强不息的精神。在讲解上肢局部解剖学时,可以穿插裘法祖的奋斗故事,鼓励学生坚持努力学习,不断提高自己的竞争力。

4.裘法祖是一位非常爱国的医学家,他的医疗实践和社会贡献都体现了强烈的爱国主义精神和社会责任感。在课程中可以穿插讲解裘法祖对祖国的热爱和奉献,让学生认识到作为一名医生,有责任为祖国的医疗卫生事业作出自己的贡献。

参考文献

冯春磊.中国外科之父——裘法祖[J].中国医学人文,2018,4(6):2.

十、预防腱鞘炎年轻化

 **基本素材**

腱鞘是包于肌腱表面的鞘状结构,由外层的腱纤维鞘和内层的腱滑膜鞘共同组成,呈双层套管状,能够将肌腱固定在骨膜上,防止肌腱弹起或向两侧滑移。腱鞘内有少量滑液,当肌腱在腱鞘中活动时,可以起到润滑的作用。腱鞘炎主要是由机械性摩擦所引起的慢性无菌性炎症,常常发生在骨突部位。肌腱与骨突反复摩擦,易造成肌腱和腱鞘损伤,也易损伤骨膜、骨质,导致肌腱、腱鞘、骨膜充血水肿,形成局部狭窄。水肿的肌腱被压成葫芦状,阻碍肌腱活动,如果用力伸屈手指,导致葫芦状膨大部分在环状韧带处强行挤过,就会发出响声,并伴有疼痛。因此,发生在拇指或其他手指的屈指腱鞘炎又被称为"扳机指"或"弹响指"。

不良的用手习惯造成的慢性劳损是引发腱鞘炎的主要因素,演奏管弦乐、织毛衣、手指长期用力洗衣、书写、握鼠标都容易造成手部和腕部的局部过劳。对于患上腱鞘炎的年轻人来说,手机和电脑可谓是"功不可没"。当长期打字或点击鼠标,手指长期反复做某些动作时,极易造成手部腱鞘的损伤,患上腱鞘炎。因此,同学们在平时除了要注重手部及腕部的日常护理,还要合理使用手机和电脑等电子产品,注意用手的正确姿势,避免长时间地使用手机和电脑;每天可定时定量地做一些手部运动,如手腕关节的旋转,将手掌用力握拳、伸展;多吃蔬菜、水果,定量摄取富含蛋白和钙质的食物,预防疾病从日常生活做起。

一个动作自测是否患有腱鞘炎:将拇指握于掌心,然后使腕关节被动尺偏(往小指处使劲),如引起桡骨茎突处(拇指这一侧的手腕)明显疼痛,这意味着你的手劳累过度,可能有患上腱鞘炎的风险了!

★ 融入要点

上肢章节,介绍腕部时融入。

★ 融入点分析

1. 疾病的成因教育:腱鞘炎是一种由长时间重复相同的动作或者长时间处于不良体位而引起的慢性劳损性疾病。教师可以结合这一特点,引导学生认识到正确的生活习惯和姿势对身体健康的重要性,让学生了解到自己的不良习惯可能会导致身体出现问题,从而培养其良好的生活习惯。

2. 疾病治疗教育:对于腱鞘炎的治疗,教师可以通过引入局部解剖学元素的方式,例如,通过介绍手术治疗的原理和过程,让学生了解治疗腱鞘炎的有效方法;同时也可以引导学生理解通过改善局部血液循环、促进局部炎症的消退等方式,可以有效缓解疼痛。

3. 疾病预防教育:教师可以进一步强调腱鞘炎的预防措施,如避免长时间重复相同的动作、定时休息和放松、保持正确的姿势等。这些措施不仅可以预防腱鞘炎的发生,也可以促进身体的健康。

4. 医德医风教育:在腱鞘炎的治疗过程中,医生需要关心患者的疼痛和需要,尽可能减少患者的痛苦。教师可以引入医德医风的内容,强调医生应该具备的职业素质和社会责任感,让学生理解到医生的职责不仅是治疗疾病,更是要关心患者的身心健康。

参考文献

[1]刘波.如何诊治手与腕部腱鞘炎[J].人口与健康,2022(6):92-94.

[2]陈梦媛.腱鞘炎,职场不易发觉的痛[J].人人健康,2022(6):64-65.

十一、学思结合、知行统一

★ 基本素材

课程思政是把"立德树人"作为教育根本任务的一种综合教育理念。构建内容丰富的课程思政素材库是高效实施课程思政的前提和保障。在专业授课过程中,适当引用典型案例和医学人文故事,增加解剖学专业知识的深度和温度,让学生们深切体会到"学思结合、知行统一"的重要性。例如,在学习下肢解剖时,讲述华山医院顾玉东院士对局部解剖学的钻研和探索。1966 年 2 月 13 日,顾玉东参与完成世界第一例足趾移植手术。此后 15 年,他们共为 100 名失去手指的患者进行了足趾移植。一名 19 岁的花季女孩不幸被机器轧烂了拇指,她带着希望来到华山医院。顾玉东在手术过程中发现她的足背动脉和进入第二趾的血管直径不足 1 mm,手术治疗风险很大。顾玉东说:"医生的职责就是给患者解除痛苦,现在手指没好,还少了一个脚趾,等于增加了痛苦。"至此,顾玉东加倍钻研,历时 5 年研究,首创了"第二套供血系统",终于攻克了血管变异的难题。顾玉东对患者的"深刻共情"让他跨越医学天堑,也因此获得 1987 年国家科技进步奖二等奖。

★ 融入要点

下肢章节,介绍下肢结构时融入。

★ 融入点分析

1. 通过案例讲解学习,引导医学生认真辨识下肢局部骨、关节、肌、神经及血管分布,以便更好地诊断与治疗,为将来的临床实践奠定基础。

2. 引导学生在临床中遇到的问题,要通过思考去探求解决方案。医学是一门不断发展的综合性学科。医学生作为未来的从医者,除了需要掌握扎实的理论基础和大量的临床实践经验,还必须具有较高的科学研究能力以解决现有问题,探索未知领域并推动医学研究不断向前发展。同时,培养具有创新能力的高素质医学人才是"健康中国行动"的重要内容。

3. 引导学生感受患者的痛苦,治疗患者身体和心理的疾病。随着医学技术的发展,人们对于生命的长度和质量也有了更高的期望和要求。但是,当延长生命和减轻痛苦不能同时满足的时候,我们需要面对的是艰难的抉择。①尊重患者的意愿:如果患者明确表达了自己的想法,我们应该尊重并遵照执行。②以人为本的医疗服务:身体方面,我们需要减轻患者的痛苦和不适,同时关注身体功能的恢复。心理方面,我们应该通过陪伴和关心,帮助患者渡过难关。③综合评估病情和治疗效果:评估完成后,我们可以向患者和家属说明治疗效果和预后,提供继续治疗和照顾或其他选择方案。④提供全面的治疗和护理方案:我们应该根据患者的病情,综合考虑药物治疗、手术治疗、疼痛管理等方法,以全方位为患者提供治疗和护理。

参考文献

[1]高璐,孙燕,马丽香,等."三全育人"教学实践:局部解剖学课程思政教学案例[J].解剖学研究,2023,45(1):81-82.

[2]张雁儒,先德海.课程思政在局部解剖学教学中的探索与实践[J].解剖学杂志,2020,43(4):369-371.

[3]张吉凤,郑雪峰,郭国庆.人体解剖学"课程思政"实现的路径[J].解剖学研究,2021,43(4):382-384.

第五篇

生物化学

一、中国近代生物化学事业的开拓者和奠基人——吴宪

★ 基本素材

吴宪是国际著名生物化学家，中国近代生物化学事业的开拓者和奠基人，营养学家，中央研究院第一届院士。

（一）吴宪院士学习和工作经历

1910 年，吴宪通过了清政府组织的庚子赔款留美考试。1911 年春，他入留美预备班（清华大学的前身）；8 月，作为该校第一班 62 名成员之一，从上海乘船赴美留学；9 月 4 日，抵达美国旧金山，入麻省理工学院海军造船工程专业学习。1913 年 9 月，他改专业为主修化学，副修生物学。1916 年 6 月，吴宪大学毕业，获得学士学位。其后又在该校继续进修有机化学，并兼任实验助教。1917 年秋，他被哈佛大学研究生院录取，从师于奥托·福林（Otto Folin，1867—1934 年，美国生化学家），在其指导下研究血液化学。1919 年，他获得博士学位后，又随福林从事为期 1 年的博士后研究。

1920 年春，吴宪应聘回国，任北京协和医学院生理化学助教。1921 年，他升任襄教（相当于讲师），主持生理化学的教学工作，不久将生物化学从生理学科中独立出来，正式成立生物化学学科。1924 年 7 月 1 日，他被越级晋升为襄教授并担任生物化学科主任，成为该校的第一位中国籍主任和最早的中国三教授之一，也是当时协和最年轻的科主任。1928 年，他晋升为教授，直到 1942 年 1 月该校被日军占领解散。

1938 年，根据当时国民经济情况，吴宪主持制定了中国国内第一个《中国民众最低限度之营养需要》标准。1944 年 3 月，他离开北平前往重庆，在西郊歌乐山南麓中央卫生实验院筹组和领导营养研究所。1945 年，吴宪回到重庆后向政府当局汇报了美国之行，并

起草了一份进一步扩大发展营养研究所的计划,然后回到北平与家人团聚。1946 年夏,他开始筹建中央卫生实验院北平分院,并任院长,同时继续兼任营养研究所所长。

1948 年 1 月,他作为访问教授在哥伦比亚大学内外科医学院生化系学习质谱技术,熟悉使用重同位素来研究生物学问题。同年 3 月,当选为中央研究院第一届院士。1949 年 9 月,他应聘担任伯明翰州亚拉巴马大学医学院生物化学系访问教授,同时在夫人协助下从事研究工作。

(二)吴宪院士的学术贡献

1. 临床生化方面:以吴宪博士论文《一种血液分析系统》(1919 年)为基础的一系列工作,为现代临床血液化学分析提供了重要的分析手段,具有历史性的创新意义。其中关于他和导师合作发明的血糖检验方法,被称为"Folin-Wu method"(福林-吴氏法),这里的"Wu"就是吴宪,可能是第一个以中国人名命名的科学方法,得到临床上的广泛应用。该方法被国际上沿用长达 70 年,为此他被誉为国际血液分析的权威。

在 20 世纪 20 年代以前,测验血中的非蛋白氮组分对患者来说是个沉重的负担,例如,仅一次尿酸测定就需用血 25 mL。而福林-吴氏法只需 10 mL 血就足以测定包括尿素、肌氨酸、肌氨酸酐、尿酸和糖(其中只需一滴血就能测定血糖)。除了血液外,他还对尿液、唾液和脑脊液持续进行了多年的分析和探讨。

2. 气体与电解质的平衡方面:吴宪在 1922—1923 年间与范斯莱克(当时是协和访问教授)、麦克林(F. C. Mclean)等合作研究,根据实验结果,在等量渗透(Osmotic equality)、唐南平衡(Donnan equilibrium)与钾钠不扩散的基础上,在每一呼吸循环中,为电解质与水、血浆与血细胞之间的迁移做出了解释。这项工作成为生化文献中的经典性工作。

3. 蛋白质变性的研究:1924—1940 年,吴宪在协和与其同事严彩韵、邓葆乐、李振翮、林国镐、林树模、陈同度、黄子卿、刘思职、杨恩孚、周启源、徐嘉祥、王成发等对当时国际上尚未解决的问题进行研究,陆续发表"关于蛋白质变性的研究"专题系列论文 16 篇,相关论文 14 篇,并于 1929 年第 13 届国际生理学大会上首次提出了蛋白质变性理论,认为蛋白质变性的发生与其结构上的变化有关,但这一理论在当时未能引起重视。之后,在进一步深入研究的基础上,他于 1931 年在《中国生理学杂志》*Chinese Journal of Physiology* 上正式提出了"变性说",用种种事实表明,天然可溶性蛋白质(即球蛋白)的长肽链一定是由氨基酸的各种极性基团被分子内的某种次级键按一定方式连接而形成有规律的折叠,使蛋白质分子具有一种紧密的构型(现在称为构象)。蛋白质的这种次级键一旦被物理、化学的力破坏,构型就被打开,肽链则由有规律的折叠变为无序、松散的形式,即发生了变性。

4. 免疫化学方面:吴宪 1927 年开始了这方面研究。他和李振翮、郑兰华、萨本铁、周田、李冠华、刘思职、王成发等在 15 年中进行了一系列颇有成效的研究,在国际上首创了标记手段。他用带色基团的血红蛋白,继而又用碘化清蛋白作为标记抗原,这种方法比用同位素作标记进行类似的研究要早许多年。利用这一方法,吴宪等人在其他蛋白质存在的同时进行了抗原、抗体沉淀物的定量分析,从而确定了抗原与抗体的定量关系,以后又进行了纯抗体的分离并证实了抗体的"一元论"。

5. 营养学方面:1927年起,吴宪与严彩韵、陈同度、万昕、张昌颖等对中国食物进行了大量而系统的分析研究,得出这样的结论:与西方相比,中国一般人民体质弱和身材矮小的原因主要不是种族和遗传,而是膳食质量差。只要加强营养,完全可以得到改善,这就从理论上否认了外国人对中国人体质问题的种种偏见。20世纪30年代,他还在对中国食物系统分析的基础上编著了我国第一部《食物成分表》。吴宪关于营养学的研究不仅有学术意义,而且对当时的中国有一定现实意义。

6. 氨基酸代谢方面:为了研究人类生物学,吴宪用 N15 标记氨基酸和其他有关的化合物,对之进行了一系列代谢实验,于1949年发表了该系列的第一篇论文。1953年以后,由于他的健康原因,此项工作未能得以继续,然而,在退休后他仍一边自学高等数学,一边将其所学得的微积分法和质谱分析法相结合应用于分析测定,从而提出了一项普遍原则,用以说明在这些实验中所得的关于排泄的数据,并于1959年发表了3篇论文。

★ 融入要点

绪论章节,在生物化学发展史中,介绍我国在生物化学学科的突出贡献时融入。

★ 融入点分析

1. 吴宪先生作为中国第一批留美成员,1919年的博士论文《一种血液分析系统》被认为"引发一场血液化学方面的革命",于博士后研究期间,完成的血糖定量分析的改进方法,后被学术界认为,如果没有吴宪改进的血糖测定法,胰岛素的发现会大受阻碍。1920年他应聘来到北京协和医学院任教,担任生物化学系的首任系主任,任期长达18年。在领导生化系期间,他不仅在临床生物化学、气体与电解质的平衡、蛋白质化学、免疫化学等领域取得了蜚声国际的科研成果,更是为中国培养了大批的相关专业人才。他于1931年正式发表了关于蛋白质变性理论的论文,首次在世界上提出了蛋白质变性机制。他不仅是中国的生物化学和营养学之父,更是第一位被诺贝尔科学奖提名的中国科学家。吴宪热爱祖国,以科学家的眼光关注国家前途和人民生活疾苦,为了解决中国人的营养不良问题,在这期间,还研究了营养学,1938年,主持制定了国内第一个《中国民众最低限度之营养需要》标准。

即使在抗战期间,物资匮乏,条件艰苦,实验设备简陋,他总是亲临实验室指导实验,有时直到深夜。这期间,他还去美国奔走洽谈,筹款购置精密仪器和书籍运回国,为战后重建中国积极工作。他曾两次定好回国船票,但由于码头工人罢工未能成行。直到晚年,他仍未放弃回国,虽未能如愿,但终不肯加入美国籍。诚如吴宪长子吴瑞所言:"发展中国科学事业是我父亲一生的愿望。"

正是这种浓郁的家国情怀和不断追求"三真"(真知、真实、真理)的精神成就了吴宪先生,成为中国的生物化学和营养学之父,第一位被诺贝尔科学奖提名的中国科学家。

刘德培院士评:吴宪有科学救国、敢为人先的大爱与担当,他胸怀国家的爱国精神,勇攀高峰的创新精神,严谨治学的求实精神,潜心研究的奉献精神,集智攻关的协同精神,以及奖掖后学的育人精神,是科学家精神的主要内涵,是指导科技工作者从事科学实践的宝贵财富。

中国工程院副院长、中国医学科学院北京协和医学院校长王辰院士评:吴宪先生在学术成就、学科建设、机构创建和社会贡献方面对我国医学科学事业发展具有重要的推进作用,他的卓越成就使他成为世界级生化大师。吴宪先生是一位真学者、真科学家、真技术专家、真文化大家,他的爱国精神、科学追求与治学精神都值得我们效仿、传承与发展。

参考文献

[1]曹育.杰出的生物化学家吴宪博士[J].中国科技史料,1993,14(4):30-42.

[2]王晓东.协和医学院纪念吴宪先生创建生物化学系100周年[N/OL].中国日报网,2020-12-30[2024-3-10].https://cn.chinadaily.com.cn/a/202012/30/

[3]黄津瑜.蛋白质变性学说的首创者 吴宪教授[J].中国科技史料,1980,1(2):48.

[4]刘思职,张昌颖,刘培楠,等.我国生物化学的开拓者——吴宪教授[J].化学通报,1981,44(4):57-63.

[5]杜海琳,谷晓阳,李嘉珊.Folin-Wu法发现史研究——兼论吴宪在其中的贡献[J].协和医学杂志,2022,13(6):1114-1120.

[6]郑术,蒋希萍.吴宪——中国生物化学及营养学的奠基者[J].生物物理学报,2012,28(11):857-859.

二、中国近代生物化学的奠基人——王应睐

★ **基本素材**

王应睐(1907—2001年)，中国近代生物化学科研事业的主要奠基人。王应睐首先对琥珀酸脱氢酶的分离纯化、辅基鉴定、辅基与酶朊(现在称为酶蛋白)连接方式进行了系统的研究，取得了重要的成果。解决了20余年未获澄清的酶的性质问题，并对于辅基与酶朊的独特连接方式作了深入阐述。

琥珀酸脱氢酶是生物体呼吸链上的一个重要组分。1950年，王应睐观察到鼠肝组织中琥珀酸脱氢酶活力与核黄素(异咯嗪)的摄取量密切相关，但要深入研究这个酶，首先要解决酶的提纯问题。由于这个酶与具有脂双层结构的线粒体膜结合得比较紧密，很难溶解下来，所以提纯很不容易。针对这一特点，王应睐与邹承鲁、汪静英等专家一起，合力攻关，采用正丁醇抽提的方法，成功地把琥珀酸脱氢酶从膜上溶解下来，从而分离纯化得到高纯度的水溶性琥珀酸脱氢酶，其活力比同期国外报道者高出1倍以上。这一纯化方法至今仍为国外许多实验室所采用。

王应睐对酶的性质研究也有重要的发现，以充分的证据证明它是一种含有异咯嗪腺嘌呤二核苷酸和非血色素铁的酶，酶的蛋白质部分与异咯嗪腺嘌呤二核苷酶是以共价键结合的，这是在酶的研究中第一个被发现的以共价键结合的异咯嗪蛋白质，它为以后呼吸链有关酶系的分离和重组合的研究开辟了道路。这项研究位居当时酶学研究的世界领先水平。1955年在布鲁塞尔举行的第三届国际生化大会上，王应睐宣读了这一研究的论文，受到极高的评价，1978年获全国科学大会重大成果奖。

1963年王应睐任协作组组长，组织协调与中国科学院有机化学所、北京大学的合作，于1965年完成世界首次人工合成胰岛素。尽管胰岛素是一种只有51个氨基酸的小分子蛋白质，但在20世纪50年代，世界上还没有哪个国家成功地人工合成出蛋白质。著名学术期刊《自然》杂志预言："合成胰岛素将是遥远的事情。"但中国的科学家们不相信，他们有一个必须实现的目标——搞出中国的胰岛素！没有任何蛋白质合成方面的经验，这是摆在中国科学家面前一道真真正正"从0到1"的考题，然而就是在这种情况下，经过6年9个月的不懈努力，"1"的突破得以实现。这一原创性工作，为人类揭开生命奥秘、解决医学难题迈出了重要一步，成为中国攀登世界科技高峰征程上的一座里程碑。这是世界上具有划时代历史意义的工作，1982年这项成果获国家自然科学一等奖。

王应睐还是人工合成酵母丙氨酸转移核糖核酸工作的主要组织者之一。开始时王

应睐任沪区协作组组长,1977 年起任全国协作组组长。1981 年完成了世界第一个人工合成的转移核糖核酸,1987 年该项科研成果获国家自然科学一等奖,使我国生物大分子的人工合成技术的水平继续保持世界领先。

★ 融入要点

蛋白质化学章节,介绍蛋白质分子一级结构时融入。

★ 融入点分析

1929 年王应睐毕业于南京金陵大学化学系,是中国第一位英国剑桥大学生化博士。1945 年日军投降,山河重光,王应睐立即决定回国,恩师凯林教授苦苦挽留,王应睐说:"我的祖国还十分落后,需要我回国报效。"凯林教授理解王应睐的赤诚爱国之心,送高徒踏上归程。

当时第二次世界大战刚结束,从欧洲回祖国的陆路交通尚未完全恢复正常,王应睐乘船取道印度回国,回到当时的首都南京,被中央大学医学院聘请为生化教授。在中央大学,王应睐一方面教学,另一方面在极其困难的情况下开展研究。

上海解放后,王应睐一方面继续从事前沿科学研究,并竭尽全力为国家亟须的任务服务;另一方面高瞻远瞩地布局中国生化科学研究,带领中国生化科学紧追世界生化发展潮流。抗美援朝时期,我国志愿军战士的主要食物来源是干粮,但是后方生产的干粮,过不了多久就变质发出异味,直接影响部队的后勤供应与战斗力。王应睐接受了防止干粮脂肪氧化的研究任务,通过研究提出了切实可行的综合措施,完美解决了问题。

新中国成立以来,王应睐长期担任科研院所的领导,根据国际上生物学科发展的趋向,布局生化研究。从二战后的酶学、蛋白质、核酸和中间代谢的研究,到 20 世纪 50 年代中后期分子生物学的兴起,再到 20 世纪 70 年代遗传工程技术的快速发展,王应睐坚持研究所的工作要锚定新生长点,为中国的生物化学、分子生物学、遗传工程奠定了基础。

王应睐深切地体会到,只有中国共产党才能领导中国人民实现国家的繁荣昌盛,才能给生化事业带来万紫千红的春天。他决心把自己的一切献给党的事业,为共产主义奋斗终身。他向党吐露了自己的心声,并在一批老科学家中带头制订了个人的红专规划,当时中央领导同志对王应睐的规划与决心十分赞赏和关心。1958 年,王应睐光荣地加入了中国共产党。从此,他更加严格要求自己,处处以党的事业为重,以国家利益为重,积极拥护党的路线、方针和政策,对共产主义有坚定的信念。

王应睐淡泊名利、尊重他人,一切以科研为重。众所周知,在人工合成牛胰岛素的重大科研攻关中,王应睐作为协作组组长,始终坚持不在任何一篇相关论文中署名。王应睬还主动与北京大学和中国科学院有机化学研究所对接,提供支持并分享研究进展。

作为新中国生命科学的奠基人之一,王应睬布局了新中国的生化研究;他在人工全合成结晶牛胰岛素中发挥了扭转乾坤的作用,成就了新中国最著名的一项生命科学成就;1988年2月在美国迈阿密生物技术冬季讨论会上,王应睬被授予"特殊成就奖"。在他眼中,科学需要用人的全部生命探索。

王应睬作出的巨大贡献、展现的高尚品德,无愧于一名优秀共产党员的称号,更为后来的中国科研人员之表率。在中国科学大家的星空中,王应睬的名字至今依然熠熠生辉。

参考文献

[1]科学家精神丛书编写组.科学家精神创新篇[M].北京:科学技术文献出版社,2021.
[2]耿挺.王应睬 科学需要人的全部生命探索[N].上海科技报,2021-06-30(2).
[3]王应睬把奖励和荣誉看得很淡[J].科学大观园,2019,39(Z1):38-39.
[4]王应睬先生生平简介及专题序言[J].生命的化学,2017,37(5):675.
[5]于晨,王应睬.王应睬所长谈牛胰岛素的人工合成[J].生命科学,2015,27(6):761-765.

三、人工合成酵母丙氨酸转移核糖核酸
——中国科学家的故事

★ 基本素材

核酸和蛋白质对生命有机体的重要性从20世纪较早时期已被科学家发现,到20世纪中叶,这类分子的精确化学结构陆续被阐明。但在当时,所有的天然核酸分子都直接产生于有机体,人们还不能通过非生物学途径得到核酸分子。

1965和1966年,"人工全合成结晶牛胰岛素"的研究工作分别在《科学通报》和《中国科学》上公开发表,这项在世界上首次"人工合成蛋白质"的科研结果,在国内外引起了强烈反响。从1967年初,中国科学院生物物理研究所、微生物研究所、遗传研究所、动物研究所等(以上为北京地区)和上海生物化学研究所、上海实验生物研究所(后改名为上海细胞研究所)、上海有机化学研究所等单位的年轻学者开始进行多次座谈,讨论"人工合成核酸"问题,因为那时已知蛋白质和核酸是两类非常重要的生物大分子。经过反复讨论和论证,1968 年秋,中国科学院批准立项开展研究。经过调整,中国科学院全过程参加这项工作的是:上海生物化学研究所、上海细胞研究所、上海有机化学研究所和位于北京的中国科学院生物物理研究所,其间北京大学生物系和上海试剂二厂也参加了这项工作。

要合成一个分子,首先必须了解该分子的精确化学结构。对一个核酸大分子而言,必须了解其一级结构,即核苷酸的排列顺序。当时已被测定全部序列的第 1 个核酸(核糖核酸或脱氧核糖核酸)分子是 1965 年美国霍利等人报道的酵母丙氨酸 tRNA。虽然该序列后来有两处被其他实验室所修正,霍利还是因此贡献于 1968 年获得了诺贝尔生理学或医学奖。由此,该核酸分子被确定为合成对象。酵母丙氨酸 tRNA 由 76 个核苷酸组成,含 9 个 7 种修饰核苷酸(也称稀有核苷酸),其二级结构呈三叶草形状。

工作初期,大家对具体方案有一个探索的过程,有时也产生分歧,结果是只制备出一个长度为 8 核苷酸的片段,这在当时已是一个不错的成果。1977 年,为了协调各参加单位的工作并加强领导,中国科学院成立人工合成酵母丙氨酸 tRNA 协作组,1978 年又成立 3 个会战组——合成会战组、总装会战组和测活会战组,以解决关键性问题。此后在 3 年多的时间里,合成了 6 个大片段寡核苷酸,进而连接成 2 个半分子(长度分别为35 和 41 核苷酸)和 76 个核苷酸的整分子酵母丙氨酸 tRNA。它不仅具有接受丙氨酸的活力,而且还具有把所携带的丙氨酸掺入蛋白质多肽链的活力。它的分子量约为26 000,比牛胰岛素的分子量大 4 倍,结构当然比胰岛素复杂得多。这是世界上首次人工合成的整分子的酵母丙氨酸 tRNA。

加拿大和法国科学家也报道了人工合成 tRNA 分子,如大肠杆菌甲酰甲硫氨酸tRNA、大肠杆菌丙氨酸 tRNA 等,但这些实验室得到的只是 tRNA 类似物,因为其中不含有修饰核苷酸,不是完整的天然分子,所以生物活性很低。

1981 年 11 月中国科学家在国际上首次人工合成具有完全生物活性的酵母丙氨酸tRNA。1982—1984 年,王德宝曾以"酵母丙氨酸 tRNA 人工全合成"为题向第 10 届国际tRNA 学术研讨会,以及在美国、加拿大、英国、日本和西德等国的大学、研究所做报告,获得了重视和赞扬。众多海外媒体和刊物报道了中国在特殊条件下取得的这一科研成果。如 1982 年美国 *Scientific American* 以"All the tRNA in China"为题进行报道,提到"tRNA 已经首次被中华人民共和国的一组生物化学家直接合成"。1982 年 5 月,美国 *Chemical and Engineering News* 登载了一篇采访王德宝的文章,题目是"Chinese Synthesize Biologically Active tRNA",并刊有王德宝的大幅照片,文中写道"中国的丙氨酸 tRNA 合成必须从原料、保护剂和各种酶与试剂的制备开始,从零开始。这就是中国的丙氨酸 tRNA"。

1982—1983 年,中国科学家在《科学通报》和《中国科学》报道了"酵母丙氨酸转移核糖核酸的人工全合成",这是在国际上首次报道通过非生物学途径全合成一个具有完全生物活性的完整核酸分子。

1983 年 3 月，日本《读卖新闻》采访参加会议的王德宝，报道了我国的 tRNA 人工合成工作，指出"中国首次在世界上对生命奥秘解析迈进了一步"。1983 年，西德 *Naturwissenschafien*（自然科学）提到"中国学者合成的丙氨酸 tRNA 是第一个合成有生物活性的 tRNA"。1983 年 8 月，英国 *Nature* 刊登"Nucleic Acid Synthesis, Pinyin tRNA（拼音 tRNA）"一文，报道了 1983 年 5 月《中国科学》（英文版）发表的有关人工合成酵母丙氨酸 tRNA 工作，指出"人工合成有生物活性的、与天然提取物一致的 tRNA 分子，这在世界上是第一次"。

融入要点

核酸化学章节，介绍 RNA 分子结构时融入。

融入点分析

关于酵母丙氨酸 tRNA 合成工作，由于中国当时所处的特殊历史环境，开展科学研究的条件十分困难，这项工作在 1978 年之前的进展是缓慢的。酵母丙氨酸 tRNA 中的 9 个稀有核苷酸合成是人工合成酵母丙氨酸转移核糖核酸的最大难题之一。当时，国外科学家无法攻克稀有核苷酸合成的难题，导致合成的类似物生物活性低。而对于核酸研究零起步的中国科学家来说，完成该工作无疑也是天方夜谭。设备和原料问题是合成工作的另一个难题。当时我国正处于特殊的历史时期，许多科学家的科研常规工作无法正常进行，更无法从国外进口先进设备用于合成工作。部分国产设备故障频繁，为此科学家们不分昼夜地守在机器旁边。啤酒厂的废酵母、屠宰场的牛胸腺和人的尿液等材料都是生产核苷酸的原料，为此科学家们还经常蹲守工厂和农场，以及进厕所进行原料收集。另外，合成路线问题也是难题之一。合成初期，科学家主要借鉴人工全合成结晶牛胰岛素的经验确定了 2 个半分子（5′半分子和 3′半分子）拆合的总路线，后经过多次论证和尝试确定了半分子拆合、化学合成，以及酶促合成 3 个基本策略。

后期工作的顺利进行主要归功于科学家思想统一和严谨的科学态度。坚持化学合成与酶促合成相结合的方针，对每步合成的产物进行全面的科学鉴定。据不完全统计，先后参加该项研究的有 180 人之多，在当时中国历史环境和条件下，中国科学家历尽艰难取得这一科学成就，至今回忆起来仍使人感到振奋。

成果的取得需要很多人团结合作，艰辛努力，更离不开严谨的科学态度和求实的科学作风，这是我们进行科学研究的基本要求，也是科学研究的核心价值。保持严谨的科学态度，就要求在科学研究中，需要科学家摒弃主观偏见，以客观的眼光看待问题，不受个人情感和意识形态的影响。保持谦虚和开放的态度对待科学问题,虚心接受他人的批评和建议,不要盲目自信。保持客观公正的态度,才能正确地认识和解决问题。保持求实的科学作风,要求科学家在科学研究中保持实事求是的态度,注重实证和实践,遵循科学方法进行实验和观察,收集数据和信息,分析、解释数据和信息,从而得出科学结论。我们只有保持严谨的科学态度和求实的科学作风,才能够在科学研究中取得真正的成果,为人类的发展和进步作出贡献。

酵母丙氨酸转移核糖核酸的合成工作不仅开启了我国核酸研究的先河,培育了一大批科技人才,而且带动了包括抗肿瘤和抗病毒药物等多种核酸类药物的研制和应用。回望历史,在为成就感到自豪的同时,我们也要铭记科学家先辈们的贡献,将科学家们"献身、求实、团结、奋进"的科学精神继续传承下去。

参考文献

[1] 王贵海,熊卫民.回顾人工合成酵母丙氨酸转移核糖核酸工作 王贵海研究员访谈录[J].科学文化评论,2007,4(6):90-104.

[2] 李澄泉.我国人工合成酵母丙氨酸转移核糖核酸获得成功[J].化学通报,1982,45(3):13-14.

[3] 祁国荣.中国科学家首次合成一个完整的核酸分子——酵母丙氨酸转移核糖核酸的人工全合成[J].中国科学:生命科学,2010,40(1):11-13.

四、DNA 双螺旋结构模型的提出者——沃森和克里克

★ 基本素材

1951 年,詹姆斯·杜威·沃森(James Dewey Watson)前往意大利参加生物大分子结构会议,会议中,威尔金斯(Wilkins)和富兰克林(Franklin)关于 DNA 的 X 射线晶体衍射图分析报告吸引了沃森。博士毕业后,沃森在英国的卡文迪许实验室与弗朗西斯·哈利·康普顿·克里克(Francis Harry Compton Crick)相遇并共同研究 DNA 的结构。虽然受到威尔金斯和富兰克林报告的启发,但是,DNA 具体是一个什么样的螺旋结构,是双链、三链还是四链的,沃森和克里克心中并没有谱。

起初,沃森与克里克认为 DNA 的螺旋结构应该是三螺旋,并从鲍林那里获得启示开始了"搭积木"式的研究。因为鲍林发现血红蛋白的 α 螺旋链就是靠"搭积木"摆弄出来

的。许多化学分子的结构模型都是这样被人们认识的。

　　沃森与克里克按照他们的理解搭出了 DNA 三螺旋的结构。他们认为,这个模型与威尔金斯和富兰克林提供的 X 射线晶体衍射图比较吻合,尽管富兰克林当时并不知道 DNA 的精确结构应当是什么样的,但她指出这个模型过分模仿水分子,DNA 结构不应当是三螺旋。

　　沃森和克里克对 DNA 螺旋结构的数种设想都被威尔金斯和富兰克林否定。在 1953 年 2 月 14 日的讨论中,威尔金斯出示了一幅富兰克林获得的非常清晰的 DNA 晶体衍射照片。这张照片突然激发了沃森头脑中的思维,DNA 链只能是双链才会显示出这样漂亮而清晰的图。1953 年 2 月 28 日沃森和克里克重新摆弄出了正确的 DNA 双螺旋结构。1953 年 4 月 25 日《自然》杂志发表了沃森与克里克的 DNA 双螺旋结构假说,一篇不到 1 000 字短文《核酸的分子结构——脱氧核糖核酸的一个结构模型》,并配有威尔金斯和富兰克林的 2 篇文章,以支持沃森和克里克的假说。后来鲍林和其他科学家的研究也从不同方面证明了 DNA 双螺旋结构。1 个月后,沃森与克里克在《自然》杂志上又发表一篇论文,讨论了遗传物质复制的机制。

　　DNA 双螺旋结构的发现标志着分子生物学从此诞生。它不仅说明了 DNA 为什么是遗传信息的携带者,而且说明了基因的复制和突变等机制。

★ 融入要点

核酸化学章节,介绍 DNA 分子二级结构时融入。

★ 融入点分析

　　1953 年,美国生物化学家沃森和英国生物物理学家克里克提出了最伟大的模型——DNA 双螺旋结构,这一模型的提出依赖于多位科学家的贡献。1945 年,加拿大生物化学家艾弗里(Oswald Theodore Avery,1877—1955 年)和他的合作者在纽约进行细菌转化的研究,证明使细菌性状发生转化的因子是 DNA(即脱氧核糖核酸),而不是蛋白质或 RNA(即核糖核酸)。这一重大发现轰动了整个生物界。因为当时许多研究者都认为,只有像蛋白质这样复杂的大分子才能决定细胞的特征和遗传。而艾弗里等人的工作打破了这种信条,在遗传学理论上树起了全新的观点,即 DNA 分子是遗传信息的载体。

　　在卡文迪许实验室里,沃森遇到了物理学家克里克,又得到机会向威尔金斯、富兰克林等 X 射线衍射专家学习,还有包括著名蛋白质结构专家在内的一批科学家和他经常交换各种信息和意见,又得到实验室主任威廉·劳伦斯·布拉格(William Lawrence Bragg)等老一辈的指导和鼓励,这些都是他取得成就的重要因素。而直接导致沃森集中精力从事 DNA 结构研究的契机,则是他得到美国主管部门资助去参加在那不勒斯召开的学术会议,在那里他看到了威尔金斯的 X 射线衍射图片。

对于 DNA 双螺旋结构模型,富兰克林的贡献是毋庸置疑的。她分辨出了 DNA 的两种构型,并成功地拍摄了它的 X 射线衍射照片。沃森和克里克在一封信中对富兰克林说,她和威尔金斯的 DNA 双螺旋结构 X 射线衍射图片对他们启发很大。正是这张图片和富兰克林与威尔金斯的不断指引,他们才走上了正确的跑道,并最终完成了一项具有划时代意义的伟大工作。

创新者必须破除迷信,敢于向权威挑战。1953 年的沃森和克里克都是名不见经传的小人物,37 岁的克里克连博士学位还没有得到。受到前人的影响,他们原来按照三股螺旋的思路进行了很长时间的工作,可是既构建不出合理模型,也遭到结晶学专家富兰克林的强烈反对,结果使工作陷于僵局。在发现正确的双股螺旋结构前 2 个月,他们看到蛋白质结构领域权威鲍林一篇即将发表的关于 DNA 结构的论文,鲍林错误地将 DNA 结构确定为三股螺旋。沃森在认真考虑并向同事们请教后,决然地否定了权威的结论。正是在否定权威之后,他们加快了工作,在不到 2 个月内终于取得了震惊世界的成果。

两位年轻科学家没有迷信权威,而且敢于向权威挑战,这需要勇气,更需要严肃认真的实验工作和深厚的科学功底。在科学界经常遇到的是年轻人对权威无原则的屈服,甚至沃森在一开始知道鲍林提出的 DNA 是三螺旋模型的一刹那,也曾后悔几个月前放弃了自己按三螺旋思路进行的工作。不过他们没有从此打住,而是为了赢得时间,加快了工作。因为他们相信三螺旋模型是智者鲍林千虑之一失,很快本人就会发现错误并迅速得出正确结论。后来,威尔金斯给他们看了那张照片。根据照片,整日焦虑于 DNA 结构研究的沃森和克里克立即领悟到了现在已经成为众所周知的事实——两条以磷酸为骨架的链相互缠绕形成了双螺旋结构,氢键把它们连结在一起。他们在 1953 年 5 月 25 日出版的英国 *Nature* 杂志上报告了这一发现。双螺旋结构显示出 DNA 分子在细胞分裂时能够自我复制,完善地解释了生命体要繁衍后代,物种要保持稳定,细胞内必须有遗传属性和复制能力的机制。这是生物学的一座里程碑,是分子生物学时代的开端,怎样评价其重要性都不过分。

正是这种敢于挑战权威、热爱科学、追求真理的科学精神,促进了科学的发展,同时完美诠释了科学继承创新的含义。

参考文献

[1]庚镇城.纪念 DNA 双螺旋结构模型发表 70 周年[J].科学,2023,75(4):58-61.

[2]廖端芳,张佳,卢光明,等.DNA 甲基化谱:流淌的生命脉律——纪念 DNA 双螺旋结构发现 70 周年[J].湖南中医药大学学报,2023,43(7):1315-1319.

[3]马向涛.DNA双螺旋结构的发现之旅[J].中国医学人文,2017,3(9):42-43.

[4]路甬祥.从沃森-克里克发现DNA双螺旋分子结构说起——纪念《核酸的分子结构—脱氧核糖核酸的结构》发表60周年[J].科学中国人,2013(12):31-37.

五、中医"以毒攻毒"治疗白血病的故事

 基本素材

(一)砷的药用历史溯源

砷(arsenic),俗称砒,是一种非金属元素,其化合物三氧化二砷被称为砒霜,是一种毒性很强的物质。早在中医经典著作《黄帝内经》中就有砷剂治疗疾病的记载,书中介绍了砷丸对疟疾相关周期性发热的治疗。在中国最早的本草著作《神农本草经》中记载了雄黄可以治疗类似痈的皮肤病。明代李时珍的《本草纲目》更是有砒石"烂肉,蚀瘀腐瘰疬"的记录。

除中国以外,2 000多年前在西方,古希腊的希波克拉底也曾应用雄黄、雌黄治疗皮肤溃疡。其后另一位希腊医生迪奥斯科里季斯指出,砷剂虽然可以引起脱发,但是同时可以清除疥疮、虱子和许多可能发展为癌症的皮肤病变。

由此可见,用砷剂解毒、治疗皮肤病及癌症自古有之,但是真正进行系统、科学的研究,并得到广泛的认可和推广,还是要从一次偶然的事件说起。

(二)三氧化二砷的发现

20世纪60年代中期至70年代中期,中国出台了一系列政策,其中一个政策是为改善农村医疗条件,从城市医院派遣"流动医疗队"到乡村服务,医疗队走访多个村庄,医疗队成员轮换;另一个政策是强调中国传统医药的作用。这两项政策的交汇导致当时很多具有很好疗效的偏方被发现,三氧化二砷的发现就得益于此。

1971年3月,哈尔滨医科大学第一附属医院的朝鲜族药师韩太云在巡回医疗过程中偶然发现一个由砒霜、轻粉(氯化亚汞)和蟾酥配伍而成的方子可以治疗淋巴结结核和癌症。韩太云将它们改制成水溶性针剂,称"713"(因发现时间是7月13日,故名)或癌灵注射液。该药物通过肌内注射,对某些肿瘤病例见效,并在当地风行一时,但因毒性太大最终被弃用。但是,当时黑龙江省卫生系统正进行挖掘、收集、整理抗癌中草药及民间验方、秘方工作。黑龙江省原卫生厅肿瘤防治办公室得知这一消息后,便任命哈尔滨医科

大学第一附属医院中医科主任张亭栋教授为专家组组长,带队下乡"采风探秘",了解实情。调查过程中,在公社卫生院住院的多位经用砒霜、轻粉、蟾酥配制的验方治疗的食管癌、宫颈癌、大肠癌、肝癌患者,纷纷向省城来的专家诉说病情:食管癌患者能喝水吃馒头了,大肠癌患者不便血了,宫颈癌患者的分泌物减少了,肝癌患者不痛了。于是,这个偏方被带回了哈尔滨医科大学第一附属医院,张亭栋和他的同事们与韩太云合作,开始了漫长的探索研究。

(三)癌灵 1 号的临床研究

1972 年后,张亭栋一方面在韩太云的帮助和配合下,根据中医辨证施治理论,探索了含砒石、氯化汞等复合物的制剂治疗白血病的疗效,另一方面分别检测癌灵注射液的组分。结果发现只要有砒霜就有效,而轻粉会带来肾毒性,蟾酥会带来升高血压的副作用,且后两者无治疗作用。1973 年,张亭栋、张鹏飞、王守仁、韩太云在《黑龙江医药》上报道了他们用癌灵注射液(以后也称癌灵 1 号)治疗 6 例慢性粒细胞白血病患者。经过治疗,6 名患者症状都有改善,其中 1 例发生急性变的患者也有效。该文还提到仍在研究对急性白血病的治疗效果。

1974 年,他们以哈尔滨医科大学第一附属医院中医科和检验科署名,在《哈尔滨医科大学学报》发表《癌灵 1 号注射液与辨证论治对 17 例白血病的疗效观察》,总结了从 1973 年 1 月—1974 年 4 月对不同类型白血病的治疗效果,发现癌灵 1 号对多种白血病均有效,其中对急性白血病可以达到完全缓解。1976 年,哈尔滨医科大学第一附属医院中医科曾撰文《中西医结合治疗急性白血病完全缓解 5 例临床观察》,介绍 5 例经治疗后完全缓解患者的诊治过程及各种临床表现。1979 年,荣福祥和张亭栋在《新医药杂志》上报道经"癌灵 1 号"治疗后存活 4 年半和 3 年的 2 名患者,皆为急性粒细胞白血病。

1979 年,张亭栋和荣福祥在《黑龙江医药》发表他们当年的第 2 篇论文,题为《癌灵 1 号注射液与辨证论治治疗急性粒细胞白血病》,总结他们从 1973—1978 年治疗的急性粒细胞白血病共 55 例。其中 1973—1974 年单用癌灵 1 号治疗 23 例,1975—1976 年用癌灵 1 号加其他中药和少量化疗药物治疗 20 例,1977—1978 年用癌灵 1 号加其他中药和少量化疗药治疗 12 例。对每一个病例,他们都根据血象分型观察疗效。55 例患者的骨髓象、血象、临床表现,都有不同程度好转。总缓解率为 70%,其中 12 例达到完全缓解。1979 年,张亭栋首次明确提出了癌灵 1 号的有效成分是三氧化二砷,同时提出,癌灵 1 号对急性早幼粒细胞白血病(acute promyelocytic leukemia, APL)效果最好。经过多年的艰苦研究和探索,临床与实验研究相结合,对原验方药物组成逐一筛选,从复方到单味中药砒霜,再到化学提纯的三氧化二砷制剂,终于成功研制出"以毒攻毒"的癌灵 1 号注射液。

(四)三氧化二砷的作用机制研究

1985 年,上海第二医科大学(现上海交通大学医学院)王振义教授用全反式维甲酸治愈 1 例 5 岁白血病儿童。1987 年,王振义课题组在英文版《中华医学杂志》上报道,用全反式维甲酸(合用其他化疗药物或单独使用)治疗 6 例 APL 患者。1988 年,王振义课题组在美国 *Blood* 杂志发表论文,总结他们用全反式维甲酸治疗 24 例 APL 患者,获得完全缓解。这篇论文使全反式维甲酸治疗 APL 经验在国内外得到关注和推广,为 APL 患者带来福音。

20 世纪 80—90 年代,张亭栋和他的同事们在哈尔滨对白血病的治疗研究不断深入,三氧化二砷虽然可以治疗白血病,但其治病机制还难以表达清楚;同样研究该课题的王振义院士和学生陈竺、陈赛娟邀请张亭栋一同合作攻关,开启了一系列研究工作。他们从分子水平和细胞水平研究了三氧化二砷治疗 APL 的机制,揭示了砷剂是如何作用于 APL 致病因子,将白血病细胞诱导分化和凋亡,从而达到治疗的目的。APL 是由一种名为早幼粒细胞白血病(promyelocytic leukemia, PML)-维甲酸受体(retinoic acid receptor alpha,RARα)的融合基因所引起的白血病,这一融合基因编码 PML-RARα 融合蛋白扰乱正常的基因转录和细胞核结构。重要的是,全反式维甲酸和三氧化二砷都可以和 PML-RARα 融合蛋白结合,即三氧化二砷可以结合 PML 部分,而全反式维甲酸可以结合 RARα 部位,进而促进 PML-RARα 融合蛋白的降解。接着通过将全反式维甲酸、三氧化二砷和化疗药物联合应用,开发出了治疗初发 APL 的联合靶向疗法。这一受中医复方启发的创新性联合疗法可使 90% 的 APL 患者获得痊愈而没有明显的长期毒性作用。

1996 年,陈竺与张亭栋在 *Blood* 上发表论文介绍了此发现,被国际学术界所认可。1996 年 12 月,全美血液学大会在美国奥兰多市召开,张亭栋和时任上海血液学研究所所长的陈竺受邀参加。陈竺代表课题组宣读了《三氧化二砷诱导早幼粒细胞白血病细胞凋亡及其分子机制的初步研究》,引起与会专家、学者的空前关注和极大兴趣,中国学者用砷剂治疗白血病的成功,获得了世界血液学界的认可。1999 年,亚砷酸注射液被国家食品药品监督管理总局批准为 2 类新药,2000 年 9 月,美国食品药品监督管理局在经过验证后亦批准了亚砷酸的临床应用。国际公认该药是治疗 APL 的首选药物和全球治疗 APL 的标准药物之一,该药成为国际公认的我国首创并走向世界的自主创新药。

★ **融入要点**

酶章节,介绍酶促反应动力学时融入。

★ **融入点分析**

白血病在中国已经成为高发恶性肿瘤之一,包括急性或慢性髓细胞性白血病(AML 或 CML)和急性或慢性淋巴细胞性白血病(ALL 或 CLL)。APL 是 AML 的一种独特亚型,被称为最凶险的一种白血病。以往对 APL 的治疗以化疗为主,但副作用严重,可以引起纤维蛋白原减少及弥散性血管内凝血,导致严重出血,早期死亡率较高,5 年生存率仅为 30% ~40%,甚至更低。1996 年中国科学家尝试初发 APL 首选维甲酸联合三氧化二砷作为一线用药,并且取得了成功,明显延长患者生存时间,且副作用小。

关于砷剂治疗疾病早在中医经典著作《黄帝内经》中就有记载,20 世纪 70 年代,韩太云以砒霜、轻粉(氯化亚汞)和蟾酥配伍可以治疗淋巴结结核和癌症,但因毒性太大最终被弃用。后来经调查,民间用于治疗食管癌、宫颈癌、大肠癌、肝癌,民众反映效果好。于是,张亭栋教授与韩太云合作进行该方用于肿瘤治疗的研究。先研究了治疗白血病的制剂,发现是砒霜有效,称癌灵 1 号;后进行了多年临床研究,明确癌灵 1 号的有效成分是三氧化二砷。20 世纪 80—90 年代,王振义等采用全反式维甲酸治疗白血病,同时张亭栋等对三氧化二砷治疗白血病的机制进行了研究,提出了全反式维甲酸联合三氧化二砷治疗白血病。

"全反式维甲酸与三氧化二砷治疗恶性血液疾病的分子机制研究"项目获得 2000 年国家自然科学奖二等奖。王振义院士 2010 年获得国家最高科学技术奖,陈竺院士获得多个国际重要奖项,这些重大成果是我国中医药学专家、西医学专家、中西医结合专家打破学科界限,长期精诚合作,坚持基础研究和临床研究的紧密结合与双向转化而最终取得的。

该项成果的成功经验为中医药走科学发展的道路提供了值得借鉴的思路和方法,为中医药能更好地传承创新、促进人类健康作出了贡献。

参考文献

[1]仝小林.中国科技之路:中医药卷:健康脊梁[M].北京:中国中医药出版社,2021.
[2]李晔,刘春艳.含砷中药癌灵 1 号治疗早幼粒细胞性白血病的研究进展[J].中医药学报,1999,27(3):56-57.
[3]张亭栋,张鹏飞,王守仁,等."癌灵注射液"治疗 6 例白血病初步临床观察[J].黑龙江医药,1973(3):66-67.

六、化学渗透学说提出者——米切尔

基本素材

细胞的线粒体、叶绿体等结构的呼吸作用可以通过电子转移链产生 ATP。具有这些结构的细胞或细胞器膜上有 5 种蛋白质复合物。前 4 种复合物与呼吸链电子传递有关，最后一种用于合成 ATP。但一直以来都有一个问题困扰着科学家们：氧化磷酸化的机制是什么？

科学家们主要提出了 3 种理论来解释这一机制，包括中间产物理论、变构理论、化学理论。中间产物理论认为，在氧化磷酸化的过程中含有一种高能的中间产物（就像将葡萄糖分子磷酸化后形成的葡糖-6-磷酸）储存一部分能量，最终将能量输送给 ATP。变构理论认为该过程中催化反应的酶可以改变其结构，最终释放出某种势能，就像弹簧，未与底物结合时为原长，结合底物后弹簧被压缩，储存势能，最终将势能交给 ATP。尽管科学家们努力寻找这些物质，不幸的是，他们没有找到任何中间产物，也没有改变酶释放能量的结构。最终，英国科学家彼得·米切尔（Peter Mitchell）提出了化学渗透假说（chemiosmotic theory）来解释这一氧化磷酸化过程的发生机制。该学说假设能量转换和偶联机构具有以下特点：由磷脂和蛋白多肽构成的膜对离子和质子具有选择性，具有氧化还原电位的电子传递体不匀称地嵌合在膜内和偶联电子传递的质子转移系统，膜上有转移质子的 ATP 酶。米切尔当时通过 3 个实验来证明该理论。

第 1 个实验是将从细胞中提取出来的线粒体培养在等渗溶液中。一开始，在溶液中没有氧气，我们知道线粒体的外膜是完全可渗透的，所以在将线粒体放入溶液后不久，外膜的两侧之间的氢离子浓度达到平衡。氢离子的浓度首先经历了一个急增的过程。之后，向溶液中通入一些氧气，前辈们已经知道了氧可以与线粒体内的某种物质发生反应，从而产生一些 ATP。通入氧气后，溶液中氢离子浓度开始下降，这说明产生 ATP 的反应需要消耗氧气和氢离子，而氢离子是从膜外转移到膜内的，从而证明了膜上有质子转移系统。

接下来的 2 个实验均是为了证明膜上有转移质子的 ATP 合酶。

第 2 个实验中，米切尔仍然将线粒体置于等渗溶液中。首先将其置于溶液 pH 值 9 的高 pH 的溶液中，等待足够长的时间让线粒体内部和外部的质子浓度达到平衡。之后向烧杯中加入酸性溶液后立即调节 pH 值至 7，由于线粒体外膜全透，膜间隙的 pH 值立即降至 7。于是便在线粒体内膜的两侧产生质子梯度，质子从线粒体内膜的外侧流向线粒体内并产生 ATP。从而证明了细胞膜上有转移质子并产生 ATP 的物质。

最后一个实验的核心部件是一种人工脂质体膜系统。磷脂置于水溶液中时，可在超声波作用下自发组装脂质双层系统。最初脂质体膜上是没有蛋白质的，仅仅是磷脂双分子层。两种蛋白质，一种是能捕获光子能量并将其直接转化为跨膜质子梯度的蛋白质（来源于一种能产生细菌色素的细菌，捕获光能，并转移电子）；另一种是从细胞膜上分离出来的复合体 5。在本实验中，上面的蛋白质结构被用于在膜上产生质子梯度。需要注意的是，本实验与电子转移链无关，只是为了验证膜上的质子梯度能产生 ATP，无论这个质子梯度是否来源于呼吸链。由上方蛋白质结构产生的质子梯度推动了下方的复合体 5

产生 ATP,从而进一步证明了膜上有转移质子的物质(该物质后来被命名为 ATP 合酶),并且质子梯度能促进 ATP 的合成。

最终,米切尔用这 3 个精妙的实验证明了他的一部分假设。当然,他也由于这个学说的提出最终获得了 1978 年诺贝尔化学奖。

★ **融入要点**

生物氧化章节,介绍氧化磷酸化机制时融入。

★ **融入点分析**

在 ADP 磷酸化以生成 ATP 时,线粒体内呼吸链在电子传递过程中产生能量,关于这些能量如何储藏起来的机制,历来存在 3 种学说,即 Slater 的化学学说、博耶(Boyer)的构象学说和米切尔的化学渗透学说。化学渗透学说由英国的米切尔经过大量实验后于 1961 年提出。他的想法一开始不被大多数科学家所接受,被其他一些科学家认为是荒谬的,因而也没有人愿意为米切尔提供实验室,让他用实验证明他的假设。幸运的是,米切尔有一个很有钱的哥哥,他的哥哥出钱为他建立了一个实验室,让他得以用实验证明自己的假说。

米切尔由于这个学说的提出最终获得了 1978 年诺贝尔化学奖。但此时尚不清楚 ATP 生产过程的分子机制到底是什么,直到十多年后,保罗·波耶尔(美国)、约翰·沃克(英国)、因斯·斯寇(丹麦)3 位科学家提出了 ATP 合酶的结合变化(binding-change)学说,最终阐明 ATP 合成的分子机制,这个学说的提出也为他们赢得了 1997 年的诺贝尔化学奖。

从米切尔的故事中我们明白,科学发现需要创新意识、钻研精神。习近平总书记指出,"勇于推进理论创新、实践创新、制度创新、文化创新,以及各方面创新,通过革故鼎新不断开辟未来"。推进中国式现代化是一个探索性事业,还有许多未知领域,需要我们在实践中去大胆探索,通过改革创新推动事业发展,决不能刻舟求剑、守株待兔。在强国建设、民族复兴的新征程上,我们必须提高创新思维能力,顺应时代发展要求,着眼于解决重大理论和实践问题,积极识变、应变、求变,大力推进改革创新,不断塑造发展新动能、新优势,充分激发全社会创造活力。

■ **参考文献**

[1]卢义钦.纪念"化学渗透学说"的创建人——Peter Mitchell(1920—1992)[J].生命的

化学(中国生物化学会通讯),1993,13(1):38-39.

[2]杨福愉.有关 Mitchell 化学渗透假说的一些争议[J].生物化学与生物物理进展,1985,12(2):2-8.

七、二步发酵法成功生产维生素 C

★ 基本素材

20世纪60年代中期,大部分科学研究工作实际已经停止或取消,科研人员经常下厂或下乡参加劳动。北京制药厂(简称北京药厂)当时采用的生产维生素C(简称VC)的工艺是由葡萄糖用化工法加氢成为山梨醇,经黑醋菌发酵成为山梨糖,山梨糖再经化学法转化成VC,称为一步发酵法。该厂在山梨醇发酵成山梨糖的过程中经常被噬菌体污染,影响产量。当时中国科学院微生物研究所生物物理室的薛禹谷和庄增辉培育抗噬菌体生产菌株,该厂为解决产量问题,和生物物理室常有工作联系。当科研人员从北京药厂科技人员处了解到老工艺流程中污染严重、工人操作极端困难等问题,引起了该室科研人员的重视,由徐浩查阅相关文献和资料,得到了一定信息后,尝试探索生物氧化代替化学氧化,也就是改为用微生物转化山梨糖成VC前体2-酮基-L-古龙酸(2-keto-L-Gulonicacid,2-KGA),曾用名有古洛酸、古罗酸。经生物物理室负责人和科研人员讨论,决定参加的人员全部下厂,另一方面响应号召接受工农兵再教育,一方面开展科研。经与北京制药厂商量,厂方欣然同意于1969年2月6日正式成立协作组,正组长为厂方人员,副组长为所方陶增鑫,厂方提供设备、原料及人员,所内不设置研究组。这个课题定名为"二步发酵",是相对老工艺而言,生产VC经两步发酵,也可以说研究VC生产流程中的第二步发酵,但当时并没有具体计划、完成年限等。该室安排徐婉学、尹光琳和徐浩下厂,之后徐婉学和徐浩先后调回,改为陶增鑫下厂。

1969—1970年,所里的研究室改变为连队,该课题就理所当然地归属搞工业发酵的四连。1970年8月尹光琳要求回所,指派刚由"五七干校"回来的严自正去接替尹光琳。过了国庆,严自正又一次打起背包去接受工人阶级再教育,也就1个多月,陶增鑫和于龙华被叫回所。由于离开厂后,就不是该课题的成员了,所以从那时起,该课题所方就只有严自正一人,直到双方认为任务基本完成,于1972年1月回所。然后安排严自正到改编为研究室的六室(酶室)工作,这时本所承担的二步发酵研究暂告一段落。

1974年7月,业务处郭新规通知严自正参加了中华人民共和国燃料化学工业部(简称燃化部)主持的VC二步发酵鉴定会,这次会议的鉴定书上明确肯定了"北京制药厂和微生物所首先找到了二步发酵新工艺的菌种 N1197A,并初步确定了工艺路线"。

1974—1978 年,尹光琳、淡家麟、曹桂芳、梁改芹、王大耜和洪俊华等在所内又继续了二步发酵的研制,并协助上海第二制药厂解决生产性试验不稳定问题,还对当时各厂所用菌种进行了系统的鉴定。

1979 年所业务处领导毛桂震组织了严自正和尹光琳、陶增鑫起草了申请书及 5 个附件,申请国家发明奖。

1983 年国家科委正式核准授予国家科技发明二等奖。1980 年,《微生物学报》发表了2 篇有关 2-KGA 发酵的论文,一篇作者为严自正、陶增鑫等,另一篇为尹光琳、陶增鑫等。

1985—1986 年,由东方科学仪器进出口公司和中国医药对外经济技术合作总公司出面将 VC 二步发酵新技术以当时 550 万美元巨款转让给国际著名的瑞士霍夫曼、罗氏有限公司。该技术的成功转让,标志着微生物所的科研工作迈上了一个新的台阶,科研人员为祖国人民做了一件有意义的事。

★ 融入要点

维生素章节,讲授维生素 C 时融入。

★ 融入点分析

生产维生素 C 的北京药厂位于朝阳门外,从中关村到厂乘公交车路上要花 2 个小时。当时口号是知识分子和工人同吃同住同劳动,在食堂吃饭,和厂里单身的同志一样住集体宿舍,和厂里工作人员一起轮班,从打扫卫生、刷瓶子到看管发酵罐(简称罐),样样都干。

在这种艰苦条件下,萦绕在科研人员脑海中的依然是如何完成科研任务,尤其是课题刚开始,没有详细资料,没有菌种,又无设备、无条件,样样从零开始,边干边创造条件。在前 7 个月一无所获,正当大家快要泄气时,出现一线希望,他们找到一个产 2-KGA 菌种,从该菌发酵液中得到了 2-KGA 结晶,从而增加了大家的信心。在 1970 年 6—7 月间,筛选到了产酸量稍高的菌株 N1197A,但是能否提高该菌产酸能力,这是摆在科研人员面前的又一难题,难以下手。经苦苦思索,大家决定改变外界条件,使内因起变化。于是科研人员先用摇瓶做条件试验,不管工作量多大,都是交叉进行,一旦有好的结果,立刻将这结果用到罐上,然后在罐上反复试验,使 2-KGA 的产出大幅度提高,而通过罐上流加试验,终于达到了目标,使底物山梨糖接近 100% 转化为 2-KGA。就这样在厂方设备和大量人力支持下,两单位工作人员相互配合、共同努力下,在短短 3 年时间内,通过上千个样品的分离,筛选了几千个菌株,摇瓶条件试验将近 60 批,发酵罐(1 750 立升、300 立升和 175 立升)和种子罐试验将近 100 批,在厂里保存的原始记录,叠起来有几尺高。最终确定了具有先进生产水平的二步发酵工艺路线,并证实该发酵不同于传统方法,而是自然组合的混种发酵。为此,科研人员感到很欣慰,他们在想象不到的艰苦条件下,兢兢业业,尽其所能,向祖国人民交了一份比较满意的答卷。

几十年来一些研究单位相继进行了大小菌相互关系、固定化细胞、细胞融合、工程菌等研究,尤其很多工厂在投产过程中,不断改进和发展,随着生产厂家的增加,产量不断上升。从一个生产维生素 C 占世界份额很少到大量出口的国家,首先归功于改革开放的政策,其次是生产和科研单位的工作人员共同努力的结果。

1983 年 1 月,"用二步发酵法生产维生素 C 中间体 2-酮基-L-古龙酸的方法"获得国家科技发明二等奖,该项目由中国科学院微生物研究所和北京制药厂共同研发成功,向罗氏公司转让并在国内推广,形成了我国在此产业中的世界性相对优势。这个发酵过程在文献上虽曾有所探索,但是中国人使其成功大规模生产,这一成果是理论与实践相结合的范例,是科技为第一生产力的体现,也是科技工作者勇于创新的丰硕成果。

参考文献

[1]吴忠.发酵塔在二步发酵法生产维生素 C 中的应用[J].中国医药工业杂志,1991,22(11):515-518.

[2]毛桂震.用二步发酵法生产维生素 C 的现状及发展趋势[J].生物工程进展,1989,9(5):34-35.

[3]陈策实,尹光琳.从葡萄糖一步发酵生产维生素 C 的前体 2-酮基-L-古龙酸研究进展[J].生物工程进展,2000,20(5):51-56.

八、"人造肉"——戊糖代谢的新发现

★ 基本素材

1960 年秋天,北京出现粮食短缺,居民的粮食定量标准普遍降低了约 15%,兼之副食供应大量缩减,肉类和其他食品也很难轻易在市场买到。人民普遍营养不良,许多人肢体出现水肿。在此背景下,为解决粮食供应不足的问题,国家提出了"低标准,瓜菜代"的方针。

1960 年 6 月 26 日至 30 日，中国科学院（简称中科院）在北京香山饭店召开了扩大"粮食代用品"开辟粮食饲料来源问题会议。出席会议的有生物学部的 17 个研究单位，还有其他学部，以及武汉、兰州分院等单位的人员共 60 余人，由时任副秘书长秦力生主持。时任微生物所副所长方心芳和党委书记林一夫参加了这次会议，方心芳在会上提供了关于"人造肉"的资料。所谓"人造肉"，是用廉价原料培养的微生物细胞代替动物肉类食品的俗称，现在一般使用的名词叫作"单细胞蛋白"。

方心芳做了大量文献调查，在工业室布置酵母菌组，和官选民进行利用戊糖生长的酵母菌的筛选和生长量试验，官选民筛选了微生物所保藏的 456 株酵母菌，优选到编号为 2.361 的白地霉作为菌种，然后又进行了营养条件试验，培养基的碳氮比为 30∶1。

因为这是国外已经证明可以食用的呈菌丝状的酵母菌，安全性较可靠。由于这株菌可以利用戊糖，不和人争粮，还可以利用食品行业，如淀粉厂、粉丝厂、罐头厂、豆腐厂、肠衣厂、酱油厂等各种食品加工厂排出的废水，且是丝状，无需当时昂贵的离心机，用传统做豆腐的方法就能收获菌体。

方心芳曾经用家里的淘米水等培养过白地霉，还尝过用它煮的汤。方心芳的得力助手肖永澜以浅盘法用酒糟和花生皮水解得到的糖液作原料，培养菌体成功，在国庆 11 周年时生产出了鲜人造肉 50 kg 作为献礼。随后又组织了几十人的团队开始用硫酸水解稻草，进行深层发酵。

当时，在中关村东边、京张铁路西边，微生物所有一片试验地，除供大田试验的田地外，还有温室和准备进行丙酮丁醇发酵的中试车间，几个 240 L 的碳钢发酵罐也是现成的，正好可以用来进行酵母菌培养。从 1960 年 10 月起，由方心芳任技术总指挥的"人造肉"制造工厂开工了。

在所党委的领导下，1960 年由高校分配来的许多大学毕业生，报到后便前去"人造肉"车间工作。"人造肉"车间 24 小时不停运转了好几个月，每天出产一批几十公斤鲜菌体。开始运转期间，方心芳几乎每天早上天未亮就从他的住地骑自行车前去现场，查看生产情况。

经过 3 个月的工作，各所都有所成就。中国科学院在西苑饭店召开了粮食与饲料代用品会议，由时任副秘书长的谢鑫鹤主持会议。会议的主要目的是交流经验，肯定成果。会议肯定了一批可以推广的成果，归纳起来有几个方面：野生植物、树叶、野草、水草叶子的利用；叶蛋白；农作物薰杆粉；农作物副产品经过微生物发酵做食品或饲料；农作物根粉；野生植物淀粉；野生油料植物；食用和饲料酵母；小球藻、栅藻、扁藻之类；红虫。会议还特别强调要加强分析工作和进行动物试验，经过慎重试验，最后自己试吃，过三关后再推广。同时在会议期间举办了一个小型内部展览会，展出了"人造肉"、橡子面、小球藻、叶蛋白、农副产品的加工品（玉米芯、稻草等）、野生植物和野生动物（如红虫，学名水蚤）7 类粮食代用品。

★ 融入要点

糖代谢章节,介绍磷酸戊糖途径时融入。

★ 融入点分析

在中国粮食短缺、人民普遍营养不良的历史环境下,以方心芳为首的研究人员和工作人员,经过大量文献调查,利用简陋的科研条件和生产条件,团结协作,以饱满的开拓创新精神,通过坚持不懈的努力,成功生产出"人造肉",帮助中国人民度过饥荒年代,同时让全国人民知道微生物的大用处。

更为可贵的是,在生产"人造肉"抵抗饥饿的同时,微生物所还开展了一些有关白地霉的科学研究。最突出的是张树政领导的微生物代谢研究小组,他们研究了白地霉的戊糖和己糖代谢,阐明了木糖和阿拉伯糖的代谢途径,纯化了木糖醇脱氢酶,并证明其为诱导酶;发现白地霉中有甘露醇,阐明了它的合成途径,发现并纯化了依赖辅酶Ⅱ的甘露醇脱氢酶。另外,方心芳、严自正和乐静珠在《微生物学报》上发表了几篇白地霉分类的研究报告。谢舜珍等也发表了"人造肉"中维生素含量的分析结果。我们的前辈们在应对人民紧急需求的同时,始终没有忘记科学发展的使命。

中国科学院在召开的粮食与饲料代用品会议中还特别强调要加强分析工作和进行动物试验,过三关后再推广。可见,领导和科学家们都抱着对人民生命安全负责的态度,把人民生命放在首位。古人云:"治常生于敬畏,乱常起于骄纵。"人生的意义,在于敬畏生命、尊重生命。这不仅是一种信仰,更是一种人生态度。只有当我们对生命拥有敬畏之心时,世界才会充满无限生机。尊重每一个生命,不冷漠、不漠视,去关怀、善待身边的每一个事物、每一条生命。

参考文献

[1]中国科学院微生物研究所.深切怀念方心芳先生[J].微生物学报,1992,32(4):308-309.

[2]张树政,黎膏翔.白地霉的戊糖代谢 Ⅱ.L-阿拉伯糖代谢途径[J].Acta Biochimica et Biophysica Sinica,1963,3(4):84-89.

[3]张树政,黎膏翔,王惠莲.白地霉的戊糖代谢——Ⅰ.木糖代谢的初步变化途径[J].Acta Biochimica et Biophysica Sinica,1962,2(4):3-13.

九、三羧酸循环的发现者——克雷布斯

★ 基本素材

汉斯·阿道夫·克雷布斯(1900—1981 年),英籍德裔生物化学家。在代谢方面有两个重大发现:尿素循环和三羧酸循环。

1937 年,经过 5 年的不懈努力,克雷布斯和当时在他实验室的约翰逊报道了震动当时生物化学界的三羧酸循环。第一次合理而清晰地揭示了有氧氧化的途径,树立了生物新陈代谢研究的一座里程碑。为此,克雷布斯和李普曼(他发现乙酰辅酶 A,彻底阐明从丙酮酸到柠檬酸的机制,同时三羧酸循环的普遍性也得到完全证实)分享了 1953 年诺贝尔生理学或医学奖。

克雷布斯的成就是继承了前人工作的结晶。

人们早在 18 世纪就已经注意到食物在生物体内要经过一个缓慢"燃烧"的过程——氧化。在 1910 年就有科学家利用组织匀浆对某些有机化合物的氧化进行了比较,发现乳酸、琥珀酸、苹果酸、顺乌头酸、柠檬酸等能够迅速氧化。但直到 20 世纪 30 年代,生物氧化还是一个"剪不断、理还乱"的谜团。

1932 年,经过众多科学家的努力,特别是德国科学家迈耶霍夫等人的杰出贡献,搞清楚了生物发酵——无氧氧化的具体步骤。但葡萄糖裂解成为丙酮酸后,如何彻底分解成为水和 CO_2,仍然不得而知。为了解开谜团,寻找生物氧化的中间代谢物和具体步骤,科学家们最先应用的方法是"试错法",即把多种有机物投入组织悬浮液或匀浆中保温,根据氧化速率变化,确定何种有机物为代谢中间物。如果投入的某种有机物大为促进了氧化反应的速率,依据质量作用定律,该有机物就是这一反应的中间代谢物。用这种方法,科学家们测定了许多种有机物,发现只有少数几种有机酸如琥珀酸、延胡索酸、草酰乙酸、苹果酸、柠檬酸等对氧化有促进作用。

糖代谢研究仍呈现出半明半暗的面貌,机体内究竟是何种二碳化合物在氧化后转变为 CO_2 和水,同时释放能量,这仍是未解之谜,制约着生物化学代谢研究的发展。

1933 年,为了从千头万绪中将清线索,克雷布斯翻阅了一篇篇研究营养物质代谢的文献,并将文献中提到的代谢产物一个个列在纸上:顺乌头酸、异柠檬酸、α-酮戊二酸、琥珀酰辅酶 A、琥珀酸、延胡索酸、苹果酸、草酰乙酸……

在克雷布斯眼中,这些代谢物就似四散的珠子,是需要一条线将它们串联起来的,如此才能揭示物质代谢的本来面貌。而在认真研究过前人资料后,他发觉这条代谢反应链若要形成循环,顺乌头酸和草酰乙酸间还缺少"最后一块拼图"。克雷布斯再次查阅文献却找不到丝毫线索,但他并未就此放弃,在接下来的 4 年时间里,他集中精力,全力寻找循环中缺失的那一种物质。

1935 年,匈牙利生物学家艾尔伯特·圣乔奇发现,这几种有机酸不但催化促进氧化反应,它们之间还可有规律地转化。其反应序列为:琥珀酸→延胡索酸→苹果酸→草酰乙酸。不久,两位德国科学家,马丁和努普在研究柠檬酸的性质时,又碰巧发现,柠檬酸可以通过一系列反应转化成琥珀酸:柠檬酸→顺乌头酸→α-酮戊二酸→琥珀酸。可惜的是,他们没有把这些反应和整个生物氧化过程联系起来,只把这些有机酸看成是反应的催化剂和递氢体,没有看到它们就是氧化反应代谢物本身。

克雷布斯敏锐地感到这些人对上述有机酸转化的解释是不完备或不确切的。为了深入探讨这些有机酸与食物氧化过程的联系,他又仔细研究了一个重要的反例:丙二酸对琥珀酸转为延胡索酸反应的阻抑作用。由于丙二酸和琥珀酸结构相似,造成了整个保温混合物中琥珀酸的积累,并进而中断了生物细胞中整个生物氧化过程。

通过这样正、反两方面反应的例证,克雷布斯果断地把食物的氧化过程和从柠檬酸到草酰乙酸的一系列反应联系在一起。他设想,含有四碳的草酰乙酸分子和食物代谢中的某种三碳物结合,形成六碳的柠檬酸,然后,进入上述反应序列,这样往复循环,不断氧化。按照当时已有的生化背景知识,最可能的三碳物"候选人"就是丙酮酸。因此,他设计实验,把草酰乙酸和丙酮酸在鸽胸肌悬浮液中保温,果然得到了柠檬酸,以及一系列反应产物。

1937 年有科学家发现由柠檬酸氧化可生成 α-酮戊二酸,异柠檬酸、顺乌头酸则是其中间产物。在此基础上,克雷布斯发现柠檬酸可经过顺乌头酸、异柠檬酸、α-酮戊二酸而生成琥珀酸。因已知琥珀酸可经过延胡索酸、苹果酸生成草酰乙酸,这样从柠檬酸到草酰乙酸间的关系已经清楚。之后,克雷布斯又发现了一个极其关键的反应,就是在肌肉中如果加入草酰乙酸便有柠檬酸的产生。由于这一发现,上述 8 个有机酸的代谢呈一个环状的关系。由于当时已知在无氧的条件下从葡萄糖可生成丙酮酸,所以克雷布斯当时认为,丙酮酸在体内可与少量存在的草酰乙酸缩合成柠檬酸,之后柠檬酸在生成 CO_2 不断放出氢的同时经一系列变化生成草酰乙酸。由此便可完全解释体内有机化合物的氧化机制。同时,克雷布斯又证明了在体内,碳水化合物、脂肪及蛋白质等经氧化分解,在生成 CO_2 及水的同时释放出能量。至此,一个完整的三羧酸循环途径诞生,至今尚无人能推翻和改变这一代谢过程。人们在感叹之余不由得由衷地被他的洞察力所折服。

1937 年,克雷布斯把这一结果写成 700 字的通讯寄给英国的《自然》杂志,以期引起讨论,不料稿件被退了回来。但是克雷布斯知道这个发现的意义,所以,又把它整理成文,命名为"柠檬酸循环"(即三羧酸循环),2 个月后发表在英国的《酶学》杂志上。

⭐ **融入要点**

糖代谢章节,介绍糖有氧氧化内容时融入。

⭐ **融入点分析**

克雷布斯发现的三羧酸循环至今没人能改动一笔。克雷布斯是伟大的,因为他在32岁时发现了生成尿素的鸟氨酸循环,而在37岁时又发现了重要的三羧酸循环。他之所以伟大还因为距他发现三羧酸循环已过了近1个世纪,但至今我们所用的教科书上对三羧酸循环的阐述还是他当时发现的那般模样,没有人能改动一下,是那么经得起岁月和历史的考验。尽管生物化学已进入了分子时代,但三羧酸循环作为代谢的经典,仍在每个人的细胞内运行。他的伟大还在于,因为三羧酸循环不仅是葡萄糖在体内彻底氧化供能的途径,也是脂肪、氨基酸在体内氧化的共同途径,它也是三大营养素在代谢上相互联系、相互转变的途径。

关于丙酮酸如何彻底分解成为水和CO_2,克雷布斯研究的同时,还有其他科学家也在进行研究,如圣乔奇、马丁和努普等,而最终由克雷布斯解开这个谜团。克雷布斯的研究历程诠释了继承创新和坚持不懈的科学精神,体现了敏锐的思维在科学创新中的重要性,其成就也以另一个角度告诉科学工作者年轻是多么重要,尤其在探索人类生命奥秘的征途上,年青的科学家是一支生力军。他们是早晨八九点钟的太阳,希望在他们身上。

参考文献

[1]陈牧.三羧酸循环的发现与启示[J].医学与哲学,2012,33(1A):72-73.

[2]王宇.克雷布斯与三羧酸循环的发现[J].植物杂志,1985(1):42-44.

[3]D.H.威廉逊,曾庆平.生物化学家克雷布斯[J].生命的化学(中国生物化学会通讯),1983,3(5):39-41.

[4]李佩珊.汉斯·克雷布斯——代谢循环的建立者[J].生物学通报,1988,23(1):43-45.

十、胰岛素的故事——坚持不懈的科学精神

★ 基本素材

　　糖尿病对很多人来说，都不是一个陌生的疾病，它作为一种难以治愈的代谢性疾病，一直影响着人类。

　　糖尿病治疗史上的转折点发生在20世纪初，曙光出现则是在1889年。这一年，德国研究人员约瑟夫·冯梅林（Joseph von Mering）和奥斯卡·闵科夫斯基（Oskar Minkowski）发现狗移除胰腺后出现糖尿病的所有症状和体征，从而发现胰腺在糖尿病中发挥作用。这一发现帮助科学家了解到胰腺在血糖调节中发挥一定作用。1910年，爱德华·阿尔伯特·沙佩-谢弗（Edward Albert Sharpey-Schafer）突破性发现糖尿病是由胰腺缺乏某种化学物质引起，并将这种化学物质命名为 Insula。

　　1900—1915年间出现了各种糖尿病治疗方法。早期治疗包括燕麦疗法、牛奶饮食、水稻治愈法、马铃薯疗法、鸦片控制法。许多糖尿病患者通过过量饮食来补充丢失的水分并增加体重。

　　在胰岛素被发现之前，糖尿病是一种无法治愈的致命疾病。患者的血糖水平难以控制，导致许多严重的并发症，如肾衰竭、心脏病和失明等。在20世纪初，糖尿病患者的预期寿命非常短暂，对于患有1型糖尿病的孩子来说，生活更是充满了无尽的恐惧与无奈。

　　弗雷德里克·班廷是一位年轻的医生，他对于糖尿病的治疗方案感到不满，认为应该有更好的方法来拯救糖尿病患者。在一次阅读医学文献的过程中，班廷灵光一现，产生了一个假设：可能存在一种能够调节血糖的激素。他立刻开始实验，意图验证这一设想。为了进行实验，班廷找到了一位名叫查尔斯·贝斯特的年轻生物学家。贝斯特对班廷的设想充满兴趣，并且毫不犹豫地加入这场伟大的科学探险中。这对黄金搭档开始了他们的实验，历经艰辛，终于在1921年4月15日取得了突破性的进展。班廷和贝斯特经过无数次的实验，最终在狗的胰腺中提取出了一种能够显著降低血糖的物质，他们将其命名为"胰岛素"。为了证实这种物质的功效，他们在糖尿病患犬身上进行了实验。在注射胰岛素后，患犬的血糖水平显著下降，病情得到了有效控制。这一发现为糖尿病的治疗带来了曙光，为无数患者带来了希望。为表彰他们的杰出贡献，班廷在1923年获得了诺贝尔生理学或医学奖。

　　后来，麦克劳德和柯立普提取并纯化了牛胰岛素。1922年1月，14岁的伦纳德·汤普森成为首位接受胰岛素注射治疗的糖尿病患者。汤普森在13年后最终死于肺炎。同

样在 1922 年,礼来制药公司在美国北部大规模生产胰岛素,从而使胰岛素在世界范围内得到应用。

1936 年,哈罗德·西姆沃斯发表了一项区分 1 型和 2 型糖尿病的研究。他认为很多糖尿病患者并不是胰岛素不足,而是胰岛素抵抗。

从 1958 年开始,中国科学院上海生物化学研究所、中国科学院上海有机化学研究所和北京大学化学系 3 个单位联合,以钮经义为首,由龚岳亭、邹承鲁、杜雨苍、季爱雪、邢其毅、汪猷、徐杰诚等人共同组成一个协作组,在前人对胰岛素结构和肽链合成方法研究的基础上,开始探索用化学方法合成胰岛素。

1965 年 9 月 17 日,世界上第一个人工合成的蛋白质——牛胰岛素在中国诞生。这是世界上第一次人工合成与天然胰岛素分子相同化学结构并具有完整生物活性的蛋白质,标志着人类在揭示生命本质的征途上实现了里程碑式的飞跃,被誉为我国"前沿研究的典范",是当年接近获得诺贝尔奖的重大成就。

胰岛素研究仍在继续,1982 年出现了生物合成的人胰岛素,该类胰岛素与人胰岛素结构相同。此后这种胰岛素开始大量生产,糖尿病治疗得到了很大的改善。汤姆·克莱曼斯发明的第一台血糖仪于 1983 推出,可以准确地监测糖尿病患者血糖。1986 出现了胰岛素笔,1993 年速溶葡萄糖片也进入市场。

近年来,糖尿病的治疗有了进一步的进展。这些措施包括胰岛素类似物的引进和新型胰岛素给药设备的开发。1996 年,美国食品药品监督管理局(FDA)批准赖脯胰岛素(优泌乐)用于糖尿病治疗,这是首个人工合成胰岛素药物。人工合成胰岛素与人体内的胰岛素结构完全相同,糖尿病患者需皮下注射。虽然人工合成胰岛素是糖尿病治疗的一种有效选择,但并不能像天然胰岛素一样依据人体需求发挥作用,副作用包括延迟起效、达峰时间不定、药物作用时间不固定等。

开发模仿人体自然胰岛素释放模式的胰岛素类似物变得尤为重要。20 世纪 90 年代胰岛素泵开始出现并得到应用,胰岛素泵可以模拟人胰岛素分泌模式给药,使得糖尿病患者的疾病管理更加合理。

★ **融入要点**

糖代谢章节,介绍糖代谢紊乱时融入。

★ **融入点分析**

自糖尿病被首次发现以来,虽然它的治疗已经取得了较大发展,但许多研究仍在如火如荼地开展中。来自渥太华医院和渥太华大学的研究人员正在探索抗菌肽的糖尿病治疗作用,这种抗菌蛋白在胰腺中被发现,科学家试图找出其与糖尿病的相关性。美国糖尿病协会(ADA)也资助了多个研究项目,其中包括 1 型糖尿病诱发因素研究;另一项值得关注的研究则是探究压力与 2 型糖尿病的相关性。此外,人工胰腺的研究也在快速发展,这也为糖尿病的治疗开辟了新的方向。

胰岛素广泛用于糖尿病患者治疗,但该研究历程却比较漫长,经历了一个多世纪,从 1889 年胰腺的发现、1922 年胰岛素大量生产、1936 年发现胰岛素抵抗、1996 年现代治疗到进一步的研究、新方向的开辟,多年来,大量科研工作者参与到糖尿病的研究中,如梅林和闵可夫斯基、沙弗、班廷和贝斯特、麦克劳德和柯立普、西姆沃斯、以钮经义为首的中国研究团队(龚岳亭、邹承鲁、杜雨苍、季爱雪、邢其毅、汪猷、徐杰诚)等。正是这一代又一代科学家坚持不懈的努力,给糖尿病患者带来了福音。

科学需要继承和创新。继承是科学研究的延续,是创新的基础,只有继承已发现的科学事实、已有理论中的正确东西,科学才能发展并且不断完善。创新是对科学研究的突破,是人类对自然的认识出现新的飞跃,引起科学发展中的质变,是发展的必然趋势和目的。

参考文献

[1]三寸.生命的奇迹 班廷与胰岛素的发现[J].科学家,2014(11):106-109.

[2]王志均.班廷的奇迹——胰岛素的发现[J].生物学通报,1993,28(1):44-45,31.

[3]陈禹.世界首例人工合成牛胰岛素纪事[J].档案春秋,2019,26 (4):7-9.

[4]张令仪,秦咏梅.学习中国生化发展史,培养学生的爱国情怀——回顾中国科学家人工合成牛胰岛素的历程[J].生命的化学,2021,41 (7):1370-1374.

十一、"他汀类之父"——远藤章

★ 基本素材

高脂血症是指血脂水平过高,可直接引起一些严重危害人体健康的疾病,如动脉粥样硬化、冠心病、胰腺炎等。临床常用他汀类降脂药进行治疗。提起他汀类降脂药物,有一个人不得不提,他在这一类药物的发现史上起到了拓荒者的作用,是世界上第一个他汀类药物——美伐他汀的发现者,被称为"他汀类之父",这个人就是日本药物学家远藤章(Akira Endo)。虽然美伐他汀没有真正上市,但是远藤章关于降胆固醇药物开创性的发现，影响了其他多个他汀类药物的发现与上市，拯救和延长了全球数百万人的生命。

1966—1968 年，远藤章在纽约阿尔伯特爱因斯坦医学院的分子生物学系学习，在著名生物化学家伯纳德·霍雷克(Bernard Horecker)的指导下，研究一种与细菌细胞壁脂多糖生物合成有关的酶。1968 年学习结束回到日本，他的研究方向是开发一种全新的降脂药。回国后，三共研究实验室给了远藤章很大的自由，使他有机会从事自己选择的项目。

远藤章大胆地提出了一个想法：在真菌中寻找能阻止羟甲基戊二酸单酰辅酶 A (HMG-CoA)还原酶的物质。他非常了解青霉素和链霉素的故事，在大学期间，他就熟读了弗莱明(青霉素的发现者，获得 1945 年的诺贝尔奖)传记的日语译本。远藤章知道细菌与人类一样，也需要胆固醇，才能使细胞壁保持在一起。因此，他认为某种真菌可能会进化出某种物质，作为对需要胆固醇才能生长的微生物的防御机制。

现在，只需要找到合适的真菌即可。当时远藤章有化学家黑田和两名实验室助理帮助他。

1971 年 4 月，他们开始了工作。受弗莱明在霉菌方面研究成功的启发，远藤章团队开始使用大量的真菌培养液筛选合适的化合物，其中还涉及复杂的检测技术。"就像买彩票一样，这是一个赌注"，远藤章在自述中回忆道。

此时，远藤章和他的团队表现出了惊人的毅力。两年多来，他们在东京南部一个火车厂附近的实验室里，夜以继日地工作。回忆起那段时光，远藤章说："我们每天都艰苦地工作，直到疲惫不堪。"

筛选了上千株真菌后，远藤章团队没有得到任何满意的发现，但是他们依然没有放弃。

也许是上天眷顾，1 年后，筛选到第 3 800 株真菌时，他们发现霉菌的培养液显示出强大的抑制活性。活性成分被证明是已知的物质——橘霉素，能够强烈抑制 HMG-CoA 还原酶，并且降低了大鼠的血清胆固醇水平。但是，由于其对肾的毒性，该研究被暂停。尽管如此，这种初步筛选的经验给了他们极大的希望和勇气，坚定了他们未来可以发现更好的活性物质的信心。

转眼到了 1972 年仲夏，远藤章团队已经检测了多达 6 000 株真菌培养液，终于找到了第 2 个具有活性的真菌培养液：从京都一家杂粮店收集的大米样品中分离出来了一株真菌——Penicillium citrinum Pen-51，这是一种蓝绿霉菌，会污染橘子、甜瓜等水果。由于活性化合物生产率非常低，远藤章又用了 1 年时间才从培养液中分离出活性成分。

最终，在 1973 年 7 月，远藤章分离出了抑制性化合物——ML-236B，也叫作美伐他汀(Mevastatin)。于是第一个"他汀"就这样诞生了。

1973 年，他们确证了美伐他汀结构由六氢萘环骨架和 β-羟基-γ-内酯两部分组成，其中内酯环开环后为 3,5-二羟基庚酸侧链，是胆固醇合成关键中间体 MVA 的结构类似物。

　　拿到美伐他汀的远藤章很快意识到,美伐他汀和甲羟戊酸(HMG-CoA 还原酶反应产物)的结构相似,这提示美伐他汀可能是 HMG-CoA 还原酶的竞争性抑制剂,这完全符合远藤章最初的目标。远藤章难掩兴奋之情,在后来的自述中,他称"美伐他汀是大自然的礼物"。

　　但后来发现,"美伐他汀"可能会使狗的小肠发生畸形,因此停止了使用。之后,科学家在土壤中的土曲霉素中提取到了"洛伐他汀",经研究证实它可以安全有效地降低胆固醇。1987 年,洛伐他汀获得了 FDA 的批准,投入临床使用,这是第一个上市的"他汀"。此后,其他"他汀"也相继问世,在防治心脑血管病方面作出了巨大的贡献,为"他汀"大家族赢得了声誉。

★ 融入要点

脂质代谢章节,介绍胆固醇代谢调节时融入。

★ 融入点分析

　　远藤章在刚开始研究降脂药时,根据大学阶段熟读的青霉素发现者弗莱明的故事,推测某种真菌可能会进化出某种物质,作为对需要胆固醇才能生长的微生物的防御机制,然后就大胆地提出了一个想法:在真菌中寻找能阻止 HMG-CoA 还原酶的物质。1971 年远藤章团队开始使用大量的真菌培养液筛选合适的化合物。两年多来,他们夜以继日地工作,筛选了上千株真菌后,远藤章团队没有得到任何满意的发现,但是他们依然没有放弃。筛选到第 3 800 株真菌后,他们发现霉菌的培养液显示出强大的抑制活性,能够强烈抑制 HMG-CoA 还原酶,并且降低了大鼠的血清胆固醇水平。但是,由于其对肾的毒性,该研究被暂停。但是也坚定了他们未来可以发现更好的活性物质的信心。远藤章团队检测了多达 6 000 株真菌培养液,终于找到了第 2 个具有活性的真菌培养液。由于活性化合物生产率非常低,远藤章又用了 1 年时间才从培养液中分离出活性成分。最终,在 1973 年 7 月,远藤章分离出了抑制性化合物,第一个"他汀"就这样诞生了。他们多次失败后继续努力,夜以继日地艰苦工作 2 年才发现了有效药物,这种坚持不懈、永不言败的科学家精神是我们从事科研的指挥棒,同时,这个发现也离不开远藤章扎实的基础知识、敏锐的思维和大胆的设想。

参考文献

[1]瑾岩.日本科学家远藤章:发现第一个他汀|"诺奖值得"系列[EB/OL].(2021-11-

30)［2024-3-15］. https：//zhuanlan. zhihu. com/p/439588487

［2］李小燕. 他汀类降脂药的应用与开发［J］. 国外医药（合成药生化药制剂分册），2002，23（3）：135-138.

十二、蛋白质的前世今生——蛋白质营养的故事

★ 基本素材

1728 年，意大利化学家雅可布·贝卡利（Jacopo Beccari）在小麦面粉中发现了一种和"动物性物质"非常类似的东西，这就是我们所熟悉的面筋。贝卡利因为发现面筋，而被尊为世界植物蛋白的发现者。

1 000 多年前，中国人就已经知道了面筋的存在。早在唐大中元年（847 年），张彦远就在《历代名画记》中描述过书画装裱中的制糊过程："凡煮糊，必去筋，稀缓得所，搅之不停，自然调熟。"明崇祯十年（1637 年），宋应星在《天工开物》中描述了另外一种传统手工工艺，印架过糊（浆丝）："凡糊，用麵觔内小粉为质，纱罗所必用，綾绸或用或不用。其染纱不存素质者，用牛胶水为之，名曰清胶纱。糊浆承于筘上，推移染透，推移就干。天气晴明，顷刻而燥，阴天必藉风力之吹也。"遗憾的是，在以上两种中国的传统工艺中，面筋均被视为"不需要的东西"，他们没有对面筋进行深入的研究。

18 世纪末，随着欧洲化学日新月异的发展，人们发现，"动物性物质"（包括面筋）都含有氮元素，而淀粉、脂肪和糖类却不含氮。一开始，人们以为动物的消化就是把植物中的养分和大气中的氮结合起来。这正好可以解释反刍动物非常缓慢的消化过程和反刍动物为什么有巨大的瘤胃和真胃。

在接下来的研究中，人们提出了不同的观点：1816 年，法国科学家弗朗西斯·马让迪（François Magendie）发现只吃不含氮的脂肪和糖类食品的狗只能存活几个星期。19 世纪30 年代，法国科学家让·布森戈（Jean Boussingault）证明，奶牛每天吃掉的干草和土豆中含有的氮元素数量足以抵消产奶和日常氮元素流失的总额，即摄入的牧草和土豆中的总氮量正好和每天分泌、排出的总氮量平衡，因此证明氮气对营养并不重要。由于氮元素在营养学中的重要性，布森戈认为应该根据植物食品的相对含氮量来评价其营养价值。因此，氮含量是谷物 2 倍的干蚕豆，营养价值也是谷物的 2 倍。

1838 年，自学了化学分析的荷兰医生盖里特·穆尔德（Gerritt Mulder）发表文章称，他分析过的所有重要的"动物物质"都具有相同的基本组成：40 个碳原子、62 个氢原子、10 个氮原子和 12 个氧原子，可以简单地表示为 $C_{40}H_{62}N_{10}O_{12}$。这些"动物物质"表现

出不同的性质仅仅是因为依附于它们的硫或磷原子的个数不同。他把文章寄给了瑞典的化学权威雅各布·贝采里乌斯(Jacob Berzelius)。贝采里乌斯答复,这是对"动物营养的基本或主要物质"的最重要的发现,它应该被叫作"protein"(protein 一词来源于古希腊语 proteus,意为"第一要质"或"最重要的物质")。

1842 年,德国有机化学界的领军人物,尤斯图斯·冯·李比希证实了穆尔德的发现。他认为,从纯化学的角度来推断,只有植物才具有合成蛋白质的能力。动物必须从植物中摄取蛋白质,并进行充分分解才能有效利用。

1905 年前后,人们开始大量质疑含氮量相同的不同蛋白质是否真的具有同样的营养价值。因为此前观察到:明胶尽管含氮量和其他蛋白质相同,却不能让狗健康生长。

此后有关蛋白质营养价值方面最早的一些比较研究实验,来自两位美国科学家拉法叶·门德尔(Lafayette Benedict Mendel)和托马斯·奥斯本(Thomas Osborne)。他们发现食用脂肪、碳水化合物、矿物质、天然维生素浓缩物和纯酪蛋白(一种牛奶蛋白)的幼鼠会正常生长。而以玉米蛋白(玉米中提取的一种蛋白质)作为蛋白质来源,幼鼠就不会发育生长,除非饮食中同时加入赖氨酸和色氨酸。化学分析表明,玉米蛋白缺乏这两种氨基酸,因此这两种氨基酸被定性为"必需氨基酸",意即它们是幼鼠饮食中最基本的和不可缺少的部分。这个结果也说明动物使用氨基酸来构建它们自己体内的蛋白质。

20 年后,美国营养学家威廉·卡明·罗斯(William Cumming Rose)和他的同事们成功地用不含蛋白质而只含氨基酸混合物的日粮进行了动物实验,并观察到实验老鼠的健康生长。可以肯定,动物生长需要氨基酸营养。不仅如此,动物必须从食物中摄取氨基酸,才能合成自身的机体蛋白。

★ 融入要点

氨基酸分解代谢章节,介绍必需氨基酸时融入。

★ 融入点分析

1 000 多年前,中国人就已经知道了面筋的存在。1728 年,意大利化学家贝卡利发现面筋,1816 年,法国科学家马让迪发现只吃不含氮的脂肪和糖类食品的狗只能存活几个星期。19 世纪 30 年代,法国科学家布森戈证明氮气对营养并不重要,应该根据植物食品的相对含氮量来评价其营养价值。1838 年,荷兰医生穆尔德认为所有重要的"动物物质"都具有相同的基本组成,这些"动物物质"表现出不同的性质仅仅是因为依附于它们的硫或磷原子的个数不同。贝采里乌斯答复说:这是对"动物营养的基本或主要物质"的最重要的发现,它应该被叫作"protein"。1842 年,德国有机化学界的领军人物,李比希证实了穆尔德的发现。1905 年前后，人们开始大量质疑含氮量相同的不同蛋白质是否真的具有同样的营养价值。美国科学家门德尔和奥斯本提出"必需氨基酸"。20 年后，美国营养学家罗斯和他的同事们成功地用不含蛋白质而只含氨基酸混合物的日粮进行了动物实验，并观察到实验老鼠的健康生长。可以肯定，动物生长需要氨基酸营养。不仅如此，动物必须从食物中摄取氨基酸，才能合成自身的机体蛋白。

对蛋白质和必需氨基酸的认识，是一个漫长的过程，经历了一代又一代科学家的研究实践。科学发展是一代又一代科学家的不懈努力和艰苦卓绝的工作换来的。

我国科技事业取得的历史性成就，是一代又一代矢志报国的科学家前赴后继、接续奋斗的结果。在中华民族伟大复兴的征程上，一代又一代科学家心系祖国和人民，不畏艰难，无私奉献，为科学技术进步、人民生活改善作出了重大贡献。新时代更需要继承和发扬以国家民族命运为己任的爱国主义精神和以爱国主义为底色的科学家精神。

参考文献

[1] 唐婷. 探秘蛋白质的"前世今生" [N]. 科技日报，2015-06-11(1).

[2] 王晶冰.《剑桥世界食物史》之蛋白质的前世今生（上）[EB/OL]. (2010-4-28)
[2024-3-16]. https://www.douban.com/group/topic/11055661.

[3] 喻思南. 大力弘扬科学家精神 实现科技自立自强 [N]. 人民日报，2021-10-12(6).

第六篇

医学免疫学

一、世界免疫学的开创——人痘接种

★ 基本素材

　　天花(smallpox)传播了3 000多年,至少夺走了5亿人的生命。天花病毒通过空气传播,无孔不入。天花的死亡率高达25%～50%,患病后,重者死亡,即使幸存,也会留下疤痕。但人们发现天花的幸存者不会再次感染天花。

　　中国是最早想办法应对天花的国家,也是最早战胜天花的国家。中国发明的人痘接种术起源时间虽然说法不一,但是比较公认的史料记载是公元16世纪中叶人痘接种术已在中国普及。这还得从葛洪的医学著作《肘后备急方》说起。葛洪在很早以前就提出了"免疫"的概念,葛洪还发明了"种人痘法"。这个方法跟"以毒攻毒"是同一个原理。现如今接种的疫苗也是得益于葛洪。

　　早在16世纪人痘接种术就已在民间流传,古人依据"以毒攻毒"的理念推测,幸存者的水疱应该有保护作用。明代中期我国就出现了预防天花的人痘接种术。将天花患者的痂皮磨成粉,用银管吹到正常人的鼻腔内,或将正常人前臂切一小口,将粉末撒在伤口上,引起正常人的轻度感染,从而免于严重或者致命的感染。人痘接种术的方法归纳起来有4种。①痘衣法:把天花患者穿的内衣或涂有痘浆的衣服给未出过天花的健康者穿,引起轻度感染而产生免疫力。②痘浆法:用棉花团蘸天花患者的痘疮浆液,塞入未出天花者的鼻腔内。③旱苗法:将痊愈期天花患者的痘痂研细,用银管吹入未出天花者的鼻腔内。④水苗法:将痊愈期天花患者的痘痂研细后,先用水调湿,再用棉花蘸后塞入未出天花者的鼻腔内。到了清朝,人痘接种术已在民间普遍推广,中国的人痘接种术保护了世界各地无数人的生命。

　　那时的中国商人已沿丝绸之路,远涉中东。而出远门的商人,必须接种"人痘"。在

18 世纪初的土耳其（伊斯坦布尔），英国大使夫人（Mary Wortley Montagu）在 29 岁时不幸罹患天花，原本姣好的面容破相。她偶然发现当地的中国商人不得天花，究其原因，是接种"人痘"。她毅然为她的孩子接种了"人痘"。回到英国后，她劝说国王为王子接种"人痘"。英国国王将信将疑，于是，让 6 个死刑犯"试种"，如果不死，就大赦。结果，犯人得到大赦，王子成功接种"人痘"。

18 世纪末，受中国人痘接种术的启发，英国医生琴纳发明了牛痘，牛痘比人痘更安全。1805 年，牛痘接种术传入中国，生产天花疫苗的毒种也都来自国外。1926 年，一个 30 岁的年轻人下定决心要用中国的毒株生产出中国的疫苗，他就是中国现代生物制品事业的奠基人和开创者齐长庆。他把从天花患者身上提取的病毒接种到猴子的皮肤上传了 2 代，再接种到家兔的皮肤上传了 5 代，又接种到牛的皮肤上传了 3 代。经过 10 代减毒之后，免疫力好、副作用小的天花痘苗毒种"天坛株"就此诞生。但新中国成立前，"天坛株"因为接种数量有限，并未从根本上控制住天花的流行。

新中国成立后，国家高度重视对天花的治理。1950 年 10 月，为了在新中国彻底消灭天花，周恩来亲自签发了《关于发动秋季种痘运动的指示》，要求全民种痘，由国家承担种痘的所有费用。为了保证全民种痘，国家拨巨款先后成立和完善了专门研究疫苗等防疫制品的北京、长春、兰州、成都、武汉、上海六大生物制品研究和检定所。1950 年，首都北京的种痘率达到了 80% 以上，从 1950 年 5 月以后，北京再也没有出现过天花病例。1951 年 7 月，天花在上海销声匿迹。1952 年，全国各地接种疫苗达五亿多人次，有效地控制了天花的蔓延。后来，中国医学界又对"天坛株"天花痘苗进行了不断革新，如中国工程院院士赵铠用"鸡胚细胞"培养的痘苗比以前用 5 岁的雌性黄牛培植的痘苗更方便、更省力，也更安全。另外，中国科技工作者还研制出了耐热液体痘苗。这种痘苗的耐热性和稳定性更强，延长了疫苗的保存期，满足了广大农村边远地区和气候炎热而又无冷藏设备地区种痘的需要。1961 年 6 月，我国最后一名天花患者胡小发痊愈出院，我国只用了 11 年时间就消灭了天花这个困扰人类数千年的瘟疫，比世界卫生组织宣布全球消灭天花的时间（1979 年 12 月 9 日）提前了 10 多年。现在，"天坛株"已经成为多种重组疫苗的载体。

⭐ **融入要点**

绪论章节，介绍医学免疫学发展时融入。

⭐ **融入点分析**

中国人痘接种术为全球消灭天花作出了卓越的、创造性的贡献，是现代疫苗的源头,是现代免疫学的真正先驱,是中国人民对世界的伟大贡献! 每一个中国人都应该了解这段历史,并为之无比自豪!

中国人痘接种术是现代预防接种的真正先驱,已经发展到了"疫苗"的阶段,所用的种苗应该是减毒活疫苗,而不是天花病毒。中国人痘接种术发展了一系列有效的减毒技术,包括有意筛选弱毒株、冷适应减毒(人痘接种术中的痘痂可能是温度的改变)、传代减毒等,这些方法和原则仍然在现代疫苗研制中使用。

种"人痘"这种方法曾经在世界范围普及。但这种方法可能会引起严重的反应,所以被牛痘取代。但正如18世纪法国著名思想家伏尔泰在《哲学通信》中写道:"我听说一百年来中国人一直有此习惯(指种痘),这是被认为全世界最聪明、最讲礼貌的一个民族作出的伟大先例和榜样。"所以中国被认为是世界免疫学的先驱是当之无愧的。

参考文献

[1]刘锡琎.中国古代的免疫思想和人痘苗的发展[J].微生物学报,1978,18(1):3-7.

[2]ALICIA G,马伯英.伏尔泰《谈种痘》及蒙塔古夫人传种人痘于英国史料辨误[J].中华医史杂志,2009(3):136-143.

[3]周恩来.中央人民政府政务院关于发动秋季种痘运动的指示[J].山东政报,1950(10):49.

[4]李东升.从"以毒攻毒"到抗毒素免疫[J].养生月刊,2013(3):232-233.

[5]向昭颖.齐长庆,中国生物制品事业创始人[J].中国动物保健.2019,21(9):1-2.

二、真心英雄姜素椿——以身试验,抗击"非典"

★ 基本素材

姜素椿,中国人民解放军第302医院的传染病专家,1956年毕业于大连医学院。从事传染病临床医疗、教学及科研近半个世纪,对中枢神经系统、消化系统、呼吸系统及流行性出血热的诊治具有很高的造诣。他曾多次参与我国部分地区传染病如流行性出血热、霍乱和中毒性痢疾等疾病的防治和疫情处理工作,救治了众多患者,有效地遏制了疫情的蔓延。

2003年年初,正值春节之际,在这个本该是一年之中阖家欢乐、团团圆圆的时期,整个中国大地却被一层乌云给深深地笼罩着。从2002年11月在广东佛山发现的第一例后来被称为 SARS 的病例，一直到第二年的夏天，这场突如其来的"非典"疫情在大半年的时间里席卷了全球各地，弄得人心惶惶、谈"非"色变。经过一整个冬天的发酵，2003 年开春，"非典"在全国范围开始蔓延了。

2003 年 3 月 5 日，北京第一批外来"非典"患者被送到了姜素椿教授所在的中国人民解放军第 302 医院。3 月 7 日晚上，其中一位患者陷入垂危，情况紧急，院领导把经验丰富的姜教授请到了急救室。姜素椿迅速赶到急救室。此时，患者已经插管，生命危在旦夕。院领导考虑到姜素椿曾患癌症做过放疗，坚持让他在急救室外坐镇指挥。但姜素椿决定亲临一线，他的原则是"不看病人，不能治疗"。戴口罩时，姜索椿让护士再加 2 块纱布，他把纱布贴在鼻子底下。此时，患者的呼吸、心跳十分微弱。抱着最后一线希望，他全力组织抢救。6 名医生轮番给患者做心脏按压，虽经 1 个多小时的全力抢救，但终因这位患者年事已高、病情过重而死亡。

抢救时，患者的飞沫充满整个房间，对同处一室的人来说几乎是 100% 的传染。飞沫的颗粒直径一般是 1.6 μm，肉眼看不见，能够飞的距离最远可达 2 m。接下来的几天，姜素椿继续工作。3 月 14 日下午，姜素椿开始畏寒、发烧，检查胸部 X 射线片发现肺部有阴影，被确诊感染"非典"。治疗期间，姜素椿在琢磨一件事情。在第一个患者抢救无效死亡后，患者的妻子还在治疗中，女儿已经痊愈了。姜素椿想，能不能用女儿的血给她母亲治疗。女儿的病能好，体内肯定产生了抗体，一般来说是不会再得这病。但是这个计划还没有实现，患者的妻子也死了。病房里的姜素椿就想把这个计划在自己的身上试验。从理论上来说，注射血清是有风险的，容易引起过敏反应，还可能将血清中携带的丙肝病毒、艾滋病病毒等病原体，输入受血者的体内。危险还不止于此，姜素椿的一位学生说，SARS 的恢复期到底有多长，还无法肯定，因为没有做过人群调查，只是医学上凭着经验的一个推测。在这种情况下，有一个最大的风险就是，这些患者是不是真的完全好了，没有传染性，身体里没有病毒。

作为传染病老专家，姜素椿很清楚其中的风险，但他认为 80% 的把握是有的。他最终决定亲自试验一次。这无疑是一场生死试验。医院派人到广东寻找"非典"患者恢复期血清。血清找到后，经过 5 家医院安全性检查，专家反复论证后，3 月 22 日把血清注射到姜教授的身上。注射血清后，姜素椿的身体没有出现任何异常反应，1 周后觉得呼吸变得顺畅，配合其他药物治疗，住院 23 天奇迹般康复出院了。后来，香港、深圳、新加坡也运用血清疗法，使数十名"非典"患者康复出院。实践证明，血清疗法是有效的，对某些重症"非典"患者，不失为一种救命疗法。消息传出，许许多多"非典"康复患者争相要求献血，中华民族助人为乐、团结友爱的精神和风尚，在神州大地又一次掀起。

作为一名共产党员，一个人民的军医，在抗击"非典"的战斗中，姜素椿做了很多事情，也因此得到了党和人民给他的许多荣誉。他感慨："这不仅是对我个人的关怀和鼓励，更是对广大抗击'非典'一线医务人员的关心和厚爱。我一定要牢记胡总书记的嘱托,在有生之年,更加勤奋努力地工作,把自己的一切献给传染病事业,献给我们伟大的祖国和人民!"

★ 融入要点

抗体章节,介绍抗血清的发现及临床应用时融入。

★ 融入点分析

在2003年防治"非典"的斗争中,广大医务工作者战斗在第一线。他们为保护人民的身体健康和生命安全作出了巨大的贡献。姜素椿教授就是其中的一名杰出代表。

1. 无私无畏的奉献精神:急性非典型性肺炎是一种传染性极强、危害极大的疾病,参与救治工作本身就有很大的危险性。姜素椿教授为了患者,置个人安危于度外,主动请战,投入一线;住院期间,他始终关心着其他同事的生命安全,用自己的亲身经历反复叮嘱医护人员要加强自我防护。在他的身上体现了广大医务工作者的无私奉献精神。正是凭着这种精神,面对被病毒感染甚至牺牲生命的危险,他们没有退缩,无怨无悔,用自己的生命捍卫着人民群众的身体健康和生命安全。我们弘扬这种大无畏的奉献精神,就没有战胜不了的困难。

2. 勇于探索的科学精神:姜素椿教授在不幸染病后,仍然没有停止对防治"非典"工作的探索,他以自己患病治疗的亲身经历,研究改进救治的方法,为防治"非典"提供了宝贵的经验和极具指导价值的意见。要夺取同"非典"斗争的胜利,制服"非典"恶魔,最重要的还是依靠科学技术。

参考文献

[1] 郭晶晶. 打响防疫攻坚战——解放军302医院传染科主任、副院长姜素椿访谈[J]. 健康大视野,2009(10):88-89.

[2] 拾年. 姜素椿:我以我身抗非典[J]. 晚晴,2013(5):25.

[3] 许方霄,李莹. 穿越传染病"丛林"的"冒险家"——记解放军第302医院传染病专家姜素椿教授[J]. 首都食品与医药,2016,23(23):50-54.

三、细菌学家、免疫学家——博尔代

★ 基本素材

朱尔·博尔代（Jules Bordet），比利时细菌学家、免疫学家。他生于苏瓦尼一个教师家庭，1892 年获布鲁塞尔大学医学博士学位。但那个时候的比利时，谁会去请教这个"娃娃"大夫呢？他自己也有先见之明，于是 1894 年赴巴黎巴斯德研究所，在梅契尼科夫实验室工作。

1895 年，博尔代发现一管被意外加热了的新鲜血浆失去了原有的溶菌能力。经过不断的摸索，他调试出了这种"灭活"的方法：60 ℃加热 30 min。他推断，在血浆中，除了人们早已熟知的、要在遇见病原体之后才能产生的抗体之外，还有一种天然存在的不耐热物质能够参与免疫过程，它就是后来的"补体"。抗原抗体结合形成的复合物与补体结合，引起一连串的连锁反应，形成一个类似"手榴弹"的柱状复合体。这种柱状复合体可以找到被细菌感染的细胞，并通过插入破坏细胞膜的方法杀死它们。顾名思义，补体在免疫过程中起到了辅助和补充的作用。

补体的发现引起了轰动，人们在过去研究免疫时遇到的很多问题得到了合理的解释，博尔代因此立即声名鹊起。后来，他又做了一连串的实验来验证补体的特性，并与德国细菌学家乏色曼一起利用补体发明出了一种检测受试者是否得过某种传染病的"博尔代-乏色曼检测法"。

如此之才寄居法国，比利时深为遗憾。博尔代数度回国讲学，也有心留在祖国，事实上，一把利刃闲置在阴湿的地方，若不妥善利用就会生锈。人才亦然。

比利时举国上下为了争取博尔代回国，同心协力，根据他的理念在国内盖了一座与法国巴斯德研究院式样相同的学院。博尔代在巴黎看见报上刊载的消息时大为感动。为修建这座学府，全国各方面都捐款了，但距所需经费仍有较大差距，加之法国得知比利时修建学院有许多器材非向法国购置不可，他们就故意抬高售价。比利时国会最后决定，把一笔用于建造一艘驱逐舰的专款，全部拨充此用。这个举动成了将博尔代呼唤回国的关键，他终于在远离故乡 7 年后返回祖国效力。1901 年，他在布鲁塞尔创建了一个狂犬病防治和细菌学研究所（1903 年改名为布拉邦特巴斯德研究所）并亲任所长，从此开展了自己的工作。

1901 年，博尔代又指出，当一抗体与抗原发生作用时，其补体便被耗尽。这一过程叫作补体结合，它在免疫学上证明是具有重要意义的。乏色曼发明著名的乏色曼梅毒诊断试验法,实际上依据的正是补体结合。接着,博尔代于 1906 年又发现了百日咳杆菌,并研究出一种对这种病发生免疫作用的方法。1907—1935 年,他受聘担任布鲁塞尔大学细菌学教授。博尔代对免疫学的研究以他荣获 1919 年诺贝尔生理学或医学奖为高潮,这是对他在补体结合方面的工作所给予的特别的表彰。1920 年,他写了一篇论述免疫学的文章,精湛地总结了当时有关该领域的全部知识。

★ 融入要点

补体系统章节,介绍补体发现时融入。

★ 融入点分析

比利时的科技水平远不如法国,但政府和民众都希望博尔代能够回国工作。博尔代当然愿意回国,但他不能将现实抛在一边:身为一个科学家,他比谁都清楚一个优越的研究环境有多重要。想要争取让博尔代这样的人才回国,比利时知道必须下一番苦功夫。于是,1900 年,在举国上下同心协力下,比利时布拉邦省按照博尔代的理念建造了一座和法国巴斯德研究所式样一致的研究所。这个举动成了将博尔代呼唤回国的关键,他终于在远离故乡 7 年后的 1901 年返回祖国效力。

朱尔·博尔代加入了梅契尼科夫的实验室后,在梅契尼科夫支持下,博尔代开发了一个独立的研究路线,最终取得了一个开创性的证明,即杀死细菌取决于抗原、抗体和补体之间的相互作用。博尔代是梅契尼科夫最有声望的学生,博尔代对梅契尼科夫的感激也是溢于言表,他在发表的一篇关于体液免疫的论文中写道:"我们将不得不多次引用梅契尼科夫先生的工作,他的经验和宝贵建议对与他共事的人大有裨益。愿我们敬爱的师父在此接受我们的谢意。"

基于抗原、抗体和补体之间的相互作用的证明,博尔代把免疫学比作一门处于化学、生理学和微生物学交叉点的科学,提出了一个整体的观点。

除了专业上的登峰造极之外,博尔代还孜孜不倦地推动各国间的学术交流。他常常到欧洲各国授课,并鼓励比利时学子们出国深造。

因为在免疫领域作出的诸多贡献,博尔代被称为免疫领域中伟大的倡导者及践行者。但是诺贝尔奖得主并非一蹴而就,也是经历了很多次提名才终获垂青。1919 年,朱尔·博尔代因补体的发现终于获得诺贝尔生理学或医学奖。

参考文献

[1] 邓卫文. 创造性思维的楷模:记诺贝尔医学奖获得者波尔德特[J]. 医学与哲学,1992

(8):51-52.

[2]左汉宾.免疫学理论进化及其方法论研究[D].武汉:武汉大学,2007.

[3]朱尔斯·博尔德特:现代免疫学巨匠[J].康复,2015(6A):4.

[4]贞亦.博尔德特[J].祝您健康,1994(10):20.

四、"中国干扰素之父"——侯云德院士

⭐ **基本素材**

　　侯云德,著名医学病毒学家、中国工程院院士。作为我国分子病毒学和基因工程药物的开拓者,他的很多科研成果和举措都具有划时代的意义,守护着亿万百姓的幸福安康。侯云德1962年在苏联取得医学科学博士学位,归国后一直从事医学病毒学的研究。身为病毒学专家,治病救人是侯云德所追求的终极目标。在病毒肆虐、缺医少药,尤其是抗病毒特效药匮乏的历史时期,侯云德成功研发了国人用得起、具有广谱抗病毒作用的重组人 α-1b 型干扰素。

　　干扰素是机体遭受病毒感染后产生的一种天然的抗病毒物质,能够防御病毒的侵袭。20世纪80年代,国外科学家以基因工程的方式,把干扰素制成治疗药物,该类药物很快成为国际公认的治疗肝炎、肿瘤等疾病的首选药。但是此时干扰素价格昂贵,每克价值数万美元。由于当时国内缺少外汇储备,同时进口干扰素价格十分昂贵,如何降低生产成本,制造出能让中国人用得起的干扰素药物,成为侯云德每天都在思考的事情。

　　早在20世纪50年代,侯云德就开始对干扰素进行研究和探索。他兢兢业业,将基因工程药物生产的每一个环节落于实处。他坚持真理,勇于创新,经过科研团队不懈的努力,经历无数艰辛,终于在1982年成功研发了重组人 α-1b 型干扰素。这不仅是中国第一个具有自主知识产权的基因工程Ⅰ类新药,而且相较于当时国际通用的 α-2a 和 α-2b 型干扰素,重组人 α-1b 型干扰素在疗效和副反应方面都具有明显的优势,真正实现了我国基因工程创新药物从无到有的突破。

　　侯云德始终站在时代和科技的前沿,勇于创新。20世纪80年代初期,他把分子生物学带入我国病毒学研究领域,完成了痘苗病毒"天坛株"的全基因组测序;20世纪80年代末期,他带领团队开始了新型病毒载体研制和丙型肝炎致癌性的开创性研究并取得突出成绩。

　　一代人有一代人的奋斗,一个时代有一个时代的担当。在侯云德看来,祖国的需要就是他努力的方向。他最早提出实践科学研究要面向社会和产业需求。除了重组人 α-

1b 型干扰素,他还带领团队相继研制出 1 个国家 Ⅰ 类新药和 6 个国家 Ⅱ 类新药,推动了我国现代生物医药产业的发展。

侯云德不仅做好了科研工作,还为我国生物技术领域提出了战略发展路线。在担任我国 863 计划生物和医药技术领域首席科学家的 10 年间,他通过顶层设计,团结我国生物技术领域的老中青专家,出色地完成了高产、优质、抗逆动植物新品种 101 项,新型药物、疫苗和基因治疗 102 项,以及蛋白质工程 103 项等前沿高技术研究。

然而,无论事业发展到什么阶段,无论时代如何变迁,"科学报国"永远是科学家不懈奋斗的动力之源,也是侯云德的初心。2009 年,全球暴发甲型 H1N1 流感疫情,在国务院的领导下,我国成立了由卫生部率头、多部门参加的联防联控工作机制。侯云德作为专家组组长,针对防控中的关键科技难题,开展了多学科协同攻关,取得了 8 项"世界第一"的研究成果。在国际上首先研制成功灵敏性和特异性均优异的甲型 H1N1 流感病毒快速诊断试剂,在全球首次系统地揭示了甲型 H1N1 流感的临床特征和规律,显著降低了病死率。

★ 融入要点

细胞因子章节,介绍干扰素时融入。

★ 融入点分析

作为一位在一线研究病毒和传染病防控的科学家,侯云德院士还是一位具有崇高信仰和家国情怀的共产党员。一生勤勇为国,他的大半人生都沉浸在分子病毒学、传染病防控及基因工程药物的研制中。他具有求真务实、勇于创新的科学精神和报效国家、一心为民的奉献精神,主动担当起建设世界科技强国的历史重任。

侯云德院士攻坚克难,使我国基因工程制药从无到有,从少到多,将理想一步步化为现实的案例,引导学生体会创新的重要性,明白"技术优势要靠不断创新,只有不断创新才能使自己处于优势地位"的道理。

参考文献

[1]科学家精神丛书编写组. 侯云德——足履实地"斗"病毒[J]. 中国药物依赖性杂志,2022,31(5):350.

[2]赵玲. 鏖战病毒疆场 甲子春秋何妨——记中国分子病毒学奠基人侯云德[J]. 中国科技奖励,2020(11):50-53.

[3]语诺.侯云德:"中国干扰素"之父[J].科学之友(上半月),2018(2):38-39.

五、诺奖得主斯坦曼"以身试药"

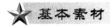 **基本素材**

　　加拿大免疫学、细胞生物学家拉尔夫·斯坦曼(Ralph Marvin Steinman)1943年1月14日出生在加拿大蒙特利尔,父亲是一名来自东欧的犹太移民,母亲奈蒂在蒙特利尔附近的谢布鲁克拥有一家百货公司。父亲希望他继续从事家族事业,但在高中时,斯坦曼对科学产生了兴趣。1963年,他获得了麦吉尔大学学士学位,1968年获得了哈佛医学院医学博士学位。在哈佛的时候,他在伊丽莎白·海伊的实验室里当了1年的研究员,其间得以系统学习细胞生物学和免疫学知识。

　　完成医学训练后,他于1970年以细胞生理学和免疫学实验室的博士后研究员的身份加入洛克菲勒大学,那个实验室是首席微生物学家杜博斯建立的,由大名鼎鼎的医学科学家科恩和James G. Hirsch领导。斯坦曼的整个职业生涯都在洛克菲勒大学度过,1998年他被任命为克里斯托弗·布朗免疫学和免疫疾病中心主任。

　　在与科恩合作的早期,斯坦曼试图了解免疫系统中的白细胞,这些白细胞以各种方式来发现、捕捉和破坏感染性微生物和肿瘤细胞。那是20世纪70年代初,当时,科学界对免疫系统的组成有了一些认识,已经知道可以识别外来入侵者的B细胞、能攻击入侵者的T细胞等都是免疫系统的重要成员。但是,一直困扰研究人员的一个问题是,是什么在第一时间激活B细胞和T细胞,让它们各行其是? 一天,斯坦曼在用显微镜观察细胞时,看到了一些人们前所未见的东西。斯坦曼认为,他在显微镜下看到的东西,可能就是那块缺失的"拼图":一种长着细长触角,他从未见过的奇怪细胞。

　　斯坦曼的直觉最终被证实了。现在已经知道,那些被他称为树突状细胞的奇怪细胞,对于人体内发现并触发免疫反应、消灭外来入侵者,起着举足轻重的作用。树突状细胞会用细长的触角抓住入侵者,并把它们吞噬掉,然后将入侵者的碎片呈递给其他免疫细胞——从本质上说,是"教会"其他免疫细胞如何攻击入侵者。这是一个里程碑式的发现,改变了免疫学的传统认知,让人们对疫苗的工作机制有了非常详细的了解,而斯坦曼也凭借这一发现,成为免疫学界的泰斗级人物。

　　发现树突状细胞后,斯坦曼又花了20多年时间,让科学界认识到这种细胞在免疫系统中的重要作用,并阐明它们的工作机制,让其他科学家知道如何利用它们。"为了让人们相信树突状细胞是一种独特的存在,斯坦曼一直在战斗——除了战斗,我实在找不出其他的词语可以形容他所作的努力",施勒辛格说。

由于曾经学过医,到了 20 世纪 80 年代,斯坦曼开始思考,如何利用树突状细胞来治疗人类疾病。接下来的二三十年中,随着树突状细胞被越来越多的人认识和接受,他的实验室扩大了研究范围,开始研制基于树突状细胞的疫苗,对付艾滋病(AIDS)、肺结核乃至癌症。施勒辛格说,斯坦曼经常说的一句话是,"我们要比大自然更聪明"。这句话的意思是,树突状细胞需要帮助,要给它们提供更有针对性的病毒和肿瘤信息,这是免疫系统发起攻击所必需的。

20 世纪 90 年代,斯坦曼与马达夫·德霍达普卡(Madhav Dhodapkar)、尼娜·巴德瓦(Nina Bhardwaj)合作,创建了一个从血液中提取树突状细胞的方法。提取出树突状细胞后,他们又用流感、破伤风等传染病的抗原对之进行处理,然后把这些细胞注射回机体中,让机体获得更强的免疫能力。这项技术是一种治疗性前列腺癌疫苗——Provenge 的基础,该疫苗已在 2010 年获批使用,能够延长晚期前列腺癌患者的寿命,虽然只有几个月。

在多年的研究中,斯坦曼开始相信,树突状细胞是战胜从癌症到艾滋病的一系列"绝症"的重要武器。正当他和世界各地的同行在这条路上不断前行,证明上述想法的时候,他的个人生活在 2007 年发生了天翻地覆的变化。

2007 年 3 月,斯坦曼不幸被确诊为难治、预后极差的胰腺癌Ⅳ期,肿瘤细胞已经扩散至淋巴结。即使接受了所有的常规治疗,他的 1 年生存率也低于 5%。面对临床上治疗手段匮乏的窘境,斯坦曼决定"以身试药",利用树突状细胞设计免疫疗法来开展试验性治疗,这样既有助于建立新疗法,也可能治愈自己的疾病。当这些树突状细胞注射回体内时,能够增强抗原特异性 T 细胞的产生,并且能够重新识别并攻击肿瘤细胞。庆幸的是,树突状细胞疫苗起作用了,他成功地将生命延长了 4 年半。他深信,利用其先前发现的树突状细胞,激发自身的免疫力,依靠后者去清除肿瘤。

2011 年 10 月 3 日,瑞典卡罗林斯卡医学院宣布,将 2011 年诺贝尔生理学或医学奖授予美国科学家布鲁斯·比特勒、法国科学家朱尔斯·霍夫曼和加拿大科学家拉尔夫·斯坦曼,以表彰他们在人类免疫系统领域的独特发现。其中,拉尔夫·斯坦曼因他在"树状细胞及其在适应性免疫系统方面作用的发现"取得的成就,获得 2011 年诺贝尔生理学或医学奖的 1/2。

令人遗憾的是,洛克菲勒大学当日晚些时候证实,2011 年诺贝尔生理学或医学奖得主加拿大细胞生物学家拉尔夫·斯坦曼于 9 月 30 日逝世,享年 68 岁。洛克菲勒大学称:"4 年前,拉尔夫·斯坦曼被诊断患有胰腺癌,他利用自己发明的基于树突状细胞的免疫疗法,延长了生命。"欣慰的是,我们可以从中看到树突状细胞在治疗癌症等病症的广阔前景。因为评委会做出此决定时不知道他已经过世,所以斯坦曼成为在过世之后仍然获得诺贝尔奖的学者。

★ **融入要点**

抗原提呈细胞与抗原的加工及提呈章节,介绍树突状细胞的发现时融入。

★ **融入点分析**

人类已经使用疫苗攻克了一个又一个肆虐的疾病。而对于癌症,这个让人闻之色变的绝症,医学人员一直在探索和研发打一针就能终结它的特效疫苗。攻克癌症,已成为全人类共同期待的梦想。拉尔夫·斯坦曼发现了免疫系统里面非常重要的一种细胞——树突状细胞,并证明树突状细胞强大的抗癌潜力。他的发现对于人类健康,包括癌症疫苗的研发都非常重要。应用树突状细胞免疫疗法已经成功治疗和挽救了不少晚期癌症患者,不但表现为患者体力、精神状态的好转,包括血象、肿瘤标志物等各项化验指标也明显好转。

斯坦曼非常优秀,不仅是一位伟大的科学家,还是免疫学界第一位用自己的研究,亲自以身试药的传奇科学家。虽然没有对照组,斯坦曼的单一样本试验还是推动了整个领域的发展。他通过传统化学治疗和树突状细胞的联合施用解决了联合治疗的重要问题。其结果支持斯坦曼的论点:由于动物模型的限制,试验性治疗应尽快进行人体测试。

参考文献

[1]杨定一.我的老友——缅怀诺贝尔奖得主斯坦曼[J].环球科学,2011(11):10-11.

[2]张刚,宋子煜.解读 2011 年诺贝尔奖——介绍我国在诺贝尔奖颁奖领域的领军人物及研究进展[J].科学中国人,2011(22):12-21.

六、钓鱼者的意外收获——1913 年诺贝尔奖获得者里歇

★ **基本素材**

日常生活中,经常会出现这样的现象:有的人在进食鱼虾后会出现呕吐、腹泻等现象,有的人在接触动物皮毛、花粉后会发生哮喘、全身出现皮疹等不良反应。这些现象的发生是由过敏反应所致。

100 多年前对此进行深入研究并提出"过敏反应"概念的,是法国生理学家夏尔·罗贝尔·里歇(Charles Robert Richet,1850—1935)。里歇出生于巴黎,父亲是著名的外科医生,巴黎大学外科学教授,还开着私人诊所,在当地小有名气。受父亲的影响,里歇从小就对医学感兴趣,17 岁时就在父亲的诊所里帮忙了,时间一长他对医学的兴趣就更加浓厚了。不久,他到巴黎大学医学院插班就读,成为一名医学生。他学习认真,善于思考,对实验特别感兴趣,成绩一直都非常好,于 1877 年获得了医学博士学位。大学毕业后,他留校任教,成为一名生理学教授,1898 年成为法国医学学会成员,1914 年成为法国科学院成员。他是一个十分勤奋的人,研究领域非常广,涉及生理学、生物化学、细菌学、免疫学、实验病理学、医学统计学和心理学等。他的身上充满了文学细胞,还是诗人、小说家和戏剧家,发表过不少文学作品。

里歇早年研究消化过程中的反射作用、大脑和神经系统的生理功能、温血动物如何保持恒定体温等,并且取得了一定的成果。早在 1887 年,他就有了制造免疫血清的想法。1888 年,他用实验证明给动物注射细菌(抗原)后,其体内可以产生对应的解毒物质(抗体),能防止机体以后再受感染。不久,他发现将一只免疫动物的血清注入另一只动物的体内,可以使它也产生免疫性,从而证实了被动免疫现象。1890 年,他把对动物注射免疫血清产生免疫力的试验运用到结核患者的身上,第一次将抗血清注入人体,开创了现代血清疗法的先河。

里歇是个十分努力的人,善于在生活与工作中发现问题,并对此进行深究,设法弄清其原因。正是他的这种人生态度,使他又有了一项重大成就,即发现过敏反应,这与当时人们所知的免疫现象呈现相反表现。

19 世纪免疫学快速发展的同时,人们观察到了一些负面现象,如在使用免疫接种或者血清疗法预防和治疗疾病的同时,接受免疫治疗的患者常常会发生一些不良反应,有的不良反应还非常严重,甚至造成患者死亡。贝林、科赫等人都对此进行了研究,而研究最深入、成果最卓著的就是里歇。

1890 年,里歇在给狗注射黄鳝血清后,发现有不良反应现象,并且当狗第二次或第三次接触黄鳝血清时,不良反应要比第一次更加剧烈。这一现象是怎么产生的呢？里歇开始了进一步的实验。

首先,里歇给同一种类动物注射少量毒素。接着,在 2～3 周后,他再次给这些动物注射同等剂量的同一种毒素,动物立即产生严重的不良反应,结果一些动物在几分钟内死亡,一些动物则在不良反应后活了下来。在此实验的基础上,里歇给未曾实验过的动物注射上述实验双倍剂量的毒素时,动物却没有发生不良反应。里歇对上述现象进行分析后认为,这些不良反应并非毒素(抗原)的叠加累积所致,而是机体对毒素存在高敏感性,产生的抗体非但不能保护自己,反而会攻击机体本身。他把这种现象称为"过敏反应",来源于希腊词语的"过分保护"。

1907年，有一次，里歇与摩纳哥王子一起出海钓鱼。在钓鱼的途中，他们突然注意到一个水手的身上，有一个特别的伤疤。"这是被僧帽水母蜇的"，王子对里歇说道。僧帽水母的触手有剧毒，人被其蜇伤后，可以导致伤口的剧痛，留下永久的伤疤，甚至还会出现血压骤降、呼吸困难、神志逐渐丧失、全身休克，最后因肺循环衰竭而死亡。因此，又被称为是钓鱼者的"恐怖之星"。

出于对科学的尊重与敬仰，王子向里歇求教，如何可以预防被僧帽水母伤害，并许诺将购买能够预防水母毒素中毒的专利。真正的科学家对于科学的研究，永远都是有兴趣的，能够得到别人的资助进行研究，是每一个科学家求之不得的。在当时，免疫学研究方兴未艾，爱德华·琴纳发明的牛痘疫苗被广为接种，抑制了天花的蔓延；巴斯德已经成功地在人身上使用了狂犬病的减毒活疫苗；而1901年的首届诺贝尔生理学或医学奖则授予了发现抗毒素——抗体的德国人贝林。所以，里歇毫不犹豫地答应了摩纳哥王子的要求，立即返回巴黎进行研究。

研究预防水母毒素中毒的方法，从何入手呢？里歇根据当时最为前沿的免疫学理论和实验结果，设想可以按照巴斯德的做法，通过小剂量毒素的注射，诱导机体产生由贝林发现的抗毒素，从而使人体对于水母毒素产生免疫。在当时，这个设计思路，可以说是无懈可击的前沿性设想。

为了验证他的设想，里歇和他的助手购买了200条狗，开始着手进行研究。一开始，研究进行得非常顺利，他们很快就找到了水母毒素对于狗的安全剂量，很快就获得了被免疫的狗。然而，在下一步的实验中，悲剧发生了。当再次给那些被水母毒素免疫过的狗进行水母毒素注射的时候，这些狗不仅不能耐受更大剂量的毒素，相反，只要很小剂量的毒素（远远小于第一次注射的安全剂量），就可以导致这些狗迅速出现中毒症状，并且死亡。对于这个现象，里歇和他的助手都大惑不解。

最终，里歇终于明白了一个道理。那就是，机体被抗原免疫后，不一定总是产生有利于机体的保护性免疫应答，而是有可能导致造成机体损伤的免疫病理反应，这种免疫病理反应可以导致组织细胞功能紊乱或者组织细胞的损伤，这就是超敏反应。1911年，里歇在他的书《过敏性反应》（Anaphylaxis）中解释了他的发现。

当然，里歇的发现，是不可能卖给摩纳哥王子挣钱了，因为没人会花钱买一个可以导致人体过敏的方法。但是，当诺贝尔奖委员会知道了里歇的发现后，认为非常有科学意义，对人类的健康有重要的意义。于是，里歇被授予了1913年诺贝尔生理学或医学奖。对于自己的得奖，里歇风趣地对他的朋友说："在任何时候，都不要忽视一个王子的建议。"

 **融入要点**

超敏反应章节，介绍超敏反应的发现时融入。

⭐ **融入点分析**

从这个故事里,我们可以得到至少两个重要的启示。第一,就是对于免疫的认识。因为这个故事使我们第一次认识到,免疫应答可以造成病理损伤,免疫接种亦可导致更严重的损伤。所以,也就可以理解为什么有的免疫接种,可以引发过敏性休克等致命的后果。这也是后来进行疫苗接种或者血清免疫治疗时,出现不良反应的重要原因之一,也是后来免疫接种与治疗过程中,被人们密切关注的现象与问题。第二,就是对于科学的态度问题。这个故事告诉我们,对于科学家来说,支持科学研究的经费固然重要,但是,对于科学的信仰和研究的兴趣,才是最重要的。里歇对于自己的实验结果与预计目标的差异,进行了真实客观的观察与报道。尽管,这个真相与当时的理论,是那么的格格不入,一个保护我们不发生传染病或者中毒的免疫系统,却也可以成为致命的杀手,但是,这就是免疫现象的矛盾与对立统一,是科学客观的现象。所以,科学造假是最没有意义的事情,因为那是欺骗自己,也许自己会因此与诺贝尔奖失之交臂。

参考文献

[1] 邵璇. 过敏:错误的防御[J]. 生命世界,2012(1):82-87.

[2] 赵承渊. 揭开过敏之谜的人:夏尔·里歇[J]. 少年科学,2014,8(12):18-19.

七、新冠疫苗的守护者——赵振东

⭐ **基本素材**

随着新冠疫苗获批上市,我们常常想起那些为了疫苗研发而付出努力的人们。在这些人中,有一个不能忘记的名字——赵振东。他是国务院联防联控机制科研攻关组疫苗研发专班技术组组长、中国医学科学院病原生物学研究所研究员。然而他却再也无法听到关于新冠疫苗的好消息。

2020 年 9 月 16 日晚上 8 时,赵振东从长沙参加完学术会议返京途中,倒在了首都机场 T3 航站楼出口处。因连续工作、过度劳累,虽经全力抢救,年仅 53 周岁的他还是在 9 月 17 日凌晨离世。去世前,他已在新冠疫苗研发一线连续作战 200 多天。去世前一天,他刚在武汉参与新冠灭活疫苗生产车间生物安全联合检查任务,然后又赴长沙参加学术会议。途中,他突发疾病倒了下去……

11 月 30 日,在中国医学科学院新教学科研楼 805 会议室里,屏幕上无声地放映着赵振东生前的照片。他的学生们、同事们、领导及家人追忆赵振东生前事迹,真实还原一个科研工作者的本貌。

(一)做科研的率真农民

提起赵振东,很多人的第一反应就是读文献。学生王蓓回忆,她刚入师门,赵振东就一直狠抓阅读文献,"不读文献做不好科研"。在赵振东去世后,王蓓曾整理十几年在赵振东门下学习的书籍和资料,意外发现 2008 年初进实验室的文献阅读记录,每一篇文献都有赵振东批阅的痕迹。

赵振东看到有用的文献,会第一时间发到实验室的微信群,并加上自己的理解。如果有特别重要的文献,会提醒学生,还会追问:"昨天我发给你的文献看了吗?"

"他真是为科研而生啊!"妻子王斌讲述道,在他们的家里到处都堆着文献,沙发上、床头甚至卫生间里。他经常看着文献自言自语,有时看着看着,惊喜地一摔,然后说:"这本来就是我的 idea 啊!"时至今日,她脑海里常闪现赵振东在沙发上写标书、改论文和看文献的场景。

赵振东居住在北京北部的回龙观,单位在南边的亦庄,一天来回 4 个小时车程,他会根据换乘地铁的时长来阅读长短不同的文献。王斌说,这让他掌握了国际上大量研究前沿和最新成果。

在地铁上阅读文献的高大身影,已成为病原所的趣谈。赵振东生前经常说:"我就是一个做科研的率真农民。"

(二)连轴转的科技工作者

2020 年,新冠肺炎疫情袭来。1 月 23 日,赵振东接到北京市委新型冠状病毒抗病毒药物筛选的任务。刚刚放寒假的学生们被喊回实验室,"你们要明白,现在是打仗,是和时间赛跑,今年就别过年了,以后有的是机会"。

就这样,赵振东带领学生们打响了长达半年、从未歇过一天的新冠肺炎阻击战。7 个人的试验室开展了疫苗研发、中和抗体筛选、复制子体系的构建和抗病毒药物的筛选的项目。

王蓓说,她有好几次都累到想哭。但是大家不知道的是,在高强度的科研项目之后,赵振东还参加了国务院联防联控机制科研攻关组疫苗研发专班的工作,白天黑夜连轴转。而他常挂在嘴边的就是"进度太慢了,应该再快一点!"

同样的话,他也老和妻子念叨。等妻子王斌去实验室收拾遗物,王蓓和其他学生们拉着她说:"师母,我们的研究真的不慢,已经出了不少研究成果,他总想做得更多……"

半年,赵振东带领学生们构建了新冠病毒复制子体系,为抗病毒药物的高通量筛选和评价提供了安全有效、可替代活病毒的重要工具。

翻看赵振东的成果,他的忙碌就可见一斑了。2 月 17 日,赵振东担任国务院联防联控机制科研攻关组疫苗研发专班技术支持小组组长。疫苗研发专班成立之初,赵振东与相关工作人员密集调研,两天时间就走访了北京科兴中维、中科院微生物所、中国生物和军事科学院军事医学研究院等在京新冠疫苗研发单位。

他总结了新冠病毒载体疫苗、核酸疫苗和抗体等研究进展,深入分析国内外不同疫苗研发技术路线的优劣,积极为我国新冠疫苗的科研攻关建言献策。除做好疫苗研发的"神助攻"之外,他还参与起草了五部门《疫苗生产车间生物安全通用要求》。

赵振东曾经对学生说,余生只有两个追求,一是多培养几个年轻人,二是能用毕生所学为医学作出贡献。他是这么说,也是这么做的。在他常发文献的实验室微信群里,最后分享的文献定格在了 9 月 16 日的 17:36……

(三)奔赴一线的战士

在新疆输入性脊髓灰质炎、H7N9 型禽流感和西非埃博拉疫情等历次应急任务支撑和重大医疗任务中,赵振东都发挥了核心技术力量。

中国医学科学院病原生物学研究所副所长刘海鹰回忆,2011 年重大中央保健任务中,病原所因为一个技术难点,已经连续开了几个通宵的会议,一直未有突破。在这种情况下,赵振东和课题组成员抽取自己的血液,连夜多次尝试,指导建立了特殊的细胞分离和影像流式检测方法,不断尝试共聚焦显微镜的检测工作。

在重大突发性公共卫生事件发生后,赵振东总是第一时间奔赴一线。中国医学科学院病原生物学研究所所长金奇更是用"表率、责任、敬业、动脑、勤奋"十个字概括赵振东留给他的深刻印象。

金奇讲述,有一次病原所承担重大的医疗任务,任务紧,做实验等结果耗时较长,黑白无休。等待实验结果的过程中,尽管让大家到办公室沙发上去休息,但是包括赵振东在内的同事们就在会议室坐着睡觉,随时等着出结果、解决问题。那次任务前后连续72 h,几乎都没合眼。他们除了在实验室就是会议室,吃的是盒饭。

关键时刻站出来,承担重大医疗任务,他的字典里似乎没有"害怕"两个字。

(四)充满人间烟火气的善良"直男"

在妻子王斌的眼中,赵振东对物质没有什么欲望,衣着朴素,生活简单,嬉笑怒骂全凭心声。"他就是个充满烟火气的善良直男",王斌说道。

赵振东在北京大学医学部工作时,因为对先天性免疫缺陷病的研究工作,接触了许多先天免疫缺陷的患者。就这样,医患之间保持联系十几年。他一直用微信指导患者父亲如何就医、去哪家医院看病、如何理解医生的话。

2019年10月，他在微信中告诉这位父亲："我都告诉你800遍了，不能等感染严重了才去治疗。要尽快用丙种球蛋白。一定要把IgM补上去。"当这位父亲面对孩子一次次的发病，赵振东除了给他打气，还经常给他很具体的建议。

当孩子因为自己的病对生活有了失望情绪，赵振东安慰孩子，"现代医学还不能彻底解决你问题的时候，你要学习一些医学知识，要能理解自己的病。对你来说，坚强和积极的心态尤为重要。"这位父亲在得知赵振东离世的消息时，当场泣不成声。而孩子根本不敢相信疫情防控期间还给他发送防护手册的赵伯伯已经不在了，孩子发信息给赵振东，"赵伯伯，我害怕"。

作为一名科研工作者，他尽职尽责；作为一名医生，他温暖了很多患者及家属；尽管工作繁忙，对于小家，他也没有缺席家务活动。妻子王斌，身为国家卫生健康委疾病预防控制局监察专员，疫情防控期间经常回不了家。赵振东尽管繁忙，但他几乎包揽了家里的大事小情，从不抱怨。

中国医学科学院、北京协和医学院院长王辰更是赞叹他有学者的风骨。"他一张嘴就是一些批判性的想法，而且很有价值，有与众不同的观点。"王辰表示，赵振东是一个很率直的人，不怕得罪人，这是第一个印象。在他身上有真学者日常的工作精神、深层的价值观念，他在平凡的工作中、日常的表现和逢大事时为国家、社会和民族担当的精神，值得人们学习。

天空不留下鸟的痕迹，但我已飞过。在新冠疫苗艰苦研发的过程中，是无数个像赵振东一样的人，在默默付出着。他们也许无法彪炳史册，但他们的名字，已经为时代留下不可磨灭的印记。

★ 融入要点

免疫学防治章节，介绍疫苗时融入。

★ 融入点分析

赵振东1985—1990年在原河北医学院卫生系就读，病原生物学和感染免疫学研究专家，国务院联防联控机制科研攻关组新冠疫苗研发专班技术组组长，中国医学科学院/北京协和医学院病原生物学研究所研究员、课题组长和科技处长。

新冠肺炎疫情暴发期间，赵振东潜心致力新冠病毒的疫苗研发生产，被誉为"新冠疫苗守护者"。赵振东在新冠肺炎疫情防控工作中做出突出贡献，为公共卫生事业做出了无私奉献，在感染免疫领域和学科建设方面取得突出成绩。

赵振东其实就是一个为科研而生的普通人,他潜心科研,热爱研究,这种热爱到了痴迷的地步。赵振东是一名率真的学者,也是一名不计个人名利、敢于提出不同见解、心无旁骛、具有学者风骨的科学家。从2003年"非典"、2009年H1N1流感,到2014年援助非洲埃博拉疫情,再到2020年新冠肺炎疫情防控与疫苗研发,直至因公逝世,他都冲在一线,勇担社会责任、国家使命与民族大义。

赵振东同志胸怀民族大义和家国情怀,不计个人得失,治学唯实求真,勇担社会责任,以实际行动践行"一切为了人民健康"的初心和使命。这种舍生取义的品格正是百年协和精神的传承,值得院校、学界更多科研工作者和大学生效仿,值得全社会珍视。

参考文献

[1]王卓.本色赵振东[J].民主与科学,2021(5):11-15.

[2]张煌言.新冠疫苗守护者赵振东[J].半月选读,2021(21):1673-3649.

[3]张健超,赵振东.率真是学者应有的风骨[J].党课,2021(2):48-49.

[4]杨云帆.唯实求真,坚守科研一线追记中国医学科学院病原生物学研究所研究员赵振东[J].中国科技产业,2021(1):60-61.

[5]新华社.为新冠疫苗拼到生命最后一刻——追记倒在科研一线的感染免疫学专家赵振东[J].发明与创新(大科技),2021(2):16-17.

第七篇

生 理 学

一、生理学在中国——林可胜教授的医学之路

★ 基本素材

　　林可胜，中国现代生理学之父，一名抗战老兵，一名伟大的爱国者。林可胜是中央研究院第一届院士，协和医学院第一位华人教授兼系主任。他筹备并建立了中国的第一个生理学研究机构——北京协和医学院生理学系，并出任第一位华人主任教授。

　　林教授在北京协和医院任教期间，培养出了一批生理学领域的人才，创建了"中国生理学会"并任首届会长，还创办了具有国际水平的英文版的《中国生理学杂志》，当时的林可胜年仅30岁。在当时的中国，林可胜教授是少数能开展高水平科研的科学家之一，他的研究成果位居国际同类成果前沿，代表当时世界最高水准。

　　1937年七七事变爆发后，面对帝国主义的侵略，林可胜毅然参加抗战，率领几万抗日救护大军活跃在抗日战争后方。他在武汉组织了中国红十字总会救护队并担任首任总干事兼救护总队长，为民族抗战贡献力量。在此之前的几十年里，中国一直战乱不断，在抗日期间更是严重缺乏战地医疗服务。士兵一旦受伤，就很难得到正确及时的医疗救助。林可胜便是在这样紧急危难的时刻受命，开始了战时医疗救助的伟大事业。1938年春，中国红十字会救护总队在汉口成立。林可胜积极发挥桥梁纽带作用，为中国争取到了大量的国际援助。在他的动员下，越来越多的医生和护士积极投身战时治病救人的事业，为抗战救护总队各项工作的开展奠定了基础。中国红十字会救护总队分布在全国各个战区的医疗队得到大力发展，规模越来越大。在这一段烽火传奇里，林先生对中华民族的贡献不仅仅是创办发展了中国红十字会抗战救护总队，是中国红十字会抗战救护总队卓越的领导者，他亦在大后方开展疫情防患救治，解除贵阳的霍乱之忧，传播现代卫生的观念，培养国民的健康意识。他不只是前线伤兵的白衣天使，更是大后方广大人民群

众的白衣战士与守护天使。他满怀赤诚的爱国精神,在中华民族解放的伟大事业中青史流芳。

作为蜚声国际的生理学家,林可胜教授一生主要在消化生理学、循环生理学和痛觉生理学三个方面有卓越的成就,而以消化生理学的工作最为突出。早在 20 世纪 20—30 年代,他就因发现"肠抑胃素"而著称于国际医学界,系统地研究了脂肪在小肠中抑制胃液分泌和胃运动的机制,发现了肠抑胃素,并通过对肠抑胃素的研究,说明了肠道影响胃分泌的具体途径。这一发现被国际上公认为一项经典性工作,也是中国人发现的第一个激素。在循环生理学,他主要开展了一系列血管的中枢定位工作,指出延脑中存在着一个普遍性的交感中枢,这个中枢位于第四脑室左右两边下凹的上部。后来,他在疼痛生理学领域的一系列研究也令人瞩目。他指出缓激肽可引起人和动物的痛感,而阿司匹林则有止痛作用。晚年的林教授为了研究阿司匹林的镇痛作用,把缓激肽注入自己的血管中,使身体产生剧烈的疼痛,然后再用阿司匹林来镇痛。他通过一系列精巧的实验证实,阿司匹林是在外周发挥镇痛作用的。

一颗烽火仁心,满怀赤子热忱,鞠躬尽瘁只为救民族于水火。林可胜教授对于中国科研的发展功不可没,这个不能被遗忘的名字——林可胜,将会在中国生理学领域与红十字会史上永远闪耀。

★ 融入要点

在生理学绪论开篇时融入。在介绍生理学在中国的发展历程时,自然地引入林可胜教授的生平和传奇。

★ 融入点分析

中国生理学奠基人林可胜在消化生理学方面有很高的科研成就,在科研上,他勇攀高峰,创造了数个第一。他创新性地系统研究了脂肪在小肠中对胃液分泌和胃运动的抑制作用,发现了肠抑胃素,说明了肠道影响胃分泌的具体途径,这是在消化生理上的一个创新性的发现。林可胜第一个发现阿司匹林的镇痛作用靶点是在外周,这是对阿司匹林作用机制研究的一个重要的里程碑。党的二十大报告提出"六个必须坚持",其中第三条就是"坚持守正创新"。这既是对历史经验的科学总结,更是对继续推进实践基础上的理论创新的科学指引。只有坚持守正创新,以科学的态度对待科学、以真理的精神追求真理,继续以新的理论指导新的实践,才能不断开辟马克思主义中国化、时代化新境界,夺取全面建设社会主义现代化国家新胜利。作为高校教师,要用发展、创新的眼光看问题,要注重培养大学生科学的创新能力、生理学思维能力,实现独立探索、创新实践、责任担当相协调的高素质人才培养目标。教师应重新审视和调整教学内容,可压缩少部分比例的常规理论教学学时用于开展生理学讨论式教学,如慕课、翻转课堂等。

林可胜教授不仅是一名科学家,更是一个伟大的爱国者、一个民族英雄。他在抗战期间奔赴前线组建中国红十字会救护总队,建立起全国性的战地医疗救护体系;在抗日战争的大后方,他率领救护大军为前线官兵消除后顾之忧,挽救了大量鲜活的生命,为抗战作出了巨大贡献。习近平总书记在清华大学考察时指出,当代中国青年是与新时代同向同行、共同前进的一代,生逢盛世,肩负重任。广大青年要爱国爱民,从党史学习中激发信仰、获得启发、汲取力量,不断坚定"四个自信",不断增强做中国人的志气、骨气、底气,树立为祖国为人民永久奋斗、赤诚奉献的坚定理想。爱国,是人世间最深层、最持久的情感,新时代大学生要明确爱国主义的深刻内涵,弘扬和践行爱国主义精神。林可胜教授的传奇故事,无不体现着科学家的钻研精神和中华儿女的爱国情操,这种精神是当代大学生乃至科研工作者学习的典范。

参考文献

[1]郭清.抗战时期林可胜对中国红十字会的贡献[J].南京理工大学学报(社会科学版).2018,31(5):88-92.

[2]金涛,林可胜.伟大爱国者和杰出科学家[J].民主与科学.2015(1):53-57.

[3]金涛,林可胜.投身战地医疗的生理学教授[J].知识就是力量.2015(2):44-47.

[4]王志均.林可胜中国近代生理学的奠基人[J].中国卫生人才杂志.2008(12):50-51.

二、神经肌肉接头处兴奋的传递——冯德培

基本素材

神经生理学家冯德培先生于1907年出生于浙江临海,他从小天资聪明,特别好学,15岁时就考上了上海复旦大学生物系,1926年毕业后留校任生理学前辈蔡翘教授的助教,20岁到北平协和医学院跟随中国生理学先驱林可胜教授开始接触研究工作。1929年,22岁的冯德培先生考取清华留美预备生,在芝加哥大学生理系杰拉德教授指导下进行神经代谢研究,1930年获硕士学位。同年秋,经林可胜先生推荐,他转到当时生理学的中心——英国,在伦敦大学师从著名生理学和生物物理学家、诺贝尔奖得主希尔(A.V.Hill),主要研究神经和肌肉的产热问题。希尔教授在1922年因研究肌肉力量产生机

制获得诺贝尔奖。希尔非常肯定冯德培先生在实验室中的工作,他还将冯德培先生发现的肌肉拉长所出现的静息产热代谢变化称为"冯氏效应"。

1933年26岁的冯德培先生获得博士学位。在留学英美期间,冯德培先生很快进入了科学前沿。而此时的中国却早已是狼烟四起,积弱积贫。1934年,冯德培先生回到了祖国,继续在北京协和医学院生理学系工作,因为青年时代的他就有这样一个信念:一个有理想、有抱负的中国科学家,要自己创业,英雄用武之地在中国。而且一直对冯德培先生寄予厚望的生理学系主任林可胜教授也希望并认为冯德培先生能肩负起中国生理学的发展重任。那时的协和医学院生理学系缺少实验室,只能给冯德培先生提供一个没有窗户的地下室作为实验室,冯德培先生就在这样简陋的环境中开始建立他的第一个实验室,掀开了他独立科研工作的新篇章。

经过1年余的筹备和探索,他开始自己探索新的领域和课题,在很短时间里就发现了神经肌肉接头电生理的新特性。在1936年到1941年的6年间,冯德培先生领导的实验室在英文版的《中国生理学杂志》上接连发表了26篇文章,引起国内外同行的高度重视和赞誉,这个简陋的实验室成为这个领域中一个国际瞩目的研究中心,真是印证了"斯是陋室,惟吾德馨"。

但是到了1941年,太平洋战争爆发后,冯德培先生的实验室无法正常完成科研工作,冯德培先生只能暂时离开北平。冯德培先生为人坦率正直,在学术上敢于争鸣,阐明自己认为正确的观点。他是无党派人士,在涉及与政治有关的问题时,从不考虑个人得失,勇于坚持真理。1948年底,他拒绝迁台,为新中国保存了一支宝贵的生理生化研究骨干队伍。新中国成立后,冯德培先生继续坚守新中国的科研阵地。他总是以"春天的后面不是秋,何必为年龄而发愁"这两句诗自勉,多次表示要着眼未来。他坚持原则,实事求是,光明磊落。1961—1965年,冯先生和同事们开始研究神经肌肉间营养性相互作用,这是和神经肌肉接头电生理和递质传递完全不一样的研究领域,从神经功能方面的信号传递研究开始转战于神经发育方面的神经肌肉间营养性研究。20世纪90年代,冯先生又进入全新的神经可塑性领域,开始研究学习记忆的一个主要模型——海马的长期性增强作用(LTP)。

到了晚年,冯德培先生心中也始终牵挂祖国未来科学事业的发展和科研队伍的建设,即使在病重之际,他仍念念不忘科学研究,在病床前听取研究生的工作汇报,并给予指导;他关心生理所和科学院各项工作的进展。他为中国的科学事业贡献了毕生的精力。冯德培先生的独立工作生涯自1934年开始,到1995年逝世时结束,这61年期间,除去冯德培先生几番出访外,大部分时间他都在他的实验室,真正实现了自己的承诺:"科学家一辈子不能离开实验室。"

冯先生作为生理学教育者,曾为生理研究所新来的数位大学生开办数个小型短期神经生理学讲座,主讲内容是冯先生从事神经肌肉研究中最精彩的部分,即神经冲动传入肌肉的作用机制。当时有人认为是电传导,冯教授提出化学传递的论点,经实验证明冯先生的论点是正确的。这项科研内容具有时代性和创新性,成为经典论述。冯先生举办讲座,当然是"醉翁之意不在酒",而重在启蒙年轻科研工作者要有创新性学术思路,培养科研工作的逻辑性和远见性。他特别强调科研要有创新的学术思维,这是工作的灵魂,技术方法是服从学术思想的需要,即使有困难,也要设法解决。这是冯先生从事科研工作后的肺腑之言。

冯德培先生一生坚守自己青年时代的思想,一生身体力行用科研报效祖国。这是一个以科学为生命的人,点燃其生命火焰的是科学,使其生命不息燃烧的是科学,甚至当其病情危急,延续其生命之火的还是科学。

★ 融入要点

细胞章节,介绍神经骨骼肌接头兴奋传递知识点时融入。

★ 融入点分析

冯德培先生是国际著名的生理学家,是我国近代生理学研究开拓者之一,对促进我国生理科学的发展作出了不可磨灭的重要贡献。他是一名科学家,是一位学者,也是一位教师。冯德培先生的一生都爱着他的科学,无论科研还是教学,他都一丝不苟,认真对待。冯德培是神经肌肉接头研究领域国际公认的先驱者之一,中国生理学、神经生物学的主要推动者之一。在肌肉和神经的能力学、神经肌肉接头生理学、神经与肌肉间营养性相互关系的研究方面取得了开创性的成果。尤其在神经肌肉接头生理学方面进行了大量的开创性研究,成为国际公认的这一领域的先驱者。冯德培先生具有科学家的独特精神气质,他胸怀祖国,服务人民,专注于科学,回国后克服各种艰难困苦的环境建立起科研实验室。他孜孜不倦地追求科学真理,几十年如一日地坚持和付出,让我们见证到科学家坚定的艰苦探索精神,这种精神值得我们倡导和弘扬。党的二十大报告强调,培育创新文化,弘扬科学家精神,涵养优良学风,营造创新氛围。科学成就离不开精神支撑,优良学风离不开精神引领。涵养优良学风,关键是要大力弘扬科学家精神。新中国成立以来,广大科技工作者在祖国大地上树立起一座座科技创新的丰碑,也铸就了独特的精神气质。高校教师要做探索性学习的先行者,培养现代大学生的探究意识和探索能力。可通过开展科学活动,培养学生的好奇心、想象力和探究兴趣并加强科学指导。比如,大学生创新创业训练计划项目的实施就能很好地营造科学探索的氛围,有力地培养大学生坚实的实践基础。冯德培先生这种科学家精神是我们前进的不竭动力,让我们明白,科学研究和探索是永无止境的。只有进行不断的科学探索才能不断有新的发现,推动科学不断地进步。

参考文献

[1]陈孟勤.中国生理学史[M].2版.北京:北京医科大学出版社,2001.

[2]饶毅.纪念著名神经生物学家冯德培[J].二十一世纪,1996,4(34):102-107.

[3]梅镇彤.忆冯德培先生[J].生理学报,1995(6):533.

[4]钱维华.记冯德培教授[J].中国科技史料,1981(4):26-37.

[5]杨雄里.仙去怎消昔日影——怀念冯德培院士[J].生理学报,1995(6):527-528.

三、中国输血事业奠基人——易见龙

⭐ 基本素材

《易》云:见龙在田,利见大人。易见龙,这个名字,便预示了他的一生,初露锋芒,前途光明。他,是我国著名的生理学家和血液学专家,早年从事消化生理和循环生理的研究,后致力于血库工作和血液生理学研究,是中国输血救伤事业的奠基人、现代血库的创始人,毕生为医学教育事业和生理科学事业埋头苦干、铺路开拓。

易见龙年少立志,初露锋芒。他在长沙雅礼中学读书时接触到介绍科学家事迹的外国读物,感受很深,便立志学先贤、学科学、为人类造福。而在升大学之际,他的妹妹因病不治身亡,他便立下了学医之志。他先后在长沙湘雅医学院、武昌中山大学医学院学习,最后在上海医学院以全班第一的优异成绩毕业。1940年他赴加拿大,在多伦多大学进修生理学及药理学。在加拿大,易见龙教授身处一流水平实验室,学术生涯前程光辉。1941年,美国友好人士发起组织美国医药援华会,决定捐赠一个输血救伤的血库,支援中国人民抗日。见此,为了祖国的血库事业,他毅然放弃了自己的光辉前程,前去应征,并成了入选者之一。

1942年1月,易见龙教授抵达纽约中央医院,师从血库主任斯卡德学习血库相关技术。他勤学苦练,半年后即已全面掌握了全血和液态血的使用及血库管理方法。为了适合中国战场需要,他又去费城学习冻干血浆的制法。经过精心筹备,他于1944年携带血库设备和医药助华会准备的足够两年使用的各种消耗材料启程回国。时值第二次世界大战关键时刻,为避免潜艇袭击,他采取了迂回航线到达昆明。7月,血库在昆明昆华医院举行开幕典礼,中国第一座血库就此成立。

在战时困难的条件下,血库的工作只能因地制宜,土洋结合。面对繁重的工作,他们毫无怨言,乐于承担,他们在美国本有优越的工作环境和舒适的生活,但他们选择应聘到血库工作,回到炮火连天的祖国,就是为了抗日救国。血库在昆明运行1年余,采血总量超过300万mL,捐血者总计1万余人。血库工作人员的优秀工作为英勇顽强的中国士兵提供了极好的服务,挽救了许多战士的生命。之后血库在抗美援朝战争中又再立新功,使战伤休克死亡率明显降低。当年血库负责人之一的萧星甫教授曾自豪地说:"我们的输血事业,一起步就达到了世界先进水平!"

易见龙教授自从从事血库工作以后,便潜心于血液生理学的研究。他认为在科研中要善于把实际工作与理论结合起来,把基础与应用研究结合起来。1962年,易见龙教授主持建立了湖南医学院(湘雅医学院)血液生理研究室,确定系统地研究白细胞生理。他在系统复习文献的基础上主编出版了《血液生理学专辑》,从研究外周血白细胞浓度的神经体液调节着手试图探索白血病等疾病问题。自此开始湖南医学院生理学教研室成为全国开展血液生理学研究的基地之一。

★ 融入要点

血液章节,介绍输血的临床意义时融入。

★ 融入点分析

为了祖国的血库事业,易见龙教授主动放弃了在美国优渥的生活环境和光明的前途,毅然回到炮火连天的祖国参与抗战。在艰苦的环境下和工作人员一起克服种种苦难,筹建血库,挽救了无数抗日战士,作出了巨大的贡献。"中国第一血库"在抗日战争中的贡献之大让人赞叹,易见龙教授等血库工作人员的爱国之深让人感动。易见龙教授这种强烈的民族自信和家国情怀是扎根在中国人内心深处的精神元素。教师要引导学生主动设立切实可行的人生大目标。培养"把保障人民健康放在优先发展战略位置"的家国使命感和责任感。通过讲解输血原则和交叉配血试验,引出易建龙教授建立中国第一座血库的故事,进一步传承红色基因,将民族自信和家国情怀厚植于学生心中。引导学生在专业课程的学习中坚定理想信念,树立高远志向,历练敢于担当、不懈奋斗的精神。加强学生综合素质的培养,使之最终成为有利于国家、社会和人民的复合型医学人才。同时,从输血的安全性和重要性引入,介绍人体的血量、交叉配血试验和同型输血原则。输血是挽救患者生命的一种重要治疗手段,而血液储备量的充足是有效输血的保障和前提。联系《中华人民共和国献血法》中对献血量和献血间隔的规定,通过视频和图片,消除"献血有害身体健康"的错误观念,号召学生"无偿献血",培养学生无私奉献的人道主义精神。

参考文献

[1]科普中国——科技名家风采录·易见龙:生理学家、血液学专家[EB/OL].(2015 – 09 – 28)[2019 – 09 – 01]. http://tech. gmw. cn/scientist/2015 – 09/28/content _ 17195199. htm.

[2]王丹.《抗美援朝时期的中国输血》一文介绍[J].中国输血杂志,2016,29(6): 655-657.

[3]雷二庆,李芳,栾建凤. 野战输血史研究[M].北京:军事医学科学出版社.2014.

[4]孙秀泓.缅怀恩师易见龙先生[J].生理科学进展,1997,28(4):3-7.

四、哈维提出"心血运动论"

★ 基本素材

　　1578 年,威廉·哈维出生在英国的福克斯通镇,从小学习优异,在获得剑桥大学人文学学士学位后,因病休学回家。在接受当时流行的放血疗法时,看着不断流出的鲜血,他陷入了思考:血管割破后,为什么血液会源源不断地流出来呢?血液在人的身体里又是怎样流动的呢? 由此,他对医学产生了浓厚的兴趣,给自己的人生制定了新目标:学医。1600 年,22 岁的威廉·哈维远赴当时欧洲最有名望的意大利帕多瓦大学医学院学习。在学习的过程中,哈维逐渐对解剖课产生了浓厚的兴趣,可以说这一时期的学习和实践,为哈维后来确立血液循环理论奠定了牢固的基础。此时,伽利略也在帕多瓦大学任教,哈维还常常去听伽利略讲授力学和天文,哈维发现血液循环中周密的观察和定量、测量相结合,这正是伽利略实测主义的研究理论与方法在哈维研究中的体现。哈维一生都痴迷于解剖学的研究,让哈维最心醉神迷的就是人体内部的运动。哈维最初研究的出发点是人的脉搏和呼吸这两种基本的运动。脉搏是血液运动的表现,那么这种运动的本质是什么呢? 在哈维所处的时代,科学没有提供满意的答案,盖仑的理论仍有阵地。血液运动的问题使哈维寝食难安,他决心通过实验去揭开人体血液循环的神秘面纱。他认为动物的血液与人的血液具有相似之处。他解剖了不少于80 种类的动物。他看到了、摸到了心脏的跳动。哈维采用比较的方法,通过解剖动物来说明人体解剖学。他由表及里、由浅入深地对人体进行了描述。在描述胸腔和胸部器官时,以很大的篇幅论述了心脏的结构、心脏的运动及心脏和静脉中瓣膜的功能。他明确指出,血液不断流动的动力,来源于心肌的收缩压。哈维还反复利用了定量方法,这在他以前,以及同代人的生命科学研究中是不多见的。此外,哈维用兔子和蛇反复做实验,他把它们解剖开之后,找出还在跳动的动脉血管,然后用镊子把它们夹住,观察血管的变化,发现血是从心脏向外流出来的,由此证明动脉里的血压在升高。

1616年,是医学生理学史上重要的一年,也是哈维重要的一年。他在英国皇家医学院内科学学会的卢姆莱讲座上首次口头正式宣讲了他的循环学说,内容涵盖了解剖学和外科学问题。在他的讲座笔记中,有两个重要观点:第一,心脏是心血运动的主体,起主导作用;第二,动脉并不主动起搏,因为动脉中的瓣膜大部分逆着心脏,阻止了由心脏舒张引起的血液回流。至此,哈维心血运动论的雏形已经形成。但哈维不敢贸然发表这份新奇匪夷所思的讲稿。那时,盖仑学说仍占统治地位,许多欧洲的医科大学仍然严格按照盖仑学说授课,甚至只有精通盖仑学说的人才能拿到博士学位。虽然哈维处于文艺复兴的晚期,这个时候开始倡导人文主义,提倡个性与人权,提倡科学,但是神权并未消失,黑暗也未消失。于是,哈维为了获得加倍的自信,继续通过研究获得万全的证据。

直到12年后,1628年,威廉·哈维才出版了《关于动物心脏与血液运动的解剖研究》(中译名称为《心血运动论》),这标志着近代生理学的诞生,同时也奠定了哈维在科学发展史上的重要地位。《心血运动论》认为,对循环理论的新理解可能会解决医学、病理学以及治疗上许许多多的神秘问题。但这一部只有72页和两幅插图的书出版后,却遭到了以教会为首的敌对派的猛烈攻击。可以说哈维的观点否定了统治了医学界1 500多年之久的盖仑"血液不循环"论。所幸的是,哈维是国王的常任御医,所以那些人不敢把哈维直接投入监狱或处以火刑,才使哈维能继续进行研究。直到晚年,哈维血液循环的观点才被人们逐渐接受。虽然哈维当时所描述的血液循环也有一定的局限性,但与现代血液循环的概念已基本一致。

哈维《心血运动论》的发表,宣告了生命科学新纪元的到来。恩格斯在《自然辩证法》中这样高度评价威廉·哈维的科学成就:正是因为哈维发现了血液运动基本规律,人体生理学才得以被确立为一门独立科学。

★ 融入要点

血液循环章节,介绍心脏的泵血功能时融入。

★ 融入点分析

《心血运动论》的作者哈维具有勇于怀疑的精神,不将自己的信仰固着在他人的行为准则上,正是有了这样的思想,哈维才能通过艰苦的探索获得科学的结论,最终推翻盖仑的学说。哈维认为,科学研究不能建立在对传统和他人权威的盲目信仰之上。哈维是一个善于思索的人,并不迷信权威的理论,更难能可贵的是他也是勇敢的,没有畏惧宗教神权,顶住了当时学术界、医学界、宗教界的权威人士的攻击。哈维通过自己不懈的努力推动了医学发展,为治病救人作出了新的贡献。所以,通往真理的道路,是这些伟人们用汗水和鲜血铺设出来的,这正是我们需要学习的求真务实的科学精神。

大凡在科学史上有所发现、有所发明、有所创造的人,都是敢于向权威挑战的人。哥白尼敢于怀疑亚里士多德的理论,怀疑"地心说",才创立了全新的"日心说"。西班牙的医生、宗教的改革者塞尔维特提出了血液在心肺之间进行小循环的看法,最后在日内瓦被当作"异教徒",活活烧死。这样的例子不胜枚举,在各个时期各个国家都有发生。《心血运动论》的手稿出来后,哈维并没有贸然发表,而是继续进一步研究以获得更多的实验依据。这是哈维面对不利局势的大智慧,体现出一个科学家的严谨和谨慎。

哈维将追求真理视为科学研究的根本目标。他认为,为了追求真理,科学家要保持对于知识的高度热情,同时还要有一种谦虚的学习心态。哈维一生实事求是、专心学术。哈维的一生中写过大量的科学论著,但是只发表了《心血运动论》和《论动物的生殖》两本书,以及几封为《心血运动论》辩护的公开信。哈维与许多热衷于写作鸿篇巨制的科学家不同,其作品非常简练,但是却耗费了他大量的时间和精力。虽然《心血运动论》这本书只有薄薄的 72 页,但却是哈维在研究了 10 多年之后,经历多次的反复实验而得出的精炼科学结论。在哈维看来,科学发现的价值不在于外在效果的炫目,而在于是否获取了真正的知识。这是哈维实事求是、专心学术的真实写照。当代大学生要发扬求真务实的精神,积极进取,解放思想,实事求是,成为现代社会需要的人才。

参考文献

[1] ROBERTS C S. Harvey's experoiment on occlusion of the vena cava[J]. Ann Thorac Surg,2000,69:1983–1996.

[2]. RIBATTI D. William Harvey and the discovery of the circulation of the blood[J]. J Angiogenesis Res,2009,1(3):1–2.

[3] 刘月树,陆于宏,唐健. 威廉·哈维的科研伦理思想研究[J]. 中国医学伦理学,2012,5(4):411–413.

[4] 程之范. 西方 17 世纪的医学[J]. 中华医史杂志,1994,24(4):248–253.

[5] WILLIUS F A. A history of the heart and circulation[M]. Philadelphia:W. B. Sanders Company,1948.

[6] MC KENNA M. That incomparable invention of Dr. Harvey's[J]. Can J Surg,1987,30

（2）:139-141.

[7] GUTHRIE D. Harvey in space and time[J]. Br. Med J,1957,9（1）:575-579.

[8] WILLIAM H. Exercitatio anatomica de motu cordis et sanguinis in animalibus[M]. Translated by Chauncey D. Leak. Thomas:Sprinfield,1928.

[9] PRORESCHI P. Andrea Cesalpino and systemic circulation[J]. Ann Pharm Fr,2004,62（6）:382-400.

[10] ACIERNO L J. The history of cardiology[M]. New York:The Partheon Publishing Group,1994.

五、生理学家——奥古斯特·克罗

★ 基本素材

奥古斯特·克罗是1920年诺贝尔生理学或医学奖获得者、丹麦生理学家,是生理学领域中许多研究的奠基者之一。1874年,克罗出生于丹麦德兰半岛一个普通的工人家庭,但他从小痴迷自然科学。高中毕业后,他进入哥本哈根大学学习医学。在学校里,他遇到了丹麦生理学家克里斯提夫·玻尔,呼吸时通气"无效腔"的概念就是由这位著名科学家提出来的。克罗被玻尔的巨大魅力所吸引,在一次次申请后终于进入了玻尔实验室,成为一名助理人员。由于克罗对箭虫身上的一连串可充气的透明气囊非常感兴趣,便开始了对这种细小蠕虫的研究。研究过程中,他自己动手设计实验所需的装置,发明了用来测量箭虫气囊容量及气囊内压力的仪器,并发现箭虫气囊内的气体不是空气,而是高浓度的氮气。克罗这种设计和研究天分,令玻尔对他刮目相看,把他当作自己的弟子。从此,克罗真正在玻尔的指导下,开展了一系列的实验研究。1903年,他通过研究青蛙皮肤上的气体交换,发现氧气的转移过程是一种无需消耗能量的被动运输过程。之后,师徒两人开始了"CO_2及低pH值对血红蛋白与氧气的亲和力"的研究。为了能够准确测定血红蛋白的血氧结合能力,克罗发明了血氧结合能力测量仪,并最终证明CO_2及低pH值能促使血红蛋白释放氧气,这个发现充分解释了血液将氧气输送至全身组织的方法,具有重大的意义。1904年,师徒两人联名发表了文章,这个发现被学术界命名为"玻尔效应"。

玻尔通过对肺生理功能的研究,认为肺泡中的氧气浓度比血液中的要低,因此认为氧气从低浓度的肺泡转移到高浓度的血液中靠的是消耗能量的主动运输,由此提出了"分泌论"。然而,克罗并不认同老师的观点,他极大地完善了氧浓度的测量方法,

1907 年发现肺泡内的氧气浓度比血液中的要高,肺泡至血液的氧气转移过程和青蛙皮肤上的气体交换相似,是一种无需消耗能量的被动运输,由此提出了"弥散论"。这个发现颠覆了玻尔的观点,也引起了玻尔的不满。为了不伤害自己的老师,他一直等到老师去世(1911 年)后才公布了自己的研究成果。

　　1907 年之后,克罗开始独立进行毛细血管的实验研究。当时已经知道,人体在运动时对氧的需求量会大大增加,尤其是肌肉,但是氧气的供给量是如何增加的,这个问题长期以来一直没有弄清楚。毛细血管已经为人所知 200 多年了,人们普遍认为它们是完全开放的,大家猜想在运动时毛细血管中血液的流速会加快,从而使更多的血液流过,使氧的供应量变得更大。克罗利用数理计算分析结果、毛细血管和肌肉纤维氧气含量的观测数据、组织切片等证据,推翻了传统的认识,提出了他的新观点:在休息等缓和状态时肌肉中的毛细血管只有少部分是开放的,毛细血管不断地开合使一定比例的毛细血管让血流通过,提供组织氧气;而在运动时则有更多的毛细血管开放,使得流入肌肉的血液量增多而增加供氧量,但是这部分血液流速与休息状态无异,即血液的流速并没有加快。1920 年,奥古斯特·克罗由于发现毛细血管运动的调节机制,获得了诺贝尔生理学或医学奖。

★ **融入要点**

呼吸章节,介绍肺通气和肺换气时融入。

★ **融入点分析**

　　玻尔是克罗的老师,他通过对肺生理功能的研究,认为肺泡中的氧气浓度比血液中的要低,因此认为氧气从低浓度的肺泡转移到高浓度的血液中靠的是消耗能量的主动运输。然而,这个观点是错误的。尽管玻尔是克罗的老师,是著名的生理学家,但他并不认同老师的观点,而是通过不断实验,最终发现肺泡内的氧气浓度比血液中的要高,这个过程是不需要能量消耗的,从而否定了老师的观点。克罗这种求真求实的医学科学精神值得我们学习和发扬。

　　人们普遍认为运动时骨骼肌的毛细血管是完全开放的,血流速度是加快的,这样有利于向骨骼肌组织供氧。但是克罗却通过一系列实验推翻了这一传统观点,发现骨骼肌毛细血管在安静时只有少数是开放的,运动时是部分开放的,而运动时血流速度也没有变快,只是开放的毛细血管增多了。这个新发现使他最后获得了诺贝尔生理学或医学奖。

　　克罗的故事启发我们,在实践课教学中,务必教育学生尊重原始实验数据的真实性,因为实验是检验科学假说的重要依据。在诚实客观的前提下,对具体实验结果进行充分分析,要明白有偏差甚至错误都是很正常的,这是科学发展的正常过程。

参考文献

[1]医脉通.从"充气虫子"到胰岛素代言人[EB/OL].(2019-11-15)[2024-04-1].
http://news.medlive.cn/hema/info-progress/show-163476_112.html
[2]颗粒在线.科学界的道德典范——奥古斯特·克罗[EB/OL].(2019-11-15)[2024-04-01].kelionline.com/learn/article/detail/12412.

六、第一个激素——促胰液素的发现

★ 基本素材

促胰液素是一种碱性多肽,产生促胰液素的细胞为"S"细胞,主要分布在十二指肠黏膜。促胰液素是在胰液和胃酸分泌的调节中起重要作用的一种胃肠激素。促胰液素的发现颇为曲折和离奇。

早在1845年,法国生理学家贝尔纳通过实验推理出酸性食糜进入小肠将引起胰液分泌,但当时条件有限,没有足够的实验手段去深入研究。1894年,巴甫洛夫学派成员道林斯基在实验中发现,将相当于胃酸浓度的盐酸溶液注入狗的上段小肠时,会引起胰液分泌。之后巴甫洛夫的学生对此现象进一步进行研究,把相关的神经都切断之后盐酸依然能引起胰液分泌。由此看来,可能不是神经调节的作用了。但巴普洛夫的学生依然坚持老师的"神经论"观点,顽固地认为这是神经调节的结果,认为这是一个"局部短反射":反射弧连接十二指肠黏膜和胰腺的腺泡细胞,通过位于胰腺外分泌组织中的神经节细胞而实现。要知道,在那时巴甫洛夫在生理学界是神一样的人物,巴甫洛夫的时代就是神经调节的时代。巴甫洛夫是第一个获得诺贝尔生理学或医学奖的生理学家,是高级神经活动生理学的奠基人,他创建了"两个信号系统学说",他也是现代消化生理学奠基人和条件反射的建构者。由于巴甫洛夫实验室过分坚持这种"神经论",一个近在眼前的真理,就这样错失了。

同一时期,法国的生理学家沃泰默也在孜孜不倦地进行着同样的胰液分泌机制的研究。沃泰默甚至还进行了更为关键的进一步实验:把实验狗的一段游离小肠祥的神经全部切除,当把盐酸溶液输入这段小肠祥后,仍能引起胰液分泌。但他也坚信这是一个顽固的神经反射,因为他认为小肠的神经是难以切除干净的。1902 年 1 月,英国两位生理学家贝利斯(Bayliss)和斯塔林(Starling)正在研究小肠的局部运动反射,当他们看到这位法国科学家沃泰默新发表的论文时,引起了他们强烈的兴趣,并马上对实验重复进行证实,而且确定神经也是切除完全的,那么,怎么解释这个结果呢? 他们大胆地跳出"神经反射"这个传统概念的框框,设想这可能是一种"化学调节":即在盐酸的作用下,小肠黏膜可能产生了一种化学物质,当其被吸收入血液后,随着血液被运送到胰腺,引起胰液分泌。为了证实这个设想,他们把狗的另一段空肠剪下来刮下黏膜,加砂子和稀盐酸研碎,再把浸液中和、过滤,做成粗提取液,注射到同一条狗的静脉中去,结果引起了比前面切除神经的实验更明显的胰液分泌。这完全证实了他们的设想是正确的:正常情况下,食物进入小肠会刺激黏膜分泌一种化学物质到血液中,它随血液运输到胰腺,刺激胰腺分泌胰液,这是一种化学调节。一个刺激胰液分泌的化学物质就这样被发现了,这个物质被命名为促胰液素(secretin)。这是生理学史上一个伟大的发现。Bayliss 和 Starling 关于"促胰液素"的论文发表,提出了除"神经调节"外,还有"化学调节"的新观念,完全颠覆了"消化腺分泌完全由神经调节"的理论,这在生理学界乃至科学界引起重大反响。巴甫洛夫领导的实验室也受到了极大的震撼,一时难以接受,许多人本能地寻找证据反驳新观念。他们一方面力图收集已有的证据来反驳这个化学调节的理论,一方面认真重复 Bayliss 和 Starling 的实验。但实验结果证明,促胰液素的客观存在是经得起实践检验的。化学调节的新理论也让巴甫洛夫本人很惊讶,他让一个学生重复了此实验,结果丝毫不差。巴甫洛夫一言不发地走出实验室,在书房待了半小时后,他回到实验室,对众人深表遗憾地说:"显然,人家是对的。很明显,我们失去了一个发现真理的机会!"

★ 融入要点

消化章节,在讲胰液的内容时融入。

★ 融入点分析

胰液分泌的调节受神经和体液双重调控,但以体液调控为主,这是通过什么实验证实的呢? 历史上第一个被发现的激素——促胰液素又是怎样被发现的呢? 通过讲述科学家们大胆创新、发现真理的故事,激励学生勇于探索新知识。

促胰液素是历史上发现的第一个激素,其实在 Bayliss 和 Starling 发现促胰液素之前,巴甫洛夫的学生们是最可能首先发现"促胰液素"的人,但在老师强大的光环下,除了对巴甫洛夫的权威崇拜,也不无自我思维的故步自封,正是由于被传统的旧概念所束缚,使巴甫洛夫实验室没有从客观事实出发下结论,一直认为消化腺分泌完全由神经调节,轻易失去了一个发现真理的机会,这是多么令人痛惜的事。法国科学家沃泰默的实验很完美,本应更进一步,但对权威的迷信、创新精神的不足,让其失去了发现真理的机会。因为巴甫洛夫的巨大贡献,所以巴甫洛夫是众人敬仰的权威,他的思想带领人们到达了前所未有的高度,也为他取得了高山仰止的地位。但另一方面,他的权威又限制了很多后来者的思维,使后来的追随者禁锢在巴甫洛夫成就的藩篱之中。即使实验事实和理论相悖,也千方百计地寻找一些不那么可靠的解释作为支持,给自己的创造力构成一种屏障,这就是习惯性思维在作怪。习惯性思维往往严重束缚人的思维发展,造成人的偏见、阻碍人的创造。而 Bayliss 和 Starling 过去从未进行过这方面的工作,却在短短的时间内获得了这项重大成就,这不是偶然,这是自然科学唯物主义的胜利,这种历史上的经验教训是值得汲取的。它告诉我们:在科学的道路上不仅要勤于思考,而且要敢于思考,要敢于突破框框,科学工作者必须克服习惯性思维的羁绊,进行突破性思维,才能创造出最好的成绩。正是他们具有的突破性思维和坚韧不拔、追求真理的创新精神引领他们到达新的圣地,而科学的发展正是在质疑与创新中不断被推动向前的。

参考文献

[1] BAYLISS W M,STARLING E H. The mechanism of pancreatic secretion[J]. The Journal of Physiology,1902,28(5):325-353.

[2] BABKIN B P. Secretory mechanism of the digestive glands[M]. New York:Hoeber,1950.

[3] HILL A V. The third Bayliss-Starling memorial lecture——Bayliss and Starling and the happy fellowship of physiologist[J]. J Physiol(London),1969,204:1-13.

[4] MARTIN W. Gastrointestinal hormones induced the birth of endocrinology[J]. Endocr Dev,2017,32:1-7.

[5] ARNOLD M K. Ernest Henry Starling:medical educator[J]. Pharos Alpha Omega Alpha Honor Med Soc,2004,67(4):14-21.

[6] 王志均. 发现促胰液素的故事[J]. 生理科学进展,1979,10(2):184-185.

[7] RAO Y. The first hormone:adrenaline[J]. Trends Endocrinol Metab, 2019, 30(6): 331-334.

七、人体无感蒸发的发现

⭐ **基本素材**

在生理学研究的历史上,是谁最先把新的物理知识应用到医学研究中? 是谁开创了新陈代谢研究的先河? 是谁首创了用温度计测量患者的体温? 又是谁为了研究"感觉不到的出汗",发明了一个足有一个房屋那么大的天平称量体重的变化,坚持 30 多年如一日的研究最终获得了突破性的研究成果? 是他,17 世纪物理医学派(机械或数学医学)的代表人物、理论医学的代表人物、意大利生理学家和医生、意大利帕多瓦大学的教授——桑克托瑞斯。

17 世纪医学发展最重要的标志是生理学的发展,这时的生理学研究开始摆脱体液论的束缚,用新的物理学方法进行研究。桑克托瑞斯就是其中的佼佼者,他最先把新的物理知识应用到新陈代谢研究中,开了先河。盖仑曾经提出,皮肤在某种程度上也是有"呼吸"的,如同肺部一样,体内的挥发性物质就是通过皮肤离开人体的。桑克托瑞斯在多年的行医过程中,也发现人体的排汗现象与病情有关,但是人体排出的汗一部分是通过人们看得见的汗液排出去的,还有一部分是通过人们觉察不到的汗气(挥发物)排出体外的。于是,桑克托瑞斯开始思考,这部分觉察不到的汗气(挥发物)的挥发量究竟是多大呢?

桑克托瑞斯最推崇的是意大利科学家伽利略利用精确定量的实验方法取得的实验结果,他认为沉思默想是不能得出科学的实验结论的。为了记录觉察不到的汗气(挥发物)的挥发量究竟是多大,物理记录的方法成为帮助他解开这一问题的利器。为了帮助研究,他设计了一个足足有一个房屋那么大的天平,其实也就是一台他自己组装的大型磅秤。桑克托瑞斯为了观察在各种正常及病理状况下,人体内固体和液体的分泌导致的人体重的变化,他将工作桌、床,以及所有生活需要的东西,都置于这个特制的天平上。每天,桑克托瑞斯坐在平台上享受一顿大餐,然后在天平上坐至少 8 个小时,利用水桶接住自己所有的排泄物,从而来测量消化排泄物的重量。他称了自己的体重,称了自己所消化的食物,并称了排泄物的重量。他追踪研究了空气和水引起的变化、食物和饮料引起的变化,以及睡眠和觉醒引起的变化、运动和休息引起的变化,甚至性活动和情绪激动带来的变化。他每天分不同时段,坚持用天平测量体重,研究体重的变化规律,用数据表明看不见的汗液的重量究竟是多大。经由观测发现,一旦将身体的某部分直接暴露于空气中,即使不进食、不排泄,体重也会发生变化,人体排泄物的总重量总是小于摄入量。

桑克托瑞斯把这些重量归为汗水蒸发和呼出的水气,也就是我们现在学习生理学中说的无感蒸发(insensible perspiration)。桑克托瑞斯还描述了"一餐八磅重"的消化作用:人体若一天摄取八磅的肉与饮料,会产出五磅的无感蒸发,或平均一小时三盎司的汗水和呼气逸失。桑克托瑞斯终于通过 30 多年的称量实验和分析论证得出结论:这部分觉察不到的汗气(挥发物)的挥发量是由"看不见的汗"造成的,人体每天通过无知觉出汗要排出好几磅挥发性物质。桑克托瑞斯认为体液的每次紊乱都可以导致疾病,并认为这种紊乱主要是由这些体液透过皮肤的分泌物所致。桑克托瑞斯的研究结果无疑为各种疾病的诊断提供了最有力的治疗指导。

由于医学目视下的体检并不会满足于观察和测量明显的身体数据,它还应该擅于科学计算,捕捉与标准值的细微偏差,并分析机会与风险。因此,科学度量观念在体检中占据着十分重要的位置。它最早应用于医学中是在 1616 — 1636 年间,桑克托瑞斯改进了伽利略发明的温度计,改造成了一种蛇形气体温度计,并在体温计上标注了 110 个刻度,成功研制出了世界上第一支测试口温的临床体温计,用来测量患者体温,它对医学研究和患者的诊治起了很大的促进作用。他还设计出测量脉搏快慢的脉动计,望诊、触诊、叩诊和听诊成为 4 种基本物理诊疗方法。

1629 年,68 岁的桑克托瑞斯辞掉了帕多瓦大学的教授职务,并谢绝了众多其他大学的延聘,潜心研究他热爱的医疗实务和医学理论。他的专著均采用中世纪的行文格式,这种格言警句文体形式虽然简短上口,耐人深省,但是这种文体形式用于描述实验步骤,以及测算时就会有失缜密和严谨,因此导致他实验研究的隐约其词、模糊不清,这无疑是一个最大的遗憾。

★ 融入要点

能量代谢与体温章节,在介绍汗液的蒸发形式之无感蒸发时引入这个科学故事,引导学生学习科学家坚持不懈的科学精神。

★ 融入点分析

桑克托瑞斯对科学研究充满热忱且严肃、认真,他想知道人体觉察不到的汗气的挥发量到底有多少,便发明了前无古人、后无来者的巨大的天平。每天在天平上一坐就是 8 小时,研究身体这种看不见的汗液的重量和变化。这些实验枯燥而无趣,在常人看来非常的不可思议,但是桑克托瑞斯硬是坚持了难以想象的 30 年之久,直到弄明白了他所要的真相。30 多年的持之以恒也终于换来了关于新陈代谢的系统研究成果,并提出了"无感蒸发"的概念。桑克托瑞斯这种坚持不懈的科研精神非常值得我们学习和发扬。

桑克托瑞斯的研究新颖而史无前例。桑克托瑞斯持之以恒的研究首次发现了人体新陈代谢现象,是近代新陈代谢研究的开端,也给生理研究奠定了使用精密仪器进行量化的基础和范例。后继者根据桑克托瑞斯的研究,最终弄清了新陈代谢的秘密。虽然,现在仍有不少学者对于桑克托瑞斯的"无知觉的出汗"说及其重要性持有许多相反的意见,但是既是医生,又是机械学家和数学家的桑克托瑞斯在生理学发展中无疑具有重要价值。桑克托瑞斯无愧于是物理医学派(机械或数学医学)和理论医学的代表人物,尤其是他对科学探究坚持不懈的寻求,值得我们铭记!

卡·冯·伯尔说:科学的永恒性就在于坚持不懈的寻求之中,科学就其容量而言,是不枯竭的,就其目标而言,是永远不可企及的。桑克托瑞斯用坚持诠释了科研真谛。现代大学生要学习这种坚韧不拔、勇于探索的科研精神。我们在科学研究中,经常会遇到各种困难和挫折,因为科研之路必定是艰辛的,每一个科研人要经历无数次的重复、无数次的失败、不加日夜的测量等,我们要有足够的耐心和毅力去克服,不怕苦、不怕累、坚持不懈,用心去做,永不言弃,才有可能峰回路转,这种精神支撑对于科学研究是至关重要的。

参考文献

[1]王振国,张大庆.中外医学史[M].北京:中国中医药出版社,2016:39.

[2]张庆宁.临终关怀:身体的医学化及其超越[J].思想战线,2014(5):23-28.

[3]王瑶华,章梅芳.新文化运动与科学知识的传播——基于身体知识和体检技术的案例研究[J].科学学研究.2019,37(5):787-794.

第八篇

医学微生物学

一、医学微生物学发展简史

⭐ **基本素材**

医学微生物学(medical microbiology)是一门主要研究与人类疾病相关的微生物的形态特征、致病物质、所致疾病、抗感染免疫、检测与防治的学科,是微生物学的分支学科。医学微生物学是基础医学的重要组成课程,也是临床医学的基础课。

人类通过与疾病的长期斗争和科学实践,不断推动医学微生物学向前发展,而医学微生物学与其密切相关学科理论和技术的突破,又促进疾病防治水平逐步提高,并反过来促进医学微生物学学科的理论发展。

在医学微生物学的发展过程中,有许许多多的科学家和医务工作者作出了贡献。

荷兰科学家列文虎克(荷兰语:Leeuwenhoek)发明显微镜。列文虎克于1676年发明了一架能放大200~300倍的显微镜,他用这种原始显微镜发现了许多肉眼看不见的微小生物,并描述了微生物的基本形态,第一次证明了微生物的存在,把微生物学研究带进现代微生物学时代。

法国科学家巴斯德(Pasteur)确立传染因子。19世纪60年代,法国科学家巴斯德首先证明有机物的发酵与腐败是微生物作用的结果,推翻了当时流行的"自然发生说",并创立了用加温处理杀灭微生物的巴斯德消毒法,把微生物学研究带入了生理学时期。

英国外科医生李斯特(Liszt)发明无菌外科手术。在巴斯德工作的启发下,李斯特用石炭酸喷洒手术室和煮沸手术器械灭菌,以防止术后感染,从而创建了无菌外科手术,成为微生物学应用于医学实践的一个巨大突破。

德国医生科霍(Koch)证明了微生物是传染病的致病因子,并创立了琼脂固体培养基分离纯培养和细菌染色法等研究方法,他同巴斯德一道成为实验微生物学的奠基人。科霍提出了感染性疾病著名的四原则,即科霍法则,证明了感染性疾病是由活的病原菌引起的。

随后在科霍的带动下,一大批学者发现了大量的病原菌并分离培养成功,其中包括伤寒沙门菌、炭疽杆菌、结核分枝杆菌、霍乱弧菌、葡萄球菌、破伤风梭菌、白喉棒状杆菌、脑膜炎球菌、肉毒梭菌、痢疾志贺菌、鼠疫耶尔森菌等,极大地推动了医学微生物学的发展。

俄国科学家伊凡诺夫斯基(俄语:Ивановский, ДмитрийИосифович)发现病毒。1892年伊凡诺夫斯基证明导致烟草花叶病的病原体是一种光学显微镜看不见的,能通过细菌滤器的最小生物——病毒,并对这种微生物进行了具体研究,标志着病毒病原学研究的开始。

勒夫勒和弗施(Loeffler and Frosch)发现口蹄疫病毒。1897年,德国细菌学家勒夫勒和弗施发现了第一种动物病毒——口蹄疫病毒。1901年,美国细菌学家里德(Redd)领导的黄热病委员会发现了第一种致病的人类病毒——黄热病病毒。自此,病毒学研究大发展。

弗莱明(Fleming)发现抗生素。1929年弗莱明发现青霉菌产生的青霉素能抑制葡萄球菌的生长。一直到1940年弗劳雷等将青霉素分离提纯后,青霉素终于开始应用于临床感染性疾病的治疗,青霉素的发现是一个划时代的进步,它挽救了成千上万人的生命,从而为人类找到了一种对抗病原微生物的较广谱的药物。

免疫学的兴起与发展。18世纪英国医生琴纳(Jenner)创制了牛痘以预防天花,为科学地制备和应用疫苗开辟了新途径。最后巴斯德研制出了鸡霍乱、炭疽丙、狂犬病等疫苗,以及其后的一系列疫苗的研发成功,为免疫学的兴起奠定了基础。

德国科学家贝林格(Berlinguer)在1891年用含白喉抗毒素的动物免疫血清救治了一名白喉患儿,从而推动免疫血清学的发展。澳大利亚免疫学家伯内特(Bertrand)于1957年提出的抗体形成理论的克隆选择学说,促进免疫学全面兴起,从而把医学微生物学的发展带进了新的阶段。

进入现代,新的病原微生物被不断发现,比如类病毒、亚病毒、朊粒、SARS冠状病毒和新冠病毒(SARS-CoV-2)等,以及微生物基因组测序的完成,把微生物的研究提高到了一个新的高度。

 融入要点

绪论章节融入。

⭐ 融入点分析

从以上例子可以看出,医学微生物学这门学科与其他学科一样,其发展不是一蹴而就的,而是科学家和科研人员秉承科学精神,前后接力,不断探索生命的本质,不断累积成果知识,不断在前人成就的基础上,继续积极探索的结果。例如,英国外科医生李斯特在巴斯德工作的启发下,创立了无菌外科手术;弗莱明在前人发现感染是由微生物引起的基础上,实验出了抗菌的青霉素药物等。科学研究与发明的每一项成就都来之不易,都需要怀着科学的精神,站在前人的肩膀上,坚持不懈地努力和连续不断地投入,才能取得突破性的成绩。

科学发展无止境,医学在持续发展中,我们作为新时代的医学生,同样需要秉承科学精神,在前任医学家和科学家的研究基础上,总结经验,持续不断地投入时间和精力,不断推陈出新,努力探索生命的奥秘和大自然的本质,攻克人类的一个又一个疾病难题,并且要实事求是,一丝不苟,刻苦钻研,勇于实践,勇于探索,为彻底解决人类疾苦而努力。

习近平总书记在2023年7月20日给"科学与中国"院士专家代表回信中,肯定他们"广泛传播科学知识、弘扬科学精神,在推动科学普及上发挥了很好的作用",勉励他们"继续发扬科学报国的光荣传统,带动更多科技工作者支持和参与科普事业""为实现高水平科技自立自强、推进中国式现代化不断作出新贡献"。这次回信中,习近平重点谈到了"科学精神",科学精神是科研的灵魂,是探索大自然奥秘的前提,我们医学生就是要怀着科学精神,来不断探索医学的奥秘,才能推动人类医学事业一步步迈上新台阶。

参考文献

[1]李凡,徐志凯.医学微生物学[M].9版.北京:人民卫生出版社,2018.

[2]刘光焱,孙治,方芳.课程思政融入医学微生物学教学的探索[J].沈阳医学院学报,2023,25(6):669-672.

[3]韩俭,景涛,郭璐,等.医学微生物学教学中的课程思政教育探索[J].医学教育研究与实践,2020,28(1):102-105.

[4]周人杰.传播科学知识,弘扬科学精神(今日谈)[N/OL].人民日报,2023-7-22[2024-4-2].http://paper.people.com.cn/rmrb/html/2023-07-22/nw.D110000renmrb-20230722-3-01.htm

二、显微镜发明者——列文虎克

★ 基本素材

列文虎克(荷兰语:Leeuwenhoek),荷兰科学家,被称为"光学显微镜之父",最主要的成就是发明了显微镜,从而为现代微生物学的建立奠定了物质基础。

列文虎克最初在一个眼镜店当学徒,当他拿着眼睛镜片(现在的老花镜)观察周围环境中的生物时,他惊讶地看到了很多肉眼观察不到的生物体,比如雨水中的微小生物、泥浆中的小生命、灰尘中的小生物等,他对这些生物产生了浓厚的兴趣,最后把这些生物体命名为"animalcules"。之后,他亲手磨制了许多镜片,用它们观察了肌肉纤维、洋葱细胞、各种细菌、微血管中血流等,凡是环境中能观察到的一切他都观察。他甚至在显微镜下发现了自己的精细胞,被认为是他人生中最重大的发现之一,之后他观察了哺乳动物、两栖类、鸟类、软体动物、鱼类等的精细胞,并得出一震惊的结论:受精就是精细胞进入卵子中发生的事情。

由于强烈的兴趣,以及不断观察的需要,列文虎克一生中磨制了500多个镜片,并制造了400种以上的显微镜,有些显微镜沿用至今。我们知道,光学显微镜是利用透镜原理进行影像放大效应的物件,它借助物镜和目镜两个光学系统放大,人眼通过相当于放大镜的目镜来观察这个已经被放大的实像,从而可以看到肉眼看不到的标本。

到18世纪,光学显微镜的放大倍率已经提高到了1 000倍,已经接近于光学显微镜观察标本的极限,借助于光学显微镜,人们能够看清许多肉眼看不清的微生物体的形态、大小,甚至一些内部结构,从而促进了微生物学科的极大发展。

现代,借助于材料科学、工学的发展,光学显微镜的种类和分辨率不断得到提高,发展出了明视野、暗视野、微分干涉差、荧光显微镜、共聚焦显微镜等类别,这些类别的显微镜在现代人类的科研中作出了巨大的贡献。2014年,诺贝尔化学奖颁给了埃里克·贝齐格(Eric Betzig)、威廉·莫纳(William E. Moer)和斯特凡·赫尔(Stefan W. Hell)三人,奖励他们在超分辨荧光显微镜发明方面所作出的贡献,超分辨荧光显微镜把光学显微镜带入了纳米级尺度中。

试想想,如果没有列文虎克对观察微生物的兴趣,以及对显微镜的持续研究与改进,就没有今天光学显微镜发展的大突破,更没有现代微生物学的发展,以及利用现代显微镜取得的科研突破,因此列文虎克被称为"光学显微镜之父"实至名归。

★ 融入要点

学习细菌的形态结构章节时融入。

★ 融入点分析

好奇心是科研灵感的源泉,开拓创新是科研工作者的灵魂。

列文虎克怀着对肉眼看不见的微小生物的特殊兴趣,不断研磨新的显微镜,通过研制的显微镜,观察到了微生物这一片新世界,推动了现代微生物学科的发展与进步,正是由于这种好奇心和不断开拓创新的精神,使列文虎克在现代微生物学科的发展中占有了特殊的地位,被尊称为"光学显微镜之父"和现代微生物学的开创者之一。

好奇心是基础,开拓创新则是把好奇心转化为成果的手段,从国家层面来说,创新是一个国家、一个民族发展进步的不竭动力。党的十九届六中全会通过的《中共中央关于党的百年奋斗重大成就和历史经验的决议》将"坚持开拓创新"概括为共产党百年奋斗的十条历史经验之一。习近平总书记指出:"以数千年大历史观之,变革和开放总体上是中国的历史常态。"中华民族是富有开拓创新精神的伟大民族,开拓创新精神是中华民族的鲜明禀赋。从"日新之谓盛德"到"创新是一个民族进步的灵魂",从"苟日新,日日新,又日新"到"惟创新者进,惟创新者强,惟创新者胜",开拓创新精神让一个具有五千多年历史的文明古国生生不息、生机勃勃,让近代以来久经磨难的中华民族浴火重生,迎来了伟大复兴的光明前景。

作为新时代的大学生,在学习科学文化知识的过程中,我们也要时时怀着好奇心,要保持对大自然的兴趣,不断探究未知的世界。兴趣是科研的原动力,只有有了兴趣,才会投入精力不断地钻研,也只有有了兴趣,才会不断地产生灵感,才会在新的领域刻苦钻研,才会有新的发现。同样,要对社会做出卓越的贡献,就要不断地开拓创新。列文虎克怀着对微生物世界探索的兴趣,不断地研磨显微镜,前后研磨了500多个镜片,并制造了400种以上的显微镜,有些显微镜由于其良好的功能与设计沿用至今,利用这些显微镜,他发现了更多的微生物。因此,除了好奇心以外,更重要的是要有开拓创新的精神,要实干,实干出真知,只有好奇心,没有开拓创新的精神,没有实干精神,是不会取得创新性的成果的。实干是把好奇心付诸实践,开拓未知,创新未来,求得真知,探索出自然界的一般规律。

■ 参考文献

[1]史在君.推开微观世界大门的人——列文虎克[J].新世纪智能,2022(34):34-36.

[2]韩烁.微课《使用列文虎克式显微镜开展显微镜实验教学》[J].新课程教学(电子版),2022(20):68.

[3]胡紫霞.打开微小世界的大门——显微镜[J].阅读,2021(78):36-38.

[4]顾万全,张武.坚持开拓创新(思想纵横)[N].人民日报,2021-12-16.

三、微生物之父——巴斯德

★ 基本素材

　　路易斯·巴斯德(Louis Pasteur),法国科学家,著名的微生物学家、爱国科学家,被法国人尊称为19世纪完美无缺的男人。美国学者麦克·哈特所著的《影响人类历史进程的100名人排行榜》中,巴斯德名列第12位,可见其在人类历史上巨大的影响力。

　　巴斯德研究了微生物的类型、习性、营养、繁殖、作用等,把微生物的研究从主要研究微生物的形态转移到研究微生物的生理上来,从而奠定了工业微生物学和医学微生物学的基础,并开创了微生物生理学。

　　巴斯德系统研究了狂犬病、鸡霍乱、炭疽病、蚕病等疾病的病原体,在防治这些疾病方面取得了丰硕的成果,英国医生李斯特据此解决了创口感染问题。从此,整个医学迈进了细菌学时代,得到了空前的发展。

　　巴斯德一生进行了多项探索性的研究,取得了重大成果,是19世纪有成就的科学家之一。他用毕生的精力证明了3个科学问题:第一,一种发酵作用都是由一种微生物引起的,并发现可以采用加热的方法杀灭那些让啤酒变酸的微生物。并据此发明了"巴氏杀菌法",应用于各种食物和饮料上的杀菌保鲜上。"巴氏杀菌法"被沿用至今。第二,巴斯德发现并根除了一种侵害蚕卵的细菌,因此拯救了法国的丝绸工业,并提出每种传染病都是一种细菌在生物体内的侵染发展的结果这一科学论述。第三,巴斯德通过特殊培养引起传染病的细菌,使之减轻毒力,或者使细菌灭活,使它变成防病的药苗,从而发明了狂犬病疫苗、鸡霍乱疫苗等一系列疫苗。由于巴斯德意识到许多疾病均由微生物引起,于是建立起了疾病起源于细菌的理论,把医学带入了细菌学时期。

　　巴斯德因发明了传染病预防接种法,对人类和人类饲养的家畜、家禽防治疾病作出了巨大的贡献。由于巴斯德在科学上的卓越成就,他在整个欧洲享有很高的声誉,是当时赫赫有名的学者,德国波恩大学给他授予了崇高的名誉学位。但是,随后的普法战争爆发,德国强占了法国的领土,出于对自己祖国的深厚感情和对侵略者德国的极大憎恨,巴斯德毅然决然把名誉学位证书退还给了波恩大学,并留下来一句名言:"科学虽没有国界,但科学家有自己的祖国。"

"进入科学王国的完美无缺的人",这是世人对巴斯德的称颂,他不仅是个理论上的天才,更是个善于解决实际问题的人。

巴斯德严谨的科学态度,淡泊名利的高尚情操,为追求真理而不顾个人安危的献身精神将永远留在我们的心中。他为微生物学、免疫学、医学,为工农业生产和人民的身体健康,作出了不朽贡献,被尊称为"现代微生物学之父"。

★ 融入要点

学习细菌的生理章节时融入。

★ 融入点分析

巴斯德一生奉献于微生物学研究,奉献于科学真理的探索,最终成为科学王国"完美无缺"的人。

巴斯德是19世纪最伟大的科学家,被给予"微生物学之父"的美称。他不仅具有严谨的科学态度、实事求是的探索精神、解决实际问题的超强本领,并且具有淡泊名利的高尚情操、炽热的爱国热情和一生奉献于科学探索真理的伟大精神。

我们新时代的医学生,也要有一生奉献于人类最伟大的事业——医学事业的献身精神,要把理论应用于实际,从实践中归纳真知,再完善理论。要有爱国之心,巴斯德说得好:"科学没有国界,但科学家有自己的祖国。"我们要努力学习,并把毕生所学奉献于祖国,奉献于人民,为解决人民的病痛,为祖国的繁荣昌盛贡献自己的一份力量。要想祖国之所想,解祖国之危难,攻坚克难,不为外部压迫所屈服,兢兢业业、扎扎实实,做好本职工作,把一生献之于自己所热爱的医学事业。我们要淡泊名利,涵养奉献大气,要有"俯首甘为孺子牛"的奉献精神,在名利得失上保持"平常心",刻苦钻研,努力工作,为人类最光荣的事业——医学事业奉献自己的一生。

参考文献

[1]传植,加布里埃尔·伯根,拉希拉·艾哈迈德,安德烈·布勒布拉,等.革新感染预防和控制——重温巴斯德的构想[J].世界科学,2023,(3):4-11

[2]魏屹东.巴斯德:科学王国里一位最完美的人物[J].自然辩证法通讯,1998(4):11.

[3]顾静怡.路易·巴斯德:良心成就"疫苗之王"[J].课堂内外(作文独唱团),2018(10):57.

四、伟大的共产主义战士——白求恩

★ 基本素材

　　白求恩,全名亨利·诺尔曼·白求恩(Henry Norman Bethune),加拿大共产党员,国际共产主义战士,著名的胸外科医师。1890年出生于加拿大安大略省格雷文赫斯特镇,1935年加入加拿大共产党,1938年来到中国支援中国抗日革命。因手术中被细菌感染转为败血症,1939年11月12日凌晨在中国抗日前线逝世。他在中国工作的1年半时间里为中国抗日革命呕心沥血,毛泽东称其为一个高尚的人,一个纯粹的人,一个有道德的人,一个脱离了低级趣味的人,一个有益于人民的人。

　　白求恩曾身患肺结核,但他仍然带病顽强工作,同年发明了"人工气胸疗法",并拿自己当小白鼠做试验,大获成功。其独创的胸外科医术在医学界享有盛名。

　　白求恩发明了以"白求恩器械"命名的外科手术器械,这类手术器械有20多种,并在当时处于极为领先的地位。1931年夏,白求恩和美国费城皮林父子公司签署了特许专利协议,由后者负责全权制造和销售由白求恩发明的医疗器械,大获成功。

　　1936—1937年,白求恩在西班牙作为支持国际反法西斯志愿者投身西班牙内战。在此期间他创办了一个移动的伤员急救系统,成了日后被广泛采用的移动军事外科医院的雏形。为了输血以抢救失血过多的伤员,他发明了世界上第一种运输血液的方法,在医学上具有极为重要的意义。

　　1937年,白求恩率领一个由加拿大人和美国人组成的医疗队来到中国解放区,1938年4月经延安转赴晋察冀边区,在那里工作了近2年,他对工作的热忱和牺牲精神,以及对工作的高度责任心均称模范,直至最终以身殉职。他的事迹受到中国人民的广泛赞扬。

　　1998年,白求恩被正式纳入"加拿大医学名人纪念馆";2004年,加拿大广播公司评选"最伟大的加拿大人",白求恩被评选为第26位伟人。据纪念馆的讲解员介绍,白求恩之所以赢得加拿大人的崇敬主要有两个原因,一是钦佩他在征服"死亡"威胁过程中的坚强毅力;二是钦佩他处处为他人服务,为医疗社会化而不懈奋争的崇高精神。

★ 融入要点

　　学习细菌感染与免疫章节时融入。

★ **融入点分析**

白求恩是跨国界的伟大共产主义国际战士,有着大无畏的医学献身精神。

1939 年 12 月 21 日,毛泽东写了《学习白求恩》一文,在文中指出:"一个外国人,毫无利己的动机,把中国人民的解放事业当作自己的事业,这是什么精神?这是国际主义的精神,这是共产主义的精神,我们每一个中国共产党党员都要学习这种精神。"白求恩同志毫不利己、专门利人的精神,表现在他对工作的极端的负责任,对同志、对人民的极端热忱。对于医疗事业,他对技术精益求精。我们大家要学习他毫无自私自利之心的精神。从这点出发,就可以变为有利于人民的人。一个人能力有大小,但只要有这点精神,就是一个高尚的人,一个纯粹的人,一个有道德的人,一个脱离了低级趣味的人,一个有益于人民的人。

作为一个医学生,对于医疗事业,我们不仅要在技术上精益求精,要对患者极端负责,并且要有大无畏的牺牲精神,要有为医学事业随时献身的准备,特别是在疫情面前,在重大疾病面前,要敢于挺身而出,舍小家为大家。医学没有国界,对于贫困落后地区和欠发达国家,我们要有跨地区、跨国界支援的决心和毅力。特别是对于共产党员,我们更应该向白求恩同志学习,学习他的共产主义精神,他的大无畏的牺牲精神,并把这种精神根植于我们医学生的信念之中。我们医学生,要立志于支援老少边穷地区,要不畏辛苦,要怀有仁爱之心,解决贫穷地区老百姓的病痛疾苦,要支援地球上落后地区和国家的人民。地球是我们共同的家园,要敢于奔赴贫穷落后国家,发扬国际主义精神,发扬人道主义精神,敢于去危险的地方,去最需要人的地方,去解决当地人的病痛疾苦,并要有时刻为医学事业献身的大无畏精神。

参考文献

[1] 黄会奇. 白求恩:我一生的使命是在这里[J]. 红岩春秋,2023,(11):32-37.

[2] 毛润之. 毛泽东选集[M]. 北京:人民出版社,1991.

[3] 王海龙. 白求恩写给毛泽东的信[J]. 读书,2023(10):22-30.

[4] 章爱先,马国庆. 新时代弘扬白求恩精神的价值意蕴[J]. 中国医学人文,2021,7(12):47-48.

[5] 崔久嵬,葛婷雯,于双成. 白求恩精神的形成和发展[J]. 医学与哲学,2022,43(2):47-50.

[6] 王萍,魏昭慧. 突发公共卫生危机背景下弘扬白求恩精神的当代价值[J]. 中国医学伦理学,2023,36(12):1394-1397.

五、卡介苗的研制故事

★ 基本素材

人类的肺结核是由结核分枝杆菌感染引起的，包括人结核分枝杆菌和牛结核分枝杆菌，它们在哺乳动物宿主中引起肺结核。1908 年，细菌学家阿尔伯特·卡米特（Albert Calmette）和兽医卡米尔·介林（Camille Guerin）在法国里尔著名的巴斯德研究所（Pasteur Institute）合作，开始了他们勇敢的探索——为了开发一种疫苗来对抗当时猖獗的结核病。

这两名研究人员最初从感染牛结核分枝杆菌的牛乳房中分离出一株结核分枝杆菌毒株。结核分枝杆菌培养显示出强烈的聚集倾向。为了防止粘连，卡米特和盖林在由牛胆汁、土豆和甘油组成的培养基中培养了牛结核分枝杆菌。在这种培养中，牛结核分枝杆菌在动物体内的毒力逐渐丧失。到 1915 年，他们已经给几头牛注射了一种早期的菌株，证明对结核分枝杆菌感染有保护作用。1921 年，在经过 13 年的 231 代传代后，在豚鼠身上的实验表明，致病的结核分枝杆菌已发展为非致病的减毒活菌株形式。最后，这种独特的牛结核分枝杆菌菌株以卡米特和介林命名，这种疫苗被称为卡介苗（Bacillus Calmette-Guérin，BCG）。

1921 年，卡米特和介林将初代 BCG 通过口服的方式给到一名婴儿体内，该婴儿的母亲死于结核病，其祖母也死于该病。婴儿没有出现疫苗的副作用，也没有感染结核病。从 1921 年到 1924 年，217 名巴黎儿童接种了卡介苗并成功预防了结核病。在 1924 年公布这些结果后，巴斯德研究所开始大规模生产疫苗并将其分发给世界各地的众多制造商。1960 年冻干批次的 BCG 问世时，这些原始菌株已经进行了 1 000 次传代增殖。尽管多次传代后的菌株形成了不同的表型，但传代后的 BCG 仍保留了抗原效力。这些产品以其原产地和制造商的名字命名，包括丹麦、荷兰、葛兰素、芝加哥、蒙特利尔、多伦多和东京菌株，它们在全世界广泛使用，极少出现副作用。

1929 年，德国西北部一所医院为使更多儿童可以接种卡介苗，将从巴黎引进的卡介苗菌种进行培养，以制造更多的疫苗，但不幸的是，由于一位工作人员的疏忽，误把一种毒性很强的人结核分枝杆菌混入疫苗中，并把污染了的卡介苗接种到 271 名新生儿身上，最终造成 77 名新生儿死亡。此次事件，使人们对卡介苗的安全性产生了怀疑，一时间，不少国家的医学界停止施行卡介苗接种，卡介苗的声誉也受到了极大的损害。

为何多年接种、安全有效的卡介苗会出现这样的问题？经过一段时间的调查后，研究人员在该医院的卡介苗制备室保存的菌种中，找到了一株致病性很强的结核分枝杆菌菌株,经鉴定是人结核分枝杆菌菌株,事故的原因终于查清了,此后,卡介苗又在全球医学界恢复接种。

虽然经历波折,但卡介苗的推广和人群广泛接种对人类健康意义重大,它预防了一种古老的严重危害人类健康的传染病。从卡介苗发明至今已经有近百年的历史,现在它的有效性、安全性毋庸置疑,今后会继续在预防肺结核方面为人类作出贡献。

★ 融入要点

学习结核分枝杆菌章节时融入。

★ 融入点分析

科学研究要甘于寂寞,不畏失败,并坚持不懈的努力才能取得成功。

卡米特和介林为发明卡介苗,采用牛胆汁、土豆和甘油组成的培养基培养牛结核分枝杆菌,经过13年的努力、231代传代后,终于筛选出了一株失去毒性的减毒株,作为预防人肺结核的疫苗,命名为卡介苗。卡介苗的发明是这两位科学家甘于寂寞、坚持不懈的努力的结果。为了一项人类事业,持续努力了13年,没有一定的恒心和毅力,没有甘于寂寞的精神,一般人是不能坚持到底的。可见,对于科学研究,坚持是多么重要,在坚持的过程当中,可能会遇到无数的失败,卡介苗的研发,也曾遭遇到了无数的挫折,花费13年传代231代,更是有无数的艰辛与失败。而在后期卡介苗的推广应用过程中,挫折和困难也常伴随左右,比如德国西北部那所接种卡介苗后导致77名新生儿死亡的医院,因为工作的疏忽,发生了严重的事故,但医学界并没有因此全面否定卡介苗,而是积极查明原因,弄清真相,最后还卡介苗以清白,使卡介苗能够继续造福于人类。

作为医学生,我们在探究事务的真相和本质过程中,也要学习这种不畏失败、甘于寂寞、不达终点不罢休的精神。要不为挫折所屈服,不被困难所吓倒,遇到挫折后要勇敢地站起来。俗话说,成功是九十九次失败加上一次的成功构成的,或者说成功是失败的乱石滩中倔强地长出来的几颗小草,一遇阳光它就成长。科学研究没有捷径可走,医学事业也没有捷径,甘于寂寞,数十年如一日,才可能最终达到胜利的彼岸。卡介苗的故事所展示出的甘于寂寞、不畏失败,以及坚持不懈的努力最终取得成功的精神会激励我们一代又一代的医学人,勇攀高峰,去摘取科学的桂冠。

▌ 参考文献

[1]祝秉东,王洪海.结核疫苗研究的历史与现状[J].中华结核和呼吸杂志,2007,30

（5）：378－382.

[2]梁丽娟,张敏敏.结核疫苗研究进展[J].西北国防医学杂志,2021,42(6):562-568.

[3]ZUMLA A,RAVIGLIONE M,HAFNER R,et al. Tuberculosis[J]. New England Journal of Medicine,2013,368(8):745-755.

[4]KAUFMANN S H. Fact and fiction in tuberculosis vaccine research:10 years later[J]. The Lancet Infectious Diseases,2011,11(8):633-640.

六、战鼠疫先锋——伍连德

★ 基本素材

　　伍连德博士是现代社会的一位公共卫生学家、医学史家,是现代检疫、防疫领域的先驱,在中国被誉为"现代医学先驱",在新加坡和马来西亚被公称为"海峡华人三杰"之一。

　　他生于马来西亚槟榔屿,17 岁时考获海峡殖民地女皇奖学金,赴英国剑桥大学留学,并且成为剑桥大学的第一位华人医学生。1902 年获得剑桥大学医学学士学位后,分别于 1905 年、1924 年、1926 年先后获得剑桥大学医学博士学位、约翰霍普金斯大学公共卫生博士学位、日本东京帝国大学荣誉医学博士学位。

　　1910 年,东三省突发鼠疫,当时年仅 31 岁的伍连德为东三省鼠疫防治总管。作为全权总医官,伍连德率领东三省防疫人员,不避艰险,深入疫区调查研究,通过加强铁路检疫、控制交通、隔离疫区、火化鼠疫患者尸体、建立医院收容患者等多种防治措施来控制病情。在不到 4 个月的时间内,及时控制住了鼠疫,拯救了千万人的生命,也避免了一场世界性的灾难。

　　1911 年,伍连德在奉天(今沈阳)召开了万国鼠疫研究会议;1912 年东三省防疫事务总处正式在哈尔滨成立,伍连德出任处长(总督察)。他在东三省防疫事务总处工作20 年,以此为基地,对中国医学的现代化和多项硬件设施建设作出贡献。

　　在中国的 30 年间,伍连德对中国的卫生防疫、检疫、医学教育、医院管理和医学交流等方面作出了重大贡献。他是中华医学会的创建人之一及首任和二任会长;他主持创办了20 所医院及医学院校,为中国的早期医学事业的发展立下了汗马功劳,并且在他竭力提倡下,中国收回了海港检疫的主权,同时鉴于中国清朝晚期毒品泛滥,严重危害人民的身心健康,他积极禁毒,是中国早期禁毒的主要人物之一。

　　1937 年 7 月,日军大举入侵中国,上海沦陷,伍连德在上海的检疫所和寓所同遭炸毁,无奈之下,只好举家回家乡马来西亚避难。1938 年,他在马来西亚怡保重新开业行医,悬壶济世。从南归到逝世的 20 多年中,他热衷参与社团及公益活动,并花了 7 年时间完成自传,把他的成功事迹分享给他人。

伍连德在 1960 年 1 月 21 日中风逝世,终老于槟城。

★ 融入要点

学习动物源性细菌章节时融入。

★ 融入点分析

伍连德博士有赤诚的爱国主义精神、崇高的人道主义精神、执着的科学探索精神、忘我的献身精神。

伍连德博士是现代检疫、防疫领域的先驱,被誉为"海峡华人三杰"之一。他应邀到中国行医,在 1910 年东三省突发鼠疫后,临危受命,不避艰险,深入疫区调查研究,制定了周密的防控鼠疫措施,最终在不到 4 个月的时间内,成功控制住了肆意的鼠疫,拯救了成千上万人的生命,同时也避免了一场世界性的鼠疫传播灾难。

伍连德先生严谨的科学态度,以及临危不惧、关爱生命的道德情操是我们学习的榜样。心系中国,到人民最需要的地方去,到人民最危难的地方去,在关键时刻,要将个人安危置之度外,为了人民的健康,勇于牺牲自己。2013 年 10 月 21 日,习近平总书记在欧美同学会成立 100 周年庆祝大会上指出:"在中华民族几千年绵延发展的历史长河中,爱国主义始终是激昂的主旋律,始终是激励我国各族人民自强不息的强大力量。不论树的影子有多长,根永远扎在土里;不论留学人员身在何处,都要始终把祖国和人民放在心里。"伍连德先生是一位爱国华侨,骨子里流淌着中华民族同心同德、互帮互助的精神血液,这种同理之心是我们每个医学生都应具备的基本素质。

伍连德先生为我们当代医学生树立了榜样,我们部分学生留学国外,是为了学习最好的、最新的实用知识和技能。学成以后,我们首先要想到报效养育抚育自己的祖国,要时刻怀有赤诚报国的爱国情怀,科学没有国界,但科学家有自己的祖国,要用自己所学为国效力。同时我们在医学事业中,要怀着严谨求实的科学态度,运用科学知识,分析事物的规律,找出解决问题的具体方法,在处理医学问题时要临危不惧,挺身而出,要发扬关爱生命的道德情操,最终为医学事业的发展,为人民的生命健康贡献自己的一份力量。

参考文献

[1]孙大光.与诺贝尔奖"擦肩而过"的中国人——记中国现代防疫事业的先驱伍连德博

士[J]侨园,2022,12:29-31.

[2]秦靖然,陈英云.新时代"课程思政"背景下伍连德精神 融入医学教育的路径探赜
[J].中国医学伦理学,2022,35(1):104-108.

[3]WONG S K. The Manchurian Plague and the International Plague Conference:Revisiting
Wu Lien-Teh[J].Chinese Annals of History of Science and Technology,2020,4(2):
35-72.

七、病毒体外培养技术的创新者——黄祯祥

★ 基本素材

黄祯祥,世界著名病毒学家,中国医学病毒学奠基人,中国科学院院士。1930 年毕业于当时的燕京大学,获硕士学位;1934 年毕业于北平协和医学院,获医学博士学位;1980 年当选为中国科学院院士,中国医学科学院病毒学研究所教授、名誉所长。黄祯祥院士一生致力于病毒学的研究,并取得了辉煌的成就。

(一)首创病毒培养新技术

1943 年黄祯祥在美国发表了《西方马脑炎病毒在组织培养上滴定和中和作用的进一步研究》,这一研究论文立即引起举世瞩目,并得到同行的普遍认可。这项新技术,把病毒培养技术从动物和鸡胚实验技术的动物水平上,提高到了体外组织培养的细胞水平上。美国1982—1985 年出版的《世界名人录》均称这一重大发现"为现代病毒学奠定了基础",被认为这项成就是"在医学病毒学发展史上的第二次技术革命"。

这项技术的确立,进一步拓宽了国际上病毒学家的思路,世界上许多国家的病毒学者采用或改良了这一技术,利用这一技术成功地发现了许多病毒性疾病的病原体,并分离出许多新病毒。20 世纪50 年代,美国著名病毒学家约翰·富兰克林·恩德斯(John Franklin Enders)获得诺贝尔奖,就是在采用了黄祯祥这一技术的基础上取得的成果。

(二)在乙型脑炎研究中的成就

新中国成立初期,流行性乙型脑炎(乙脑)在我国流行严重,成为当时严重威胁劳动人民健康的传染病之一。

黄祯祥首先进行了大量的流行病学调查研究,之后带领科研人员开始了病毒分离、病毒形态学特性、实验诊断方法、传播媒介昆虫生态学等方面的研究。他基本摸清了我

国乙脑的流行规律、传播途径及特点，并指出蚊虫是传播乙脑的媒介昆虫，从而为乙脑的防治指明了方向。

1949年，黄祯祥在我国首先开始了乙脑疫苗的研制工作，从最初的灭活疫苗，到后来的减毒活疫苗，无不渗透着黄祯祥研究的心血。这些研究的成果给预防工作指出了方向，在同一年我国开始了疫苗制造试验，这是我国开展最早的传染病疫苗的研制工作之一。

(三) 在麻疹病毒研究及病毒免疫工作中的贡献

1961年，黄祯祥以极大的热情和充沛的精力投入麻疹疫苗的研究工作中。他和当时著名的儿科专家诸福棠教授合作，对麻疹病毒的致病性、免疫性进行了深入研究。他们的合作推动了当时我国麻疹病毒的研究工作。

此后，黄祯祥和他领导的麻疹病毒研究室对麻疹病毒血凝素、麻疹疫苗的佐剂、疫苗的生产工艺等进行了广泛的研究。他们用野毒株及抗体结合的方法，成功地免疫易感者；用半减毒株成功地免疫带有母体抗体的婴儿；用福尔马林短期处理麻疹病毒制成的快速减毒活疫苗成功地免疫易感者。之后他发表了重要论文《福尔马林处理的麻疹疫苗》。这篇论文曾在第四届国际病毒大会上获得了与会者的好评。

后来，黄祯祥转向病毒免疫的研究，先后发表了《被动免疫对活病毒自动免疫的影响》等论文。在病毒免疫治疗肿瘤方面，他认为，利用病毒感染肿瘤细胞，不但可能直接杀伤肿瘤细胞，而且在病毒感染后还可能会改变肿瘤细胞膜的抗原性，有利于调动机体免疫系统识别肿瘤细胞，控制肿瘤的发展。黄祯祥提出的病毒免疫治疗肿瘤的新设想，成为肿瘤治疗研究中有待开发的一块具有广阔前景的领域。

黄祯祥去世后，为了纪念他在医学病毒学研究领域取得的巨大成就，他在海内外的同事、亲友共同发起成立了中华医学病毒学基金会暨黄祯祥医学病毒基金会，以奖励在医学病毒学研究领域作出贡献的学者。

黄祯祥是现代病毒学的奠基人、乙脑研究的开拓者。黄祯祥一生致力于医学病毒学研究，为新中国培养了大批医学病毒学人才，为我国医学病毒学事业的发展作出了杰出贡献。

★ **融入要点**

学习病毒感染的检查方法与防治原则章节时融入。

★ **融入点分析**

黄祯祥院士有着执着的科研之心，有忘我工作和牺牲自我的奉献精神。

黄祯祥院士一生为人正直,待人诚恳热情,学识渊博,治学严谨又勇于创新,他在病毒的体外培养、乙脑疫苗的研制、麻疹疫苗的研究,以及病毒免疫防治肿瘤等方面作出了杰出的贡献。这种献身医学、追求真理的理想信念;一丝不苟、精益求精的职业操守;殚精竭虑、鞠躬尽瘁的为民情怀;一身正气、两袖清风的崇高品德为年轻一代树立了榜样。我们要学习黄祯祥院士对科研的执着精神,为人民的健康而忘我工作的精神。在现代科研的道路上没有捷径可走,唯有执着与坚持、努力与勤奋,才有可能到达理想的彼岸。

黄祯祥院士就像一座明亮的灯塔,照亮我们医学事业前进的方向。我们医学生要坚持对本职工作的热爱,工作上勤勤恳恳、扎扎实实,要有忘我工作的热忱,为了人民的健康、为了人类医学事业的发展敢于牺牲自我,奉献自己。

参考文献

[1]青宁生.病毒体外培养技术的创新者——黄祯祥[J].微生物学报,2009,49(10):1408-1409.

[2]段树学.为我国医学病毒学奠基人——黄祯祥院士扫墓[J].中华实验和临床病毒学杂志,2006(2):102.

[3]段树学.中华医学会医学病毒学会会史[J].中华实验和临床病毒学杂志,2005,19(1):92-94.

八、大医大爱,守护生命——钟南山

基本素材

钟南山院士工作于广州市呼吸疾病研究所,是广州医科大学附属第一医院国家呼吸系统疾病临床医学研究中心原主任、中国工程院院士。

2003年,"非典"疫情在中华大地暴发,由于疫情太过凶猛,广州好几家医院都不堪重负。这时,钟南山带着他的呼研所站了出来:"把重病人都送到我这里来!"在他的指挥下,呼研所率先摸索出一套有效的防治"非典"的方案。这一经验被世界卫生组织认为对全世界抗击"非典"有指导意义,后来成为通用的救治方案,钟南山也成为"抗击'非典'的功臣"。

在抗击"非典"的战斗中,钟南山主动要求承担广东省危重SARS患者的救治工作,较早确立了广东的病原,并率领团队总结出"三早三合理"的诊疗原则,成为抗击"非典"的领军人物;他本着实事求是的精神,主动向国外的专家学者,以及新闻媒体介绍中国政府所采取的正确措施,维护了祖国的声誉;他积极在本职岗位上发挥党员的先锋模范作用,坚持每周二的大查房和每周四的专家门诊,为患者服务;他坚持教书育人和科学研究,教导学生"学本领和学做人相统一",以身作则弘扬"医德就是想方设法解决病人的实际困难"的价值观。

面对未知的病毒,人们坠入恐慌,钟南山院士冷静、无畏,以医者的妙手仁心挽救生命,不顾自身生命危险救治危重患者,与死神争夺生命——老人,变成了战士。有人评价说:"抗击'非典'如果没有钟南山院士,结果可能就不会是这样。"同年,钟南山被广州市授予"抗非英雄"荣誉称号。

而在新型冠状病毒肆意的这几年,80多岁高龄的钟南山院士依然在感动所有中国人。2019年12月,武汉市出现了一批肺炎感染者,然而以前从来没有出现过这种病毒。2020年的1月7日,从患者体内提取出了一种新型冠状病毒。以往的医疗人员从来没有见过这种病毒,而且也不清楚这种病毒是否传染。再加上当时正是春节期间,人员的流动性十分不稳定。

时年84岁的钟南山院士突然得知了这一消息,同时国家的通知也到了,任命他为组长,前往武汉调查肺炎的原因。钟南山院士考虑到事情的紧急,立即买了一张高铁站票就前往了武汉。在到达武汉后,当地卫生部门经过不断的研究调查发现这个病毒是传染的。钟南山院士得知后,马上在媒体上说出了结论,并安慰大家如果感到不适就快来医院检查,要做到"早发现,早隔离,早治疗"。

钟南山院士与自己的科研团队废寝忘食,夜以继日地进行研究。疫情防控期间,钟南山院士在80多岁的高龄下,每天只睡三四个小时,坚守自己的工作岗位,坚守在和病毒较量的第一线,寻找战胜病毒的良药。在疫情防控的情况危急时刻,钟南山院士成为人民群众的主心骨,有了他,就有了战胜病毒的信念。钟南山就是人民心中的定海神针!

我们国家,除了钟南山院士以外,还有许许多多这样的英雄,他们不求名利,不求物质,更不求回报,只希望在工作中贡献自己的一份力量。这种"舍小我,顾大家"的精神十分值得学习。正是因为有了他们的存在,我们的生活才会有安全感,我们一定要将这种精神传承下来。

★ **融入要点**

学习呼吸道病毒(新冠病毒)章节时融入。

★ **融入点分析**

我们应该学习钟南山院士敢医敢言、铁肩担道义、敢为人先、鞠躬尽瘁的"南山精神"。

从古至今,我们国家诞生了许多的名医,他们曾在许多个夜晚与死神做着殊死搏斗,又将无数个患者从死神手中救了回来。自古以来,我们国家的名医,都有着良好的医德,为了患者献出自己的一份力。当然还有许多默默无闻的医生,不为名利,只为百姓的安康无私地奉献着自己。

"一个有希望的民族不能没有英雄,一个有前途的国家不能没有先锋"。这位 84 岁的老人真的很拼,为人民、为祖国、为自己肩上的责任。他尊重事实胜于尊重权威的求实精神;鞠躬尽瘁的敬业奉献精神;严于律己、宽以待人的博爱精神深深地打动着我们。在疫情严峻的形势下他毅然抵达武汉。有人称他为最美逆行者,致以崇高的敬意,而他却只说自己是一个医生!

这位老人,他像一座灯塔照耀着万千人民的心,也照进了广大医务工作者的心灵深处,使之内心燃起勤奋努力、永不退缩、实事求是、敬业奉献的火焰。

习近平总书记在"论伟大抗疫精神"中指出:"人无精神则不立,国无精神则不强。"

党领导全国人民的伟大抗疫精神主要体现在守护生命、人民至上的为民精神;举国一致、众志成城的团结精神;舍生忘死、奋勇向前的牺牲精神;依靠科学、精准施策的求实精神;大爱无疆、共克时艰的互助精神;风雨同舟、命运与共的协作精神。作为医学生,我们应发扬抗疫精神,守护生命、人民至上,舍生忘死、奋勇向前,并且依靠科学、实事求是、团结协作,共同筑起一道守护人民生命健康的钢铁长城。

参考文献

[1]辛鸣.论伟大抗疫精神[N/OL].学习时报,2020-9-14[2024-1-15].https://paper.cntheory.com/html/2020-09/14/nw.D110000xxsb_20200914-1-A1.htm

[2]周麟,王心旺,龚超.试论钟南山在中国抗疫精神形成过程中的引领作用[J].广州医科大学学报,2022,50(4):80-83.

[3]李盛.有一座山叫钟南山[J].工会博览,2020(6):14-17.

[4]李晗.钟南山 济危世敢诤言的抗疫英雄[J].软件工程,2022,25(6):2,63.

第九篇

人体寄生虫学

一、中国防治寄生虫病的成就

⭐ **基本素材**

　　我国曾是人体寄生虫病流行最为严重的国家之一,在新中国成立初期,血吸虫病、疟疾、丝虫病、内脏利什曼病、钩虫病这"五大寄生虫病"更是在我国肆虐,严重危害人民群众身体健康,阻碍经济社会的发展。

　　在党和国家对寄生虫病防治工作的高度重视下,寄生虫病防治工作被纳入国家发展的总体规划。几十年间,老一辈寄生虫病防治研究工作者在缺乏先进的检测手段和治疗方法,面临社会认知不足、医疗资源短缺等困难的情况下,以寄生虫病的病原与媒介生物、流行病学特点与传播规律的研究为基础,深入现场,结合防治开展科学研究。除此之外,他们还开展了大规模的防治宣传和教育,提高了群众的防治意识。经过几十年寄生虫病防治研究工作者的不懈努力,我国在控制和消除寄生虫病方面取得了举世瞩目的成就,以下是我国在五大寄生虫病防治方面取得的成绩。

　　疟疾:新中国成立初期,我国疟疾流行县达1 800余个,超过当时全国总县数的70%。2017年我国首次实现本土病例零报告的重大突破,至2020年连续4年无本地原发感染疟疾病例报告。2021年6月30日,我国通过了世界卫生组织的消除疟疾认证。

　　血吸虫病:新中国成立初期,我国有血吸虫病患者1 000多万,其中晚期血吸虫病患者50多万,约1亿人受血吸虫病的威胁。目前我国血吸虫病疫情已经降至历史最低水平,2020年全国近97%的血吸虫病流行县已达到传播阻断或消除标准,计划于2030年全国所有流行县达到消除血吸虫病的目标。

　　丝虫病:新中国成立初期,我国丝虫病(班氏丝虫病和马来丝虫病)患者超过3 000万,其中540万人有反复发作的急性淋巴结(管)炎、象皮肿(淋巴水肿)、乳糜尿及鞘膜积液等临床表现。1994年达到基本消灭标准,2007年我国在全球83个丝虫病流行国家和地区中率先消除了丝虫病。

内脏利什曼病:新中国成立初期,我国长江流域以北的16个流行省份约有53万内脏利什曼病患者。1958年我国达到了基本消灭内脏利什曼病的目标。

钩虫病:新中国成立初期,我国钩虫感染者1亿人以上,患者约1 000万。第三次全国寄生虫病调查结果显示,与2001—2004年的第二次全国流调结果相比,钩虫平均感染率从6.12%下降为1.12%。

★ 融入要点

总论中,介绍中国寄生虫病防治的成就时融入。

★ 融入点分析

我国在寄生虫病防治中举世瞩目的成就,不仅体现了老一辈医务工作者的拼搏精神和爱国主义精神,更体现了党和国家的正确领导。一百多年来,我们党和国家团结带领人民为实现民族独立、人民解放和国家富强、人民幸福而不懈奋斗,仅用几十年时间,中国就创造了经济快速发展和社会长期稳定两大奇迹,中华民族迎来了从站起来、富起来到强起来的伟大飞跃。

"青年强,则国家强",青年学生是历史的见证者,更是国家的未来和民族的希望。青年学生要从这些巨大成就中,不断坚定道路自信、理论自信、制度自信和文化自信。方向决定道路,道路决定命运。道路自信就是要坚定走中国特色社会主义道路。青年学生要明确自身的发展方向,要如老一辈工作者一样,自觉把个人命运与国家命运结合起来,把个人发展融入国家复兴全局当中。同时,科学理论指导伟大实践。理论自信就是对马克思主义理论,特别是中国特色社会主义理论体系的科学性、真理性的自信。青年学生要不断夯实理论功底,做科学思想的坚定信仰者,自觉用科学理论指导实践。只有这样,青年学生在成长过程中才能自觉用马克思主义理论看待和处理事物,在意识形态斗争中保持清醒头脑,在大是大非面前坚定立场。制度自信就是要坚定对中国特色社会主义制度先进性和优越性的自信。中国在寄生虫病防治中的伟大成果,正是反映出我国社会主义制度的优越性。青年学生在自身发展过程中要做党和国家意志的忠诚拥护者,只有坚定中国特色社会主义制度,积极拥护中国共产党的领导,青年学生才能在历史的浪潮中实现自身的良好发展。文化自信就是要坚定对中国特色社会主义文化先进性的自信。青年学生要从中国老一辈寄生虫防治工作者们在寄生虫病防治中各种感人故事,以及他们所传递出的精神中,汲取力量,树立理想信念,找到自己的精神支柱,增强对自身文化的自豪感与认同感,身体力行讲好中国故事、传递中国精神。

坚定"四个自信",青年学生要在自信中不断增强作为中国人的志气、骨气、底气,始终与党和人民的事业同心同向同行,树立为祖国为人民永久奋斗、赤诚奉献的坚定理想,只有这样,才能在实现中华民族伟大复兴的征程中绽放自己的风采。

参考文献

[1]余森海,许隆祺,蒋则孝,等.首次全国人体寄生虫分布调查总结[J].中国寄生虫学与寄生虫病杂志,1994,12(增刊1):2-7.

[2]余森海,许隆祺,蒋则孝,等.首次全国人体寄生虫分布调查的报告 I.虫种的地区分布[J].中国寄生虫学与寄生虫病杂志,1994,12(4):241-247.

[3]吴忠道.我国人体寄生虫病与少见或罕见寄生虫病[J].热带病与寄生虫学,2022,20(3):121-125.

二、中国热带医学奠基人——钟惠澜

基本素材

钟惠澜是我国著名的内科学家、热带病学家和人体寄生虫学家,毕生致力于内科疾病,特别是热带病的研究。内脏利什曼病又称黑热病,是杜氏利什曼原虫所引起的寄生虫病。20世纪30年代,华东、华北、西北等地区的13个省份都有黑热病的蔓延流行,患者多为贫苦百姓,每年全国约有五六十万人因黑热病而丧生。在当时农村疫区流传着这样的民谣:"大肚子痞(黑热病)缠了身,阎王拴着脚后跟,快三月,慢三年,不快不慢活半年。"因此,钟惠澜决定致力于研究黑热病。

1936年,钟惠澜在美、英等国进修回国后,在临床上发现国内的黑热病患者很多,他认为应该尽快弄清黑热病的传播机制、原理,以便更好地预防、治疗。在给一位邓姓黑热病男童和美国记者约翰患黑热病母亲的诊治中,钟惠澜发现两位患者家仅相隔几十米,且家中都有喂养狗。钟惠澜在查看约翰家的狗和狗窝后,发现狗耳朵有一小块癞疤,与邓家狗的癞疤很像。钟惠澜回到实验室后,检查从邓家和约翰家收集的狗癞疤的皮屑,发现每个细胞都有黑热病病原体。

为进一步探究黑热病的传播,钟惠澜进入流行区进行调查,并在当地建立了一个特殊门诊,专门诊治黑热病,并对村子里的狗进行试验检查,发现狗的皮肤和肝中带有大量黑热病病原体。他又让当地普遍存在的白蛉叮咬病犬,结果这些白蛉体内全部查出黑热病病原体,从而提出黑热病与狗关系密切,狗是黑热病的重要保虫宿主,白蛉是黑热病的传播媒介的推断。由于钟惠澜既往有黑热病史,在自己身上试验效果不准确,为了通过人体试验验证传播途径,他劝说自己的妻子李懿征医生接受试验。李医生完全理解丈夫的心思,毫不犹豫地答应了他。于是钟惠澜请人抽取病狗的骨髓注射到李医生的体内,5个半月后李医生开始发热,逐渐出现黑热病的典型症状,卧床不起。几周后,钟惠澜从妻子的骨髓液里找到了黑热病病原体,然后又将李医生的骨髓液接种田鼠,致使田鼠也产生了黑热病病变,并在田鼠身上同样查到了大量黑热病病原体。这一结果首次证明了中国中华白蛉是黑热病的传染媒介及阐明犬、人、白蛉三者在黑热病传播流行环节中的关系,推翻了西方学者的错误论断,为我国日后防治黑热病、预防黑热病传播奠定了重要的理论基础。

在黑热病的早期诊断方面,钟惠澜首次倡导用骨髓穿刺的方法检查黑热病病原体,并发明了新的黑热病补体结合试验粉剂抗原,当时被称为"钟氏黑热病补体结合试验",使许多早期黑热病患者得到及时诊断治疗,从而避免死亡。钟惠澜还倡导用青霉素防治黑热病合并走马疳患者,从而降低了死亡率。后来他又与周华康、冯兰连等一起,经过大量研究试验,将国外用于治疗动物"台盼原虫病"的锑酸甘露醇钠盐用于治疗黑热病,提高了治愈率。新中国成立后,他总结了自己在黑热病的流行病学、免疫学、病理学、血液学等多方面研究成果,并整理成《中国黑热病研究工作概论》发表,为黑热病的防治工作提出了系统性的指导。为表彰他在黑热病科研方面的贡献,巴西政府于1962年对他授予了特别奖状和奖章。除了黑热病,钟惠澜在回归热、斑疹伤寒及肺吸虫病方面也进行了深入研究并获得突破性成果,在寄生虫病的防治上作出了卓越贡献。

★ 融入要点

医学原虫学章节,学习杜氏利什曼原虫时融入。

★ 融入点分析

钟惠澜院士将其毕生奉献给中国的热带病及寄生虫病学,他严谨和敢于创新的科学精神,以及临床、现场、实验室相结合的科学研究方法,成为他终生遵循的科学准则,并在他的累累成果中起了决定性的作用。钟惠澜院士一直认为,科学家一定要有创造性思维,也经常教导学生不要迷信权威,决不能跟在洋人屁股后面,只是重复他们的东西,而是要在他们现有基础上向前推进一步。这就必须要有创造性思维,敢于思考前人或别人没有考虑到的东西,这也需要有科学分析的头脑,才会有所发现、有所创新和有所突破。

创新是国家和民族立于世界之林的根本,是推动国家发展和富强的重要驱动力。党的十八大以来,党中央、国务院发出了"大众创新、万众创业"时代强音。"十三五"规划纲要更是明确提出,坚持创新发展,必须把创新摆在国家发展全局的核心位置。作为青年学生,在学习和成长过程中要有意识地培养自己的创新思维,只有这样才能成长为符合社会需要的人才。医学生作为医学行业的储备人才,不仅要掌握医学基本知识技能,更要具备创新的能力。医学研究的目的是为医学临床带来新的技术、新方法和新理论,是人类健康事业发展的重要推动力,而创新则是开展医学研究的关键。正如钟惠澜院士所言,科学研究不要迷信权威,要敢于思考,进行严谨的科学分析。医学生只有不断培养自己的创新能力,才能够在研究过程中发现问题、提出假设,并通过实验和数据分析来验证这些假设。这样的研究过程才有助于推动医学领域的创新发展,为患者带来更多的治疗选择。与此同时,创新能力还能够帮助医学生应对未来医疗挑战。随着全球人口老龄化、慢性疾病负担的增加,以及新型疾病的出现,医学生未来将面临更加严峻的医疗挑战。医学生只有具备创新思维,才能够敏锐地、及时地发现实际中的问题,创新出新技术和新方法来应对这些挑战。因此,在成长中有意识、有目的地培养创新思维,提高创新能力,是医学生未来实现岗位胜任力的关键因素。

参考文献

[1]王鹏.让瘟疫远离人类:缅怀热带医学家钟惠澜[J].国际人才交流,2003,8:16-21.

[2]黄增章.我国热带病学巨星——钟惠澜[J].广东史志,1998(1):41-44.

[3]温冰.客家院士之热带医学巨星——钟惠澜[J].客家文博,2015(2):5-7.

[4]黄付敏,刘静.广惠人间救病患力挽狂澜破疫症追忆中国热带医学奠基人钟惠澜[J].中国卫生人才,2019(10):50-53.

[5]缪宜琴.钟惠澜传[M].北京:北京出版社,1990.

三、诺贝尔奖获得者——屠呦呦

★ 基本素材

疟疾是一种严重危害人类生命健康的世界性流行病。据世界卫生组织(WHO)报告,全世界有数十亿人口生活在疟疾流行区,每年2亿余人患疟疾,百余万人死于疟疾。我国曾是疟疾流行最严重的国家之一,目前我国疟疾的消除,得益于广大抗疟战线工作者的齐心协力和屠呦呦女士在抗疟药物研究上的突破与贡献。2015 年,屠呦呦获得了诺贝尔医学奖。2019 年 9 月 17 日,她更是荣获了中华人民共和国最高荣誉勋章——"共和国勋章"。

屠呦呦 1955 年毕业于北京医学院(今北京大学医学部)药学系,分配在原卫生部中医研究院(现中国中医科学院)中药研究所工作,从事生药、炮制及药物化学等中药研究,开始了她为之奋斗一生的事业。当时正值初创的中医研究院工作条件差、设备简陋、科研人员不足。但屠呦呦和广大抗疟工作者的责任感和使命感,使他们克服重重困难,将党的"继承、发扬中医药学宝库,积极发展中医药事业"政策作为自己奋斗目标。

屠呦呦对抗疟药物的研究,可追溯到 20 世纪 60 年代。那时候抗性疟蔓延,抗疟新药研发在国内外都处于困境。1967 年,全民抗击疟疾"523"项目启动。1969 年,屠呦呦接受了国家"523"抗疟药物研究的艰巨任务,开始了抗疟药的研制。40 多年前的科研条件和环境可想而知,从医药中寻找抗疟新药又谈何容易?屠呦呦和她的团队博极医药之源,在挖掘上狠下功夫,凭借熟悉中西医两门知识和扎实的基本功,广泛收集整理历代医籍,他们遍访名老中医,查阅中医药典籍,终于筛选了 2 000 余个中草药方,整理出 640 种抗疟药方集。

1971 年下半年,屠呦呦在中医古籍《肘后备急方》中"青蒿一握,以水二升渍,绞取汁,尽服之"治疗寒热诸疟的启迪下,进行大量的文献查阅、实验求证,发现青蒿药材含有抗疟活性的部分是叶片,而且只有新鲜的叶片才含有青蒿素的有效成分。同时,在"绞取汁"的启发下,运用现代科学知识和方法对青蒿所含的活性成分进行提纯、分析和药效试验,创造性地创建了低沸点溶剂提取的方法,获得了对鼠疟原虫抑制率达 100% 的青蒿乙醚提取物,这是发现青蒿素最为关键的一步。这种敬畏传统、勇于创新的思想和方法无疑是她成功的关键所在。

为了保证患者的用药安全,屠呦呦及同事不顾安危,以身试药,进行了深入的药理、毒理研究,证明了它的安全性。在临床证实青蒿抗疟有效的基础上,屠呦呦等人继续作战,进一步分离提纯青蒿有效单体,最终,这种新型化合物被命名为"青蒿素"。青蒿素的发现和研制,是人类防治疟疾史上的一件大事,也是继喹啉类抗疟药后的一次重大突破。至今基于青蒿素类的复方药物,仍是世界卫生组织推荐的抗疟一线用药,挽救了全球特别是发展中国家数百万人的生命,产生了巨大的经济社会效益,为中医药科技创新和人类健康事业作出了重要贡献。它被饱受疟疾之苦的非洲人民称为"中国神药",屠呦呦也因此获得"青蒿素之母"的美名。

屠呦呦团队对青蒿素抗疟治疗的研究并没有止步,经过多年的科研攻坚,屠呦呦团队在"抗疟机理研究""抗药性成因""调整治疗手段"等方面终获新突破,最终找到新的治疗应对方案:一是适当延长用药时间,由 3 天疗法增至 5 天或 7 天疗法;二是更换青蒿素联合疗法中已产生抗药性的辅助药物,疗效立竿见影。

★ **融入要点**

医学原虫学章节,学习疟原虫时融入。

★ **融入点分析**

屠呦呦是中国本土自然科学领域问鼎诺贝尔奖第一人,但这背后是所有参与"523"项目的工作人员的全体付出,展现了我国科学家们"攻城不怕坚,攻书莫畏难,科学有险阻,苦战能过关"的态度、品质和精神。老一辈科学家在困难面前不低头,在荣誉待遇面前不伸手,潜心钻研,耐得住寂寞,沉得住心性,为祖国的科学事业默默奉献。

作为新时代背景下的医学生,面对缤纷的社会和纷繁的诱惑,从浮躁和浮华中沉下心,学习老一辈科学家身上的精神,在成长道路上顽强拼搏、潜心钻研,是走向美好未来的必要品质。医学是一门高度复杂和技术性强的学科,需要医学生具备坚韧不拔的毅力和不断超越自我的精神。在面对困难和挑战时,医学生需要保持积极乐观的态度,勇敢地面对并克服困难。只有通过顽强拼搏,医学生才能不断提高自己的专业水平和技能,为患者提供更好的医疗服务。同时,医学生要在浮躁和浮华中沉下心,潜心钻研。潜心钻研不仅能够帮助医学生培养扎实的理论基础和丰富的临床经验,提高综合素质和职业能力,还能帮助医学生在医学知识更新迅速的当下,及时学习和掌握最新的研究成果和技术进展,了解疾病的发病机制、诊断方法和治疗方案,从而为患者提供更准确、更有效的医疗服务。此外,顽强拼搏、潜心钻研还能够帮助医学生树立正确的职业价值观。作为未来的医生,医学生需要具备高度的责任感和使命感,需要明确自己的职业目标,努力赢得患者信赖和尊重。通过在学习和工作中的顽强拼搏和潜心钻研,医学生能够不断提高自己的专业水平,增强自信心和自豪感,从而更好地履行自己的职业使命。因此,医学生应该始终保持顽强拼搏和潜心钻研的精神,不断提升自己,为我国医疗健康事业贡献自己的力量。

参考文献

[1]周程.屠呦呦与青蒿高抗疟功效的发现[J].自然辩证法通讯,2016,38(1):1-18.

[2]李娜.呦呦弄蒿——一个中国科学家的诺贝尔奖之路[J].科技导报,2015,33(20):21-24.

[3]臧强,张宇,白欣.屠呦呦的科学精神[J].科技导报,2015,33(20):93-95.

[4]孙秋霞.屠呦呦:让青蒿素走向世界[J].中国科技奖励,2015(6):23-25.

[5]卢芳国.医学生必读育人故事 50 例[M].北京:中国中医药出版社,2021.

四、血吸虫防治泰斗——陈心陶

基本素材

20 世纪 50 年代,血吸虫疫区遍布我国长江中下游流域 12 省,患者 1 000 万,1 亿人受威胁。感染者皆面黄肌瘦、气喘力弱、肚子膨大,生活质量和生产活动受到严重影响。有的地区还因血吸虫病而出现过"千村薜荔人遗矢,万户萧疏鬼唱歌"的悲惨情景。当时全国刚刚解放,百废待兴,凡是事关人民疾苦的,就是中央政府优先考虑的议题。毛泽东主席发出了"一定要消灭血吸虫病"的伟大号召,全国各地马上展开了这场史无前例的送"瘟神"战争。

陈心陶是我国著名的医学寄生虫学家、医学教育家。陈教授不但在人体寄生虫学方面作出了重要贡献,受到国际医学界人士的认可,而且他胸怀家国、勇于奉献的精神更是值得学习。1934 年,年仅 30 岁的他凭借《怡乐村并殖吸虫》引起国际寄生虫界的重视。1949 年 10 月中华人民共和国成立后,他谢绝了亲友的劝阻和美国一些大学的聘请挽留,毅然回国。途经香港时,有一个香港科研机构愿以比美国更优厚的待遇聘请他,但他也毫不动摇。在广州解放后第 3 天,他就回到岭南大学医学院,任寄生虫主任。1950 年,回国不到 1 年的陈心陶临危受命,带领相关人员到四会、三水、曲江等疫区实地调查当地的"大肚子病"。此后数十年,他与疫区人民一同"战小虫,斗瘟神",为广东消灭血吸虫病立下辉煌功勋。

当时的人们认定"大肚子病"是"瘟神作祟""水土不和"所致,他通过科学论证,首次发现并确立三水有日本血吸虫病流行,即在当地肆虐多年的"大肚子病"根源在于血吸虫感染,当地遍地生长的钉螺就是血吸虫的中间宿主。很快,一场以消灭钉螺为主,结合农田水利建设和农业生产的"人虫大战"在疫区相继打响。同时,他坚持走村串户,访贫问苦,调查研究,将一份长达 11 页的《消灭血吸虫病建议书》交给当时的三水血防站。三水血防站据此进一步制定了围绕血防水利工程与农田基本建设为中心的《灭螺工程方案》。直至今日,陈心陶教授带领下建设起来的这些血防水利工程在血吸虫的防治中仍然起着重要的作用。1985 年 10 月,广东省人民政府宣布全省范围内消灭血吸虫病。

融入要点

医学蠕虫学章节,学习裂体吸虫(血吸虫)时融入。

★ 融入点分析

陈心陶以"战天斗地送瘟神,一定要消灭血吸虫病"的精神气概,将一生奉献给了我国的血防事业,让人民过上了幸福安康的生活。从陈心陶身上,我们看到了一颗矢志不渝的爱国心。

陈心陶曾说过:"一个中国人,他的事业必须在祖国生根。"他用自己的一生践行了这句话。爱国主义是当代青年学生应有的素养与情怀,青年学生要将爱国主义情怀转化为实际行动,要努力学习科学文化知识,提高自身素质,为国家的科技创新和经济发展作出贡献;要积极参与社会实践,关心民生福祉,为社会的和谐稳定和民族团结作出努力;要树立正确的人生观和价值观,为实现个人的价值和人生的目标而努力奋斗。只有具有爱国情怀,青年学生才能时刻关注国家的发展和民族的命运,把自身前途命运同国家民族前途命运紧紧联系在一起,承担起时代赋予的实现中华民族伟大复兴的重任,在未来的道路上步履坚定。

陈心陶的故事更让我们体会到了他的心怀天下、心忧人民的仁爱之心。医务工作者承担着"救死扶伤、解除病痛、防病治病、康复保健"的使命。唐代"医圣"孙思邈的《千金方》中言:"凡大医治病,必当安神定志,无欲无求,先发大慈恻隐之心,誓愿普救寒灵之苦。"医学生作为祖国的医学事业的接班人,除了要掌握先进医疗技术外,更要具有爱岗敬业、廉洁奉献、全心全意为人民服务的品格。只有这样,才能在未来步入工作岗位后,秉持初心,在疾病面前以战士的勇敢无畏、学者的铮铮风骨和悬壶济世的仁心仁术,挺身而出、义无反顾、力挽狂澜。

参考文献

[1]岭南大学医学院寄生虫学教研组.不断攀登,继续革命的老科学家——纪念陈心陶同志[J].新医学,1977,12(8):563-565.

[2]王晓吟.遗爱人间——记送"瘟神"的寄生虫病专家陈心陶[J].源流,2019,9:48-51.

第十篇

医学遗传学

一、中国遗传学之父——谈家桢

★ 基本素材

镶嵌显性即指双亲的性状在 F1 同一个体的不同部位表现出来,这个遗传规律对孟德尔遗传理论做出了重大补充。我国遗传学家谈家桢于 1946 年首先发现镶嵌显性的遗传现象。

谈家桢,1909 年出生,浙江宁波慈溪人,中共党员,院士。国际遗传学家,中国现代遗传学奠基人,纽约科学院名誉终身院士。他在复旦大学建立了中国第一个遗传学专业、第一个遗传学研究所和第一个生命科学学院,被誉为"中国的摩尔根"。1999 年国际编号 3542 号小行星被命名为"谈家桢星"。

1930 年秋,谈先生进入燕京大学攻读硕士研究生,师从李汝祺教授。在李老师的指导下,他选择了"异色瓢虫鞘翅色斑的变异和遗传"作为硕士论文课题,开始了他的瓢虫遗传研究。但是,选择瓢虫作为研究对象并不容易,因为瓢虫生活环境复杂,活动范围广泛,它不像豌豆、水稻等经典遗传研究模型那样有自花授粉因而能维持较纯的品系,而是多为杂种,导致对其进行性状研究势必会很复杂,工作量浩大。通过大量的观察,谈先生发现异色瓢虫的色斑并不能在各个变种中稳定地遗传,它们并不是真正意义上的"种"。

1934 年,立志投身于生命科学研究的谈家桢赴美国加州理工学院攻读博士学位,师从现代遗传学奠基人摩尔根。在美国深造时,谈家桢研究果蝇进化遗传学研究,利用当时研究果蝇唾腺染色体的最新方法,分析了果蝇近缘种之间的染色体差异和染色体的遗传图,促进了"现代综合进化论"形成。在此期间,谈家桢发表论文 10 余篇,年仅 28 岁就在世界遗传学界崭露头角。

博士毕业后,谈家桢深知此时国内遗传学基础薄弱、亟待开拓,毅然选择返回祖国。

1937 年回国后,他应竺可桢校长之邀,成为浙江大学生物系的一名教授。不久,抗日战争全面爆发,浙江大学辗转西迁。西迁期间,谈家桢争分夺秒开展学科建设。在遵义湄潭祠堂"实验室"里,唯一的照明工具就是一盏小小的桐油灯,连件像样的实验器材都没有。竹管代替导管,瓦盆作为蒸发皿,挖地窖作冰箱,就是在这样艰苦的条件下,谈家桢发现了瓢虫鞘翅色斑变异现象,首次提出镶嵌显性遗传,引发了国际遗传学界的巨大反响。

1948 年,谈家桢作为唯一的中国代表,前往瑞典参加第八届遗传学大会,在会上宣读了论文,并被选为大会常务理事。

新中国成立之初,中国学术界受苏联影响很大。苏联学术界当时把孟德尔-摩尔根遗传基因理论称为"反动唯心主义"的遗传学说,称米丘林主义与摩尔根主义是"社会主义与资本主义两种世界观在生物学中的两种意识形态的斗争"。中国当时也受到这种风气的影响。虽然当时谈家桢在遗传学研究上已经很有名气,但由于是摩尔根学派,他在从教的复旦大学里不能开设遗传学课程,也不能从事遗传学研究。毛泽东主席对这种在学术研究上乱贴政治标签的现象非常不满。在这场被定调为"两个阶级,两种思想斗争"的争论中,毛泽东主席以实事求是的科学态度对谈家桢给予支持,先后四次接见了他。毛泽东主席鼓励谈家桢"要坚持真理""一定要把遗传学研究搞起来"。

1956 年 4 月 28 日,毛泽东主席在中共中央政治局扩大会议上说:"百花齐放,百家争鸣,我看应该成为我们的方针。艺术问题上百花齐放,学术问题上百家争鸣。讲学术,这种学术可以,那种学术也可以。不要拿一种学术压倒一切,你如果是真理,信的人必然多。"那一年,在毛泽东主席的支持下,中国遗传学的摩尔根派和米丘林派的主要代表人物,在青岛举行了一场为期 15 天的座谈会。谈家桢和他的老师李汝祺都参加了此次会议。在这次座谈会上,此前几年饱受压抑的中国摩尔根学派的学者们畅所欲言。回忆这段往事,谈家桢说:"青岛会议是一次历史性的转折,第一次对摩尔根学说有了科学的态度。正是通过这次会议,我才卸掉了包袱,对搞遗传学重新有了信心。"

1978 年,中国分子遗传学研究十分落后,谈家桢高瞻远瞩,选派中青年骨干赴日本、欧美学习,建设学科队伍,布局学科研究方向。1984 年,原国家计划委员会制定了"国家重点实验室计划",批准依托复旦大学(遗传所)建立遗传工程国家重点实验室。1987 年,复旦大学遗传工程重点实验室建成并通过国家验收,成为全国首批十个国家重点实验室之一,奠定了复旦大学遗传学发展的坚实基础,为承担国家重点科技攻关、高科技跟踪和吸引国外优秀的生物技术学者归国工作创造了必要的条件。

20 世纪 80 年代,根据国际发展趋势,以及我国经济建设和科学技术的近期和长远需要,充分发挥综合性大学各学科之间的横向联系,组织各学科向生命科学渗透,谈家桢提出了"改变现有的专业设置,创办复旦大学生命科学学院"的建议。经过 2 年的准备,1986 年 4 月 17 日,在生物学系和生物工程系的基础上,复旦大学生命科学学院正式成立,谈家桢任院长。这是我国高校中第一个生命科学学院。在谈家桢的指导下,我国的遗传学研究终于走出了它的艰难岁月,又翻开了新的一页。我国的遗传学研究以累累硕果蜚声于世界。

 **融入要点**

绪论章节,介绍医学遗传学发展史时融入。

融入点分析

谈家桢教授回国后,在抗日战争的影响下,实验条件异常恶劣。在这样的困境中,他依然完成了镶嵌显性遗传的实验,轰动一时。其事例向我们展现了一种优秀的品质——"不畏艰辛、勇于奋斗"的精神。我们党已经走过百年历程,从建党、建军到成立新中国,再从站起来、富起来到强起来,一路走来充满了各种各样的艰难险阻和困难挑战。实际上,推动我们不断向前的,不仅是成功的方法、先进的技术,更是凭借这种"不畏艰辛、勇于奋斗"的精神。

发扬"不畏艰辛,勇于奋斗"的精神是时代的必然要求。作为医学生,在学习过程中,要不惧怕学习过程中遇到的困难,努力学习科学文化知识,并且在实践中运用所学知识,面对权威要敢于质疑。在生活中,面对不公正的事情要敢于抗争,敢于维护人民的权益。在人民健康的事业中,我们要勇敢面对挑战和难题,要能够团结协作,共同面对问题并迎难而上。面对难以解决的医疗问题,要敢于面对问题,积极寻求最优的解决方法。"不畏艰辛,勇于奋斗"精神的培养,需要时刻提醒自己积极面对,勇往直前,时刻保持逆境中的坚定,为国家、为人民、为患者付出全部的努力。在医疗领域,我们面对的不仅是极广泛、极复杂的医疗难题,而且有更多的人文关怀问题,需要我们具有坚定的信念、强烈的同情心和极强的斗争精神。接好强国建设、民族复兴接力棒,更是我们当代青年的职责和使命。

参考文献

[1]金力.纪念谈家桢先生诞辰110周年[J].科学,2019,71(6):49-51,65.

[2]华辛,赵焯铨.中国的摩尔根——谈家桢[J].少儿科技,2018(Z1):25-26.

二、现代遗传学之父——孟德尔

★ 基本素材

　　格雷戈尔·孟德尔(Gregor Johann Mendel)是一位奠定了遗传学基础的著名科学家。他于1822年7月20日出生在奥地利帝国的海森堡(现在的捷克共和国布尔诺市)。孟德尔通过对豌豆植物的研究,发现遗传学第一定律(基因分离定律)和第二定律(基因自由组合定律)。

　　追溯历史,孟德尔的祖辈一直是贫苦的农奴,直到他父亲安东·孟德尔这一代,他家才有了自己的土地。所以,他童年时贫穷艰辛,只得为庄园主看果树以谋生计。爱好园艺的父亲擅长果木嫁接,田间劳作之余,总在自家园地里精心呵护奇花异草。孟德尔从小受父亲的熏陶,不但早早精通了农活,而且对园艺技术产生了浓厚的兴趣。在劳动之余,孟德尔学到了许多知识,为他后来的成长,以至从事的科学研究,播下了健康的种子。据载,在孟德尔10岁那年,他的父亲就告诉他,树木的成长需要养料,但比养料力量更大的是树木的本性,即所谓"遗传"性质。这样的所见所闻,在孟德尔的心灵中深深地扎下了根。

　　在学校读书6年后,孟德尔于1840年进入奥尔米茨大学学哲学(在此学习2年)。本着寻找一个"一辈子不会挨饿"的职业的想法,孟德尔于1843年10月9日进入布隆奥古丁修道院。这座与众不同的修道院实际上是当地的一个文化活动中心,是孟德尔的好去处。这里十分重视自然科学研究,院长耐普不断招贤纳士、网罗科学人才,并亲临大学学堂讲授课程。1844—1848年,孟德尔在这所哲学学院学习神学。1848年,孟德尔被任命为修道院附近教区的牧师。1851—1853年孟德尔被推荐到维也纳大学进修。在这里,他受到了良好的数学分析训练,并钻研了盖尔特勒的《植物杂交的试验与观察》一书。这真是千载难逢的机会:发现"多普勒效应"的著名奥地利物理学家多普勒亲自讲授实验物理学课、亲自主持物理演示实验;杰出植物学家翁格尔也在此授课,他的《植物的解剖和生理》等著作使孟德尔获益匪浅。孟德尔从那里学习了细胞学说、动物学实验和动物分类课、高等数学和物理装置课,以及化学课程,使孟德尔受到了系统、严格的自然科学训练,为他将来的科学实践打下了坚实的基础。可以说,在维也纳的两年留学,是孟德尔科学生涯中起决定作用的重大转折点。

　　孟德尔既爱数学又爱植物,利用教学之余做豌豆品种的杂交实验是孟德尔最热衷于从事的活动。作为农民的儿子,他童年时期在园艺方面的经历使他对杂交在进化方面的作用深感兴趣。从 1856 年起,他连续 8 年在修道院的菜园里种植豌豆,进行植物杂交育种的试验。

孟德尔在研究过程中,首先对实验材料进行了精心的选择。因为实验材料的选用是科学实验取得成功的重要因素。植物杂交实验,要求植物的性状要明显、稳定,不易受外来因素影响。经过认真细致的观察,豌豆很符合以上要求,而且豌豆的生长周期短,易于栽培管理,于是他决定以豌豆为实验材料进行实验。孟德尔的实验主要集中在豌豆植物的 7 个性状上,包括种子形状、种子颜色、花朵颜色、花朵位置等。他通过对不同性状的豌豆植物进行杂交,观察后代的性状分布,发现了一些重要的规律。例如,他发现了性状的遗传是以离散的方式进行的,而不是连续的。他还发现了一些性状的遗传是显性的,而另一些性状则是隐性的。从 1856 年至 1863 年,经过了 8 年的艰苦努力,孟德尔种植和检测了超过 28 000 棵植株,分析了 7 对相对性状,将每一种性状进行了明确的分类与计数,并用数学方法分析和处理了实验中所取得的数据,总结成论文。

尽管孟德尔的研究成果非常重要,但在当时并没有引起太多的关注。他的论文在 1865 年发表后,几乎没有得到学术界的认可。1865 年孟德尔在布隆自然科学研究学会上宣读了他在杂交试验方面的研究工作的简要说明并发表题为《植物杂交试验》的研究报告,并分送到 134 个科学单位。可是,这份包含着卓越成就的出色论文几乎没有被任何人重视,孟德尔的思想终究没有被当时的专家们理解。晚年孟德尔曾经充满信心地对他的好友说:"看吧,我的时代来到了。"这句话成为伟大的预言,直到他逝世 16 年,豌豆实验论文正式出版 34 年,从事豌豆试验 43 年后,预言才变成现实。随着 20 世纪雄鸡的第一声啼鸣,来自 3 个国家的 3 位科学家同时独立地发现孟德尔遗传定律,终于守得云开见月明,1900 年成为遗传学史乃至生物科学史上划时代的一年,从此,遗传学进入孟德尔时代。

孟德尔是一位勤奋、谦虚、勇于探索的科学家,他在修道院中度过了大部分的时间,专注于他的研究工作。尽管他的研究成果在他的一生中没有得到广泛的认可,但他的贡献在他去世后得到了广泛的赞誉。他被誉为遗传学之父,他的研究成果为后来的科学家提供了重要的思路和启示。他的生平事迹和研究成果对于我们理解生物学和遗传学的发展历程具有重要的意义。

★ **融入要点**

单基因遗传章节,介绍单基因概念时融入。

★ **融入点分析**

从年轻时起,孟德尔就表现出对自然界的浓厚兴趣。他经常在修道院花园里观察和研究植物,对植物的生长、形态和繁殖等现象产生了强烈的好奇。他不满足于仅仅观察和描述,而是希望深入了解背后的原理和规律。正是这种好奇心和求知欲驱使他不断深入研究,并最终开创了遗传学的新纪元。他的研究成果为遗传学的建立奠定了基础,推动了遗传学的快速发展和进步。他的探索精神激励着后来的科学家,鼓舞着他们在科学研究中保持好奇心和求知欲,并坚持自己的理念。

探索精神来源于人类对世界的好奇和对真理的渴望。人类天生具有一种探索未知的冲动,这种冲动推动着我们在各个领域不断探索和发现新事物。无论是科学、艺术、哲学还是其他领域,探索精神都是推动人类进步和发展的重要动力。习近平总书记于2021年5月28日,在中国科学院第二十次院士大会、中国工程院第十五次院士大会、中国科协第十次全国代表大会上的讲话中谈道,科学以探究真理、发现新知为使命。一切真正原创的知识,都需要冲破现有的知识体系。"善学者尽其理,善行者究其难"。事实也证明,我国科技事业实现历史性变革、取得历史性成就,离不开科学家们的忘我奋斗,更离不开科学家探索精神的大力弘扬。探索精神的重要性在于它能够激发人们的好奇心和求知欲,推动科学、技术和社会的进步。探索精神要求人们敢于冒险去尝试新的事物和挑战未知领域,这种勇气和冒险精神是推动科学创新的关键。同时需要开放的思维,不断接受新的观点和理念,这种开放思维能够帮助人们超越传统的思维模式,发现新的解决方案和创新思路。探索精神还要求我们坚持不懈地追求知识和真理。科学研究往往需要长时间的实验和观察,而探索精神能够帮助我们坚持下去,直到取得突破。同时通过学习和反思,我们能够不断改进自己的方法和理论,从而更好地探索未知领域。总之,探索精神是一种积极向上的态度,它激发着个体去研究、破解和解答未知的谜题。它鼓励个体勇于冒险和创新,在追求知识和理解的道路上不断前行。探索精神的力量不可小视,它推动着个体和整个人类社会的发展和进步。

参考文献

[1]庚镇城.纪念遗传学奠基人孟德尔诞辰200周年[J].科学,2022,74(5):54-56.

[2]商周.现代遗传学发源地与孟德尔的故事[J].科学大众(中学生),2021(12):33-35.

三、中国小儿心胸外科的开创者——丁文祥

★ 基本素材

丁文祥,1929年出生,安徽宿县人,中共党员,主任医师,教授,博士生导师。丁文祥

是上海儿童医学中心的创建者,也是中国小儿心胸外科的开创者,被评为"全国卫生工作先进工作者""中国好医生、中国好护士"。

1958 年,丁文祥借鉴国外先进技术,发明了空气灌肠器,在治疗儿童肠套叠方面取得突破,使得 90% 的患儿避免开腹手术。

1960 年,在小儿外科领域小有建树的丁文祥将目光投向了小儿外科难度最大的分支——小儿心胸外科。拥有满腔热血的丁文祥曾被迫离开医生岗位,做起了病房工勤人员,但乐观的他却从未放弃过希望。

1974 年,丁文祥重回医生岗位,在上海新华医院工作的他组建了中国第一个小儿心胸外科。当时,只有 6 位医生 7 张病床,每天仅能做一台手术。小儿先天性心脏病手术虽然有了起步,但是设备还远不能满足要求。于是丁文祥把眼光投向了毗邻医院的上海电表厂,过上了"医院工厂两头跑"的生活——和工厂里的工程师们一起画图纸、建模型、做实验、测性能……终于,中国首台小儿人工心肺机问世。与此同时,丁文祥设计并监制的小儿心脏手术专用器械等不仅填补了国内空白,更为中国开展婴幼儿心脏手术提供了基本的条件。此后,丁文祥团队还研制了各种氧合器,包括碟式氧合器、鼓泡式氧合器和膜式氧合器。

在小儿人工心肺机等必要设备的辅助下,20 世纪 70 年代中期,丁文祥团队为一例 18 个月、体重 10 kg 的幼儿成功施行了深低温体外循环下室间隔缺损直视修补术,开创了国内婴幼儿深低温心内直视手术的先河,也标志着中国小儿心胸外科的建设迈上一个新台阶。

1980 年代初,在瞄准婴幼儿复杂先天性心脏病(简称先心病)外科治疗的同时,小儿心胸外科又向深低温停循环技术发起了进攻。"当时给 9 个病人做手术,4 个死亡,死亡的原因都是肺的问题,透气透不过来。"在经历多次失败后,1981 年,丁文祥赴日本东京大学医学院参观考察,学习世界一流的体外循环技术。东京大学医学院用于观察手术的玻璃看台有几米高,不能清楚观看手术全程,丁文祥找到医学院负责人说,希望能允许自己去手术室观察,"我不看手术过程,只想知道深低温的地方怎么处理"。就这样,丁文祥将这项技术系统性地引入中国,但他的想法显然不止于此。因为手术用的膜肺需要从美国进口,丁文祥认为小儿心胸外科的发展不能止步于一两台手术的成功,这是"昙花一现",实质问题还是没有解决,需要成立一个膜肺攻关组"自己搞"。随即,他启动与复旦大学高分子材料研究所、肺科医院之间的三方合作,踏上了研制"人工肺"的征程。

1985 年,首例使用国产膜肺的深低温停循环心脏直视手术成功实施,该项技术分别于 1992 年和 1995 年获得上海市科技进步奖二等奖、国家科技进步奖二等奖。

1980 年代初期,时任世界健康基金会(美国)总裁翰·华尔许从美国赴浙江省出差,途经上海,拟考察一家中国医院的心血管专业。上海第二医科大学推荐了新华医院丁文祥创立的小儿心胸外科。在交流过程中,丁文祥介绍了自力更生开展小儿心脏外科手术的过程,并展示了自主研制生产的手术器械,双方达成一份三年合作协议。合作内容包括免费提供医疗装备,包括一间手术室、一间监护室、四个床位的监护仪,邀请美国最著名的小儿心血管内外科医生、护士到新华医院给予业务指导,把新华医院心胸外科的医护精英送去美国进修学习。在上海市人民政府和上海第二医科大学的支持下,由波士顿儿童医院率领的小儿心血管内外科团队来到新华医院,指导开展国内首例大血管错位纠治术,也为小儿心血管学科开启了国际合作的大门。

1988 年,一个更加大胆的设想在世界健康基金会高层的大脑中应运而生——在上海合作建立一家高标准、现代化的儿童专科医院,但彼时争议颇多。丁文祥不辞辛劳奔波辗转,最终,上海市人民政府批复同意建设中美儿童医院(后改名为"上海儿童医学中心"),按照建设计划,世界健康基金会捐赠价值 2 500 万美元的医疗设备,历经 10 年坎坷进程,1998 年 6 月 1 日,上海儿童医学中心正式成立。

1999 年,新华医院小儿心胸外科整体搬迁至上海儿童医学中心,并拥有 2 个病区、独立 ICU,以及 3 间专用手术室。

2005 年,上海儿童医学中心为出生 6 h、体重 1.9 kg 患儿成功实施完全性大动脉错位手术,创下当时国内该类手术最小年龄和最低体重的纪录。近年来,先心病手术的最小年龄和体重再次刷新至出生 2 h、850 g。

如今,上海儿童医学中心成为世界最大儿科先天性心脏病临床中心之一。截至 2018 年,上海儿童医学中心心胸外科手术例数近 3 800 例,位居全球儿童专科医院之首。其中,小于 1 岁的婴幼儿和复杂性先心病的比例都超过 55%,总体成功率为 98%。

丁文祥的"得意门生",上海儿童医学中心前任院长刘锦纷表示,丁文祥对什么事情都有一种不服输的精神。不管是器械还是技术,没有什么,就做什么,不满足于现状。

★ **融入要点**

多基因遗传病章节,介绍先天性心脏病是多基因病时融入。

★ **融入点分析**

丁文祥教授力求把任何工作都做到完美,他的工匠精神背后蕴含的是敬业、精益、专注与创新。"1966 年 5 月,丁老师一度被迫离开了医生的岗位,做起了病房工勤人员,失去了先心病研究的阵地",丁文祥的学生,现在从事小儿先天性心脏病外科治疗的史珍英主任医师说,"对丁文祥老师来说,这简直就是羞辱。然而他呢,一大早就将病区打扫得窗明几净,连厕所便器沟槽内数年的积垢,都被他想办法清洗得泛着白光。这让前来检查卫生的人连连称赞,竟被作为病区工勤人员的工作质量标准! 有人问他:'明明是医生,却干着保洁工人的工作,你不觉得憋屈吗?'他却风趣、自豪地说:'不管处在什么位置,不管是什么劳动,我都能做到最好。这才是真正的尽职!'"

工匠精神是一种积极向上、奋发向前的精神状态,实现中华民族伟大复兴的中国梦必须大力弘扬工匠精神,培养高素质的技能人才。无论是在工程建设、农业劳作,或者是医疗服务行业中,均要求秉承工匠精神。医生不仅仅要治病、治好病,更要在权衡多方面因素后进行治疗,这仿佛是一种艺术,医生对待患者的治疗要像艺术家对待自己的作品一样。不满足于治疗的人数,更追求上乘的质量——有了这样的精神,获得患者和同行的普遍认可,慕名而来的患者会越来越多。要有工匠精神,通过不断实践,让自己的诊疗技术趋于完美,尽快为患者解除痛苦。医学没有止境,追求不能停步,只有不断提高医疗水平,才能更好地造福人民。优秀的医生必须磨炼自身的技艺,在临床工作中只有多听、多看、多学、多练,才能"百炼成钢",才能成为一名真正修复生命的"工匠"。唐代孙思邈《大医精诚》中强调医学精神的核心要义,是为"精"和"诚",这与"工匠精神"的精神实质相统一。"工匠精神"的"精",体现了"精细、精心、精准"的专业技术境界,与医道的"至精至微"的技术要求是一致的。首先,精细是医生的基本要求,在认真学习医学经验时,还要长期坚持扎实专业技术,只有超高的技术和认真细致的态度才能更好地为患者提供帮助;再者,精心是连接医生与患者的纽带,要求医生要用心体会医术的精奥,用心体察患者的痛苦,医生真心为患者着想,医生与患者之间用心沟通,减少医患矛盾;最后,精准是医生更高层次的追求,建立在精细与精心的基础上,是一种动态的随时代变化发展的要求。近几年国家一直在提倡精准医疗,然而想要达到精准医疗,需要每个医生的共同努力。

参考文献

[1]王烨捷.丁文祥:92岁仍在出诊的小儿先心病"泰斗"[J].阅读,2021(24):53-54.

[2]王烨捷.丁文祥:小儿先心病"泰斗"[J].健康中国观察,2020(10):76-77.

四、我国"临床遗传学"奠基者——夏家辉

★ 基本素材

夏家辉,1937年出生,湖南益阳市桃江县人,中共党员,院士。人类与医学遗传学家,中国现代人类与医学遗传学的开拓者,临床遗传学奠基者,医学遗传学国家重点实验

室创始人,中南大学湘雅医学院教授、博士生导师。

夏家辉院士毕生从事人类与医学遗传学研究。1972年率先在我国开展了人类染色体显带技术的研究与应用。1973年在世界上首创了75℃染色体显带技术烤片法。1973年在湘雅医院开设了"遗传咨询门诊",开展了染色体病的诊断与产前诊断,创建了"临床遗传学"这一崭新的学科。1975年首次发现了一条鼻咽癌标记染色体。1976年编写了我国第一本《医学遗传学讲座》教材,率先在我国医学院校开展了"医学遗传学讲座"课程。1981年最早将人类睾丸决定基因(TDF)定位于Yp11.32带。1985年率先开展了遗传资源的收集、保藏与利用。1989年首创了显微切割、PCR基因定位克隆技术。2012年创建湖南家辉遗传专科医院。曾任中华人民共和国原卫生部优生优育专家咨询委员会副主任委员等职。1985年任《国际人类染色体异常核型登记库》顾问。1997年任 Journal of Human Genetics 国际杂志编委。1999年当选为中国工程院院士。

夏家辉院士硕果累累。他先后发表论文480余篇、出版著作19部。先后获得奖励22次,其中重要的有全国科学大会奖1项(1978年),原卫生部甲等奖4项(1981年、1986年、1991年、1994年),国家科学技术进步奖二等奖5项(1985年、1987年、1995年、1999年、2005年),国家自然科学奖二等奖1项(2001年)。

夏家辉说,从入党的那一天起,他的信念从来没有动摇过。他始终将一个共产党员的责任感与使命感放在立身行事的第一位。他认为,作为共产党员,就应该为迈向共产主义作出自己的最大贡献。这绝不应该是喊口号,而是要结合自己的工作扎扎实实为社会的发展做些实事。自己作为一个自然科学工作者,就应该在认识世界、探索自然界奥秘的研究中作出贡献。一个有信仰的人是有着超乎常人的坚定与执着的,于是,才有了今天的院士夏家辉。夏家辉一直担任着湘雅医学院直属党支部的支书职务。他很珍视自己的党员身份,以自己的实际行动,感染着身边的每一位党员,带动着每一位党员。

"我们不争当头,必争第一,因为我们是代表中国的",这是夏家辉在工作育人中的口号。他将信念融入工作,精炼成简简单单的6个字:责任、正直、良心。1984年,当接到原卫生部让他牵头筹建医学遗传学国家重点实验室的任务时,因为在分子遗传学研究方面与国外相差最少10年,他身心的压力是可想而知的。但是,夏家辉认识到,在分子遗传学方面,如果我们沿用外国人现有的研究方法,是赶不上的。要赶,首先必须在方法学上有创新。同时,实验室要想在本学科代表国家在国际讲坛上占有一席之地,就必须在国际前沿最活跃的分子遗传学研究领域开展研究工作,在国际一流杂志上发表文章。为此,夏家辉一方面为筹建医学遗传学国家重点实验室而往返奔波于国内外各有关单位和实验室,另一方面带领实验室骨干在实验室内建立成套的分子遗传学实验技术,为了在中国本土上克隆遗传病的疾病基因夜以继日地苦干着。1996年,他在国际上首创了利用国际人类基因组EST数据,采用"基因家族候选疾病基因计算机克隆"技术克隆致病基因的方法,于1998年成功地克隆了人类耳聋疾病基因(GJB3),论文发表在 Nature

Genetics，实现了我国克隆遗传病致病基因零的突破。在 1998 年"中国基础科学研究十大新闻"首次评选中排名第一，1999 年 10 月原科技部将神经性耳聋疾病基因（*GJB*3）的研究成果列为中国基础研究五十年（1949—1999 年）"理论建树的 25 项成果之一"。在他的努力下，已经培养出了一支稳定的科技核心团队，他不光凝聚了夏昆、邬玲仟……这些成熟的骨干力量，而且将信仰的火棒传递下去，将个人的兴趣、前途与祖国、中华民族的崛起融为一体。

今年 87 岁高龄的夏家辉仍在坚持工作，一生坚守，不忘初心。他以亲身经历告诉师生作为共产党员需要秉承着志存高远、勇于拼搏的精神，将个人的理想追求融入国家和民族的事业中。

★ 融入要点

人类染色体章节，介绍染色体显带时融入。

★ 融入点分析

中国工程院院士、人类与医学遗传学家、中南大学教授夏家辉，编写完成了我国第一本《医学遗传学讲座》教材，从那时起，中国医学院校第一次有了医学遗传学课程。他是在世界上最早将人类显带染色体技术应用于肿瘤病因学研究的学者之一，创建了"中国医学遗传学国家重点实验室"。夏家辉院士的优秀事例，生动体现了一名科学家最宝贵的品质，就是爱国。爱国，是人世间最深层、最持久的情感，是一个人立德之源、立功之本。它扎根在亿万同胞的血肉里，深藏在中华民族伟大复兴的理想里，爱国不是一句口号，而是一种情怀和担当。首先，我们要铭记历史，不忘初心、牢记使命，永远把人民对美好生活的向往作为自己的工作出发点和目标，用自己的行动是否符合大多数人的利益来判断是非对错，将情感与理性反思紧密结合，形成一种清醒的、由理智支配的情感。其次，从身边小事做起，从细节抓起，勤奋学习、热爱生活，通过社会实践、志愿服务等具体形式，做到知行合一、求真务实、脚踏实地，努力提高报效国家的本领，用求真务实的科学精神分析每一份样本，只有将自己的事做好才能讲爱国，同时必须立足岗位，服务人民，对自己的工作负责任，把国家和人民放在自己的心中。最后，应当拓宽深沉的家国胸怀，有国才有家是中华优秀儿女流淌在血液里的不变基因。将爱国激情和理性思考有机结合，树立理性爱国主义精神，培育开放、包容、自信、进取的良好心态，将爱国热情转化为实际行动，让青春在中华民族伟大复兴的进程中焕发出绚丽的光彩。

参考文献

[1]夏家辉.中国医学遗传学奠基者[J].发明与创新(大科技),2015(9):1.
[2]李予阳.夏家辉挑战医学遗传学难题[N].经济日报,2006-02-22(9).

五、挑战蚕豆病的医学遗传学家——杜传书

★ 基本素材

杜传书,男,四川省成都市人,1929年9月5日出生,1956年加入中国共产党。1952年8月毕业于华西医科大学(原四川医学院)医学系,后留校任教。1954年调至广州中山医学院工作。1954—1981年,历任原中山医学院病理生理学教研室助教、讲师、副教授。1982年他创建了中山医学院医学遗传学教研室,1985年任医学遗传学教研室主任,1986年担任博士生导师。1996年7月退休。2021年1月17日11时因病在广州逝世,享年91岁。

杜传书教授是我国医学遗传学的奠基人之一,他在蚕豆病的基础及应用方面作出了开创性的贡献。蚕豆病是葡萄糖-6-磷酸脱氢酶($G6PD$)基因缺陷引起的遗传病。杜传书教授先后担任国家计划生育委员会委员、卫生部优生优育咨询委员会委员、中国遗传学会人类遗传学委员会副主任委员、中华医学会医学遗传学分会常委和秘书长,以及广东省医学遗传学分会第一届、第二届主任委员及第三届荣誉主任委员,华南生物科学与技术研究中心学术委员会副主任委员等,享受政府特殊津贴。

自杜传书教授父亲杜顺德教授1952年首次命名"蚕豆病"后,他就开始了对蚕豆病病因和发病机制一生的探索和研究。1955年广东兴宁县爆发了一次蚕豆病大流行,患病人数上千人,住院死亡率高达8%,引起卫生部门的高度重视。当时在原中山医学院病理生理教研室工作的杜传书教授,为了搞清发病机制,立即赶赴现场进行调查研究。从此他几乎在每年的蚕豆病高发季节都前往广东兴宁县地区进行现场调研。多年的努力终于取得了突破性进展,他确定发病原因是患者 $G6PD$ 基因缺陷,红细胞缺乏 G6PD,在蚕豆的诱因下,造成红细胞大量溶解,引起急性溶血性贫血,并于1964年相继发表了"蚕豆病病因发病机制研究的进展"与"遗传性红细胞葡萄糖-6-磷酸脱氢酶缺乏症及有关溶血机制"等论文。杜教授认识到G6PD缺乏症是一种伴性遗传病,不仅能引起蚕豆病,而且还是新生儿溶血性黄疸的主要病因之一,是群体中不可忽视的致死致残因素。他开始

把科研重点聚焦于蚕豆病和 G6PD 缺乏症引起的新生儿溶血性黄疸的预防工作。他常说:"基础研究成果应该为临床服务,解决防治的问题。"从 1980 年开始,他亲自带队进行 G6PD 缺乏症的全国流行病学调查,同时普及推广他建立的简单易行的微量血 G6PD 定性和定量诊断方法,为 G6PD 缺乏症相关疾病的群体预防作出了杰出贡献。杜教授总结 G6PD 缺乏症流行病学在国内地区呈现"南高北低"的分布趋势,成为国家制定婚前、产前检查和新生儿遗传检测项目的重要参考依据。除了进行 G6PD 缺乏症相关疾病的防治工作,他还与时俱进,对 G6PD 进行了深入的酶学和 DNA 水平研究,发现了中国人群中 16 种变异型 G6PD 和不同的基因点突变,获得国内和国际机构的认可。杜教授的研究工作还拓展到溶血性贫血相关的其他红细胞酶病的研究,取得突出的成绩。杜教授一生的科学研究专注而系统,与临床紧密结合,勤勤恳恳地为中国医学遗传学发展添砖加瓦。

杜教授才思敏捷,治学严谨,熟悉实验原理及操作,对学生要求严格,着重培养他们独立思考和独立工作的能力。而杜教授一直到 70 多岁还亲自做各项实验的具体操作。他的名言:"如果自己都不会做,如何帮助学生发现问题和解决问题。"记得 1981 年初,杜教授带领第一批研究生及教研室的年轻助教到广东兴宁做现场采样调查,大家坐上长途汽车在崎岖的山路上颠簸了整整一天,一路晕车的师兄下车后吐得七荤八素。杜老师还是精神抖擞,带大家简单吃了晚饭便马上把仪器设备搬到实验场地安置好。第二天上午就去采样,下午回来进行测试一直忙到晚上。如此紧密的日程安排持续一个多星期,虽然又苦又累,大家却按部就班地干得挺开心。杜老师一直带学生工作在第一线,还要随时帮助学生解决遇到的各种问题,有时忙里偷闲,晚饭后带学生去河边散散步,跟学生一起在宿舍里唱唱歌。

教书立著,桃李满天下是杜教授的另一个丰碑。杜教授认为医学遗传学在国内是一个新兴学科,需要吸引更多的青年才俊加入。他的授课深入浅出,逻辑清晰,一直是学生公认的"最佳授课老师"之一。他与刘祖洞教授主编的《医学遗传学》(第 1 版、第 2 版)是国内医学遗传学的大型专业参考书。该书被视作二十世纪八九十年代医学遗传学的"圣经",成为医学遗传学工作者案头必备的参考书,出版后供不应求,很快脱销。进入 21 世纪后,许多人求之无果,纷纷向出版社求助。人民卫生出版社得到这个反馈信息后,2011 年询问杜教授是否可以组织出版第 3 版。起初杜教授考虑自己年过八旬,身体状况不是太好,加上离开一线有段时间,有些犹豫。经过征求张学教授等多位同仁的意见后,他决定重新组织人编写第 3 版。接受出版社的任务后,杜教授才意识到面临诸多的难题。首先是距离第 2 版出版近 20 年,原来的共同主编刘祖洞教授已经离世,如何承继第 2 版的问题。其次是如何选好参编人员,安排编写任务。经过近半年的筹划,他决定参考第 2 版的框架,基本上重新编写,融进近年来医学遗传学的新进展,尤其是基因学的研究成果,并增加新技术和方法的章节。编写人员主要是在一线工作的专家教授,以及杜教授在海外的一批弟子,尽量反映国内外最新进展。另外在第一章绪论中,他希望能梳理一下国内外医学遗传学发展的重要事件,面临的难题是如何取舍相关成果和标志性事件。其间还遇到过一些其他波折,包括一些原来分派的编写任务因种种原因需要更换编写者的问题。在整个编写过程中,杜教授针对每个章节的问题,与编者不容其烦地讨论、多次修改,呕心沥血,来往邮件3 000多封。作为一个80多岁的老人,身患高血压和老年白内障,为了更好地审稿,他毅然决定做人工晶体置换术。编审过程中,与杜教授并肩作战的另一位遗传学前辈高翼之教授,对每个章节逐字逐句审改,包括核对每个OMIM号,甚至标点符号,老一辈的严谨治学态度令人钦佩。由于年岁已高,加之多年的高血压隐疾,在书稿接近完稿之际,杜教授不幸发生中风,短时间意识丧失,经抢救后基本恢复,即便身患重疾,还念念不忘书稿的事情。病榻下嘱咐弟子再仔细核对稿件,才能交付给出版社。经过3年多的努力,240多万字的《医学遗传学(第3版)》终于在2014年12月与读者见面了。

★ 融入要点

单基因病章节,介绍蚕豆病时融入。

★ 融入点分析

杜传书教授一生为了蚕豆病认真钻研,留下了他对蚕豆病的杰出研究硕果和蚕豆病防控的策略,惠及普罗大众。杜传书教授致力于培养后辈,教书立著,桃李满天下。杜传书教授的优秀事迹生动体现了一位科学家最宝贵的品质,就是"严谨治学"。严谨治学指的是一个人在科研和学术问题上,拥有实事求是的态度和精神。"严谨"就是要有严谨、细致的态度。科学是诚实人的工作,从事自然科学的人,都知道"一步错,步步错"的道理。不管是从事自然科学研究,还是从事社会科学研究,都需要严谨的研究方法。我们要时时刻刻记住严谨治学的态度,要做到这一点,就必须从下面几个方面着手:首先,严谨的学风是以严密的逻辑为前提。在撰写论文时,要将论文的思想、论点清楚地传达给读者,以免出现逻辑上的漏洞或重复。在总结中,除了要得到准确的结论外,还应考虑到可能出现的反常现象,并作出相应的预测,增强分析结果的可信性。其次,要注重实证研究的精确性。试验与数据采集一直是进行研究的重要环节。在实验中,应确保实验数据来源的准确性,控制组的选取的合理性,实验结果的完整性和客观性。在进行研究时,要根据科学的方法进行试验,搜集资料,建立合适的理论模型,建立合适的实验程序,研究者应当根据实际情况对理论与方法进行评估。科学的基本目标是寻找真理,科研工作者在进行科研时,一定要诚实、公平、客观。最后,在严谨治学的过程中,对每一个重要的细节都不能忽略。在资料搜集与分析过程中,若其中某一项资料有误或缺失,将会造成调查结果的偏差,进而影响调查结果的可信性。所以,在进行科研时要注意细节,做到精益求精,使科研的每一个环节都恰到好处。

参考文献

[1]华小云,李巍.甘化春雨育桃李,风骨永存传后人——追思恩师杜传书教授[J].遗传,2021,43(2):194-196.

[2]中国优生与遗传杂志编辑部.关于大型《医学遗传学》主编杜传书教授及其教研集体的简介[J].中国优生与遗传杂志,2014,22(4):144.

第十一篇

病 理 学

一、细胞病理学首创者——鲁道夫·魏尔肖

★ 基本素材

17 世纪英国科学家胡克在用显微镜观察软木薄片时,发现了形如蜂巢的小室,称之为"细胞"。然而,在细胞被发现之后的近 200 年的时间里,人们对细胞的结构及其在生命有机体当中的重要作用的认识还基本上是一片空白。

1838 年,德国生物学家施莱登在他的《植物发生论》一文中建立起了细胞学说的理论框架。他认为,细胞是一切植物结构的基本生命单位,新细胞产生于老细胞的"芽基"处和呈黏液状的细胞质当中,这一过程就像结晶体浓缩生成的过程一样。他的论述,尤其是关于细胞产生的论述,很快在生物学界引发了一场广泛而激烈的争论。

此时,一位年轻的德国科学家却正在忙于拜访德国所有最好的显微镜制造商,他叫鲁道夫·魏尔肖,与施莱登是同门师兄弟,因此,他非常了解细胞学说的整个形成经过和理论实质所在。在细胞形成的问题上,他敏感地把握到了这一问题对整个细胞学说的重要性。在找到一台清晰度、成像率高的无色差显微镜后,他便沉迷于显微镜中的微观世界里。他在实验台前一坐就是几个小时,以全程观测细胞的形成过程。在积累了大量的事实基础之后,经过细致的比较和准确明晰的分析,他终于在 1855 年提出了"一切细胞均来自细胞"的著名论断。凭着早年形成的重视精细观测和小心试验的方法,魏尔肖不仅使自己的细胞学说更加深化、翔实了,而且与当时的病理学相结合,开创了"细胞病理学"这一新的学科领域。

在魏尔肖之前,已经有人开始把疾病的原因与人体的组织机制、结构状况联系起来研究。而魏尔肖所做的工作便是把这种联系推向了更深化、更系统化。为此,他进行了长达 10 年的深入研究。从 1849 年 11 月他赴德国维尔茨堡大学担任病理解剖学教授,到

1858 年他已经总结出了关于细胞学说与疾病原因关系的详细见解。他后来将这些见解汇集成《细胞病理学》一书。在这部有"病理学研究经典"之称的书中,魏尔肖很有把握地证实,细胞学说也适用于疾病原理的研究。他指出,细胞是生命的基本组成单位,疾病就是人体局部组织结构当中的细胞发生病变的结果,如炎症、肿瘤、肥大等病症的根源是细胞的病变发育。这些疾病有一种动态的平稳发展过程,并没有什么明显标志着疾病的突然发生或中断的现象,因此,只有找到能控制这些病变细胞活动的方法才能够治疗疾病。

不仅如此,鲁道夫·魏尔肖的贡献,还包括他对脑血管病理学的理解所作的贡献,他对"栓塞"和"血栓形成"现象,以及缺血的起源的描述,改变了研究者们对中风的理解。他提出了导致静脉血栓形成的三个主要因素,现在被称为 Virchow 三联症。他还表明,他称之为"血栓"的部分可以分离并形成"栓子"。因此,魏尔肖创造了这些术语来描述疾病的发病机制。

★ 融入要点

绪论章节,介绍病理学发展史时融入。

★ 融入点分析

德国的病理学家魏尔肖借助于显微镜的发明创造性提出"细胞是生命的基本组成单位,疾病就是人体局部组织结构当中的细胞发生病变的结果"。1858 年,他出版专著《细胞病理学》,从而创立了细胞病理学。他开创的细胞病理学成为现代西方医学的重要理论基础,其优秀事例生动体现了一名科学家最宝贵的品质——创新。2017 年 10 月 18 日习近平在中国共产党第十九次全国代表大会上的报告中指出,创新是引领发展的第一动力,是建设现代化经济体系的战略支撑。要瞄准世界科技前沿,强化基础研究,实现前瞻性基础研究、引领性原创成果重大突破。创新始终是推动一个国家、一个民族向前发展的重要力量,也是推动整个人类社会向前发展的重要力量。我们既要继承,更要懂得创新。这要求我们在学习过程中,首先,要打好基础,广泛地学习各种文化知识,但是最主要的是要深入地了解所要创新的事物。最好从多个维度深入研究,力求对事物有全面的了解,做生活的有心人,勤于观察、善于思考。其次,在思维上要开放,勇于突破传统思维的限制,以怀疑的精神看待科学,在实践中探索,验证真伪。再次,抓住创新赛道上各种活动机会,努力锻炼自己,在竞争中激发自己的潜能,并积累物质基础,给自己的创新提供更扎实的现实基础,多结交志同道合的朋友,合作交流,激励自己。最后,创新一定要结合社会需求来开展,要有积极正确的方向,不能违反道德和法律,要努力让创新产生较大的社会价值,努力实现自我的人生价值,让创新结出希望的果子,被传承下去。

参考文献

[1] PRICHARD R. Selected items from the history of pathology:Rudolf L. K. Virchow(1821—1902)[J]. Am J Pathol,1979,97(2):234.

[2] SABAT D, DZIEMBALA A, PANASIEWICZ M. Rudolf Virchow and presentation of his scientific achievement in Polish medical magazines in the 19th century and the beginning of 20th century[J]. Pol J Pathol,2002,53(3):163–168.

[3] SAFAVI–ABBASI S, REIS C, TALLEY M C, et al. Rudolf Ludwig Karl Virchow: pathologist, physician, anthropologist, and politician. Implications of his work for the understanding of cerebrovascular pathology and stroke[J]. Neurosurg Focus, 2006,20(6):E1.

[4] 鲁道夫·魏尔肖[J]. 阅读,2020,762(38):50.

[5] 白利利.鲁道夫·魏尔啸与19世纪细胞病理学说形成和发展的历史研究[D].太原:山西医科大学,2021.

[6] BREATHNACH C S. Rudolf Virchow(1821—1902)and Die Cellularpathologie(1858)[J]. J Ir Coll Physicians Surg,2002,31(1):43–46.

二、糖尿病——足部坏疽

★ 基本素材

患者主诉:反复游走性双下肢疼痛4年,再发左下肢红肿热痛半个月。

治疗过程:患者于2017年6月18日收入住院,空腹血糖10.5 mmol/L,餐后2 h血糖14.8 mmol/L。进行改善微循环、抗炎、降糖治疗4 d,左膝关节及小腿仍红肿,小腿中上皮肤色变暗,部分皮缘溃疡,渗出咖啡色液。行关节液抽吸术,抽取关节液约250 mL,呈粉红色,送检细菌培养加药敏试验,伤口破溃处予庆大霉素2支 + 500 mL生理盐水冲洗。经多次排脓处理,皮肤破溃处仍有脓液排出,溃疡面积扩大,局部皮肤色黑。2017年7月1日入院后15 d,患者血糖控制,空腹血糖6.5 mmol/L,餐后2 h血糖11.1 mmol/L,分泌物培养显示金黄色葡萄球菌感染,增加诊断:化脓性关节炎。医生行关节液抽吸术 + 小腿及膝部化脓性皮肤坏死蚕食清创术 + 关节镜探查清理 + 负压封闭引流术。术中见:关节内有炎性滑膜,似脓苔样的物质及散在白色小颗粒。清理后,见半月板已毛糙退变,其上有部分白色小颗粒,股骨关节软骨面有腐蚀凹陷,髌骨软骨面有Ⅲ度损伤,清理后缝合伤口。术中取滑膜及白色颗粒组织送病理科检查。2017年7月17日入院后30天,因皮肤缺损面积较大,行植皮手术,术中见患者大部分伤口底部为淡红色、湿润、颗粒状组织,从皮缘处向中央覆盖生长,但局部伤口皮下仍见少量坏死和渗出。行负压封闭引流术,1周后行二次植皮。2017年8月25日伤口愈合良好,患者经过68 d的治疗成功避免了截肢的严重后果,最后痊愈出院。

★ 融入要点

细胞和组织的适应、损伤与修复章节,介绍坏疽及肉芽组织时融入。

★ 融入点分析

本章节内容为医学生未来从事临床工作非常重要的理论基础,也一直是病理学教学的重点和难点。学生此时未上临床,仅从课本的学习中,无法对坏疽病因、病机、病理变化、临床病理联系及转归等知识产生深刻印象,而仅靠死记硬背就会产生畏难情绪。通过课前发布真实案例,课上展示图片,结合问题如"这张图片大家看到了什么病变""这个病变是怎么形成的""患者有什么基础疾病""该病变与基础疾病之间有什么关系""临床怎么处理"等,激发学生兴趣、引导学生思维,参与并切身体会"坏疽、再生、肉芽组织、皮肤创伤愈合"知识点的关系,将自己作为一名临床医生去接诊此类患者,并在患者治疗过程中,体验、感受患者痛苦,了解各种操作的必要性及患者配合程度对治疗的影响,培养学生职业素养、职业认同感、自豪感,将知识点内化的同时学生情感得以发展和升华。

由于糖尿病坏疽的致残率、致死率高,很多患者不重视、不控制,从而失去了抢救时机。因此,患者及家属配合程度很大程度地影响了该病的预后。因此,讲解坏疽理论知识,我们融入"知情权"和"医患沟通"。在治疗前,向患者及家属讲解手术必要性、手术失败截肢风险、手术费用、需多次治疗等问题,解除疑虑,把握最佳时机。该案例中,主管医生科学、严谨地为患者采用"负压封闭引流技术""蚕食清创换药术"等新技术,引导学生查阅资料,了解学科前沿,融入"探索、求真、务实的科学素养"和创新性思维。糖尿病患者并发症多,在治疗过程中遇到无法解决的瓶颈问题时,可进行骨科、内分泌科、血管外科、影像科、护理等多科室会诊,引导学生学习"严谨的临床科学思维和团结协作的精神"。

通过该病例,"以学生为中心"引导学生领会探索、求真、务实的科学精神和救死扶伤的担当精神,扎实的专业能力是解决临床复杂问题的关键,有效地激励学生,促进学生对课程知识的理解、掌握、拓展与深化,引领学生价值观塑造。

参考文献

徐优慧,施旻,陈乔,等."68 天浴血奋战抢救糖尿病坏疽患者"——坏疽与肉芽修复章节教学的病理学课程思政融合[J].基层医学论坛,2021,25(7):1004-1006.

三、生死时速——羊水栓塞

★ 基本素材

40 名医护人员 24 h 忙碌抢救,输血 53 袋,多家医院和血液中心协力配合,一名羊水栓塞产妇在上海市第一妇婴保健院南院获救,生命体征恢复平稳。

案例场景还原:2014 年 8 月 16 日凌晨 3 时,上海某孕妇陈某孕 38 周出现宫缩,5 时入住上海市第一妇婴保健院南院病房待产。上午 9 时医生查房时发现产妇胎膜破裂,伴随着剧烈宫缩,且几分钟后突然陷入昏迷。"我们判断很可能是羊水栓塞。和家属沟通后决定先取出胎儿,同时做好产妇手术治疗准备。"在为已一脚迈入鬼门关的产妇做心肺复苏的同时,由产科主治医生周医生主刀的剖宫产手术就在病房里进行。手术 20 min 完成。新生儿经初步抢救即被转送到上海儿童医院予以抢救。

虽是周末,但抢救危重产妇的流程一旦开启,医护人员都迅速赶到医院就位,40 多名医生护士围绕着产妇,手术室里人头攒动,忙而不乱,监测、输血、配药,各司其职。抢救持续整整 24 h,没有人合过眼。直到 17 日上午,产妇终于睁开眼睛。那一刻,不少医生护士都哭了,消息在同事间奔走相告。

"没有比这更幸福、更让人感动的事,这是医生的职业荣誉感、自豪感! 发生在我院,8 月 16 日,患者羊水栓塞,53 袋血,40 个医护人员一天的忙碌,现在产妇醒了!"兴奋的医护人员第一时间在微信朋友圈里这样说,令这一消息不胫而走,广受关注。

但医护人员不敢懈怠,诸多专家一直守在医院,直到 18 日上午,经过 48 h,证实产妇病情保持平稳,已经拔管,且可与家属、医生对话交流。

为了紧急救治这名产妇,上海儿童医院、仁济医院、东方医院、浦东妇幼保健院、瑞金医院、第九人民医院等众多医院都伸出援手,上海市血液中心开通绿色通道,保证了充足的血液供应。为了加速冷藏血回温,医护人员用自己的体温捂热血袋。家属全程理解和配合。虽然一些媒体在 17 日已获悉这一新闻,但听说产妇仍在危险期,都没有坚持抢新闻,让医院能够不受打扰、专心做好救治。

生死时速! 成功抢救羊水栓塞产妇! 院方不愿透露更多手术细节,却一直在感谢:"感谢我们医疗团队的精准判断,感谢各家医院的全力支持,感谢家属的信任,感谢媒体的理解。"这些对产妇成功获救都是不可或缺的。

★ 融入要点

局部血液循环障碍章节,介绍羊水栓塞时融入。

★ 融入点分析

羊水栓塞是在分娩过程中羊水突然进入母体血液循环引起急性肺栓塞、过敏性休克、弥散性血管内凝血或猝死等并发症。发病率为$(4\sim6)/10$万,死亡率达60%以上,发病凶险,目前无法预防。即使有很好的医疗资源、快速的反应程序,但抢救成功仍然只能算是好运。

本案例提示我们,在加强专业知识学习的同时,加强医者仁心教育。教育、引导学生始终把人民群众生命安全和身体健康放在首位。医护工作者面对紧急情况,毫不犹豫地投入抢救工作,展现出对生命的高度责任感和担当精神。他们把患者的生命放在首位,不计个人得失,展现了"敬业""无私""奉献"的思想。

众多医院伸出援手,共同协作,形成一个有力的抢救团队。这体现了社会主义制度下团结互助、集体奋斗的精神。在这一刻,医护人员无私奉献,紧密配合,迅速响应,全力以赴地挽救每一个生命。这种全社会动员的力量,不仅展现了医疗系统的高效运作和协调能力,也彰显了社会主义社会对人民生命健康的高度重视与关爱。在社会主义核心价值观的指引下,这样的协作精神和集体力量将继续为人民的幸福和国家的繁荣保驾护航。

抢救成功后,媒体人采访、报道,宣传了正面案例,体现了价值引导的重要作用。这些报道不仅让更多的人了解了医护人员的无私奉献和专业精神,还激发了社会对生命的尊重和对医务工作者的感激之情。同时,这些正面案例的传播,树立了积极的社会风气,弘扬了社会主义核心价值观,激励着更多人投身于公益事业和志愿服务。通过媒体的广泛宣传,全社会进一步认识到团结互助的重要性,并在日常生活中践行这些宝贵的精神,推动社会不断向前发展,朝着更加和谐美好的方向迈进。

参考文献

上海一羊水栓塞产妇成功被救 输血 53 袋抢救 24 小时 [EB/OL]. (2014 – 08 – 18) [2024 –03 –10]. http://news. cntv. cn/2014/08/18/ARTI1408368889968582. shtml

四、"治未病"思想融入肿瘤治疗

★ 基本素材

根据世界卫生组织国际癌症研究机构最新发布的调查数据显示,2020 年中国新发肿瘤患者 457 万例,癌症新发人数远超世界其他国家。肿瘤的发生需要一个长期的、渐进的过程,有效减少肿瘤患者的最好办法是调整诊疗观念,防患于未然,做到预防与治疗并重,将"末端治理"变为"源头治理"。

《黄帝内经》有载,"上医治未病,中医治欲病,下医治已病"。意指高明的医生往往能够在疾病未发之时及早干预,从而防止病发。在中医看来,在没有发病的时候,提前发现端倪,做好预防措施,就能够让人不生病,从而避免陷入"渴而穿井,斗而铸锥"的困境。这是"治未病"的重要性。"治未病"的理念和方法凝聚着中华民族几千年的健康养生理念及实践经验,是中医健康文化的核心学术思想。随着"健康中国 2030"成为国家战略,人们对疾病的预防也更为重视,当前中医"治未病"被放在了前所未有的高度。"治未病"思想中"扶正祛邪"的理念在肿瘤预防期、诊疗期、治愈期全程管理中的指导作用改变了肿瘤防治的被动局面,实现了未病保健防发生、癌前病变图逆转、早期抑杀消瘤体、中期控制防传变、晚期强体延生存的目标,为促进新形势下中西医结合防治肿瘤协调发展提供了新的思路。

★ 融入要点

肿瘤章节,介绍癌前病变时融入。

★ 融入点分析

癌细胞的产生是一个长期渐进的多阶段过程。某些病变本身不是恶性肿瘤,但长期存在具有发展成为恶性肿瘤的潜能,这些病变称为癌前病变。癌前病变不一定发展成恶性肿瘤,但有发展成为恶性肿瘤的潜在风险。从发生异常增生、形成癌前病变,再发展为原位癌、早期癌,再到浸润癌,直至淋巴结转移和远处组织器官转移,这个过程通常需要10年以上的时间。

癌症治疗或干预的最佳时机是癌细胞未形成和刚形成时,对于已患癌症并已接受有效治疗的患者而言则需要预防复发和转移。"治未病"思想在肿瘤学领域的应用主要包括未病先防、既病防变和已瘥防复发,即阻抑异常增生和癌前病变,预防原发性肿瘤,预防已治疗癌症复发,阻抑残存的或休眠的癌细胞,在肿瘤防治中"治未病"思想应该贯穿始终,全程参与。

随着现代医学从"疾病医学"向"健康医学"的转变,西医精准治疗与中医辨证论治有机结合是当今恶性肿瘤防治的趋势。中医"治未病"思想是先进医学模式的重要组成部分,是防治恶性肿瘤的重要指导思想,贯穿于肿瘤患者治疗的始末。结合中医理念,引导学生重视疾病预防和早期干预,向学生宣扬"健康中国"理念,新时代的医务工作者担负着为"健康中国"保驾护航的历史使命。

培养学生积极的人生态度,癌前病变作为健康管理的一部分,提醒学生在生活中关注身体变化,及早采取干预措施,更好地享受生活。倡导珍惜生命,明确健康的价值,将个人的成长、奋斗与社会进步相结合,形成正确的人生观。强调个体在癌前病变防治中的责任,鼓励学生及家人定期进行健康检查,及早发现问题,遵医嘱进行治疗,减少疾病恶化风险,体现"责任担当"的思想。

呼吁医学生关注患者需求,特别是对于癌前病变患者及其家人提供心理、经济等方面的支持,鼓励医学生到基层开展癌前病变宣传和培训,进行健康宣教,引领社会积极关注健康问题,共同关心、共同参与,建设和谐社会,实现全社会共同受益的良好局面。

参考文献

[1]肿瘤医学论坛.2020年全球癌症最新数据解读[J].中国肿瘤临床与康复,2021,28(3):301.

[2]方玉华,黄仁妮."治未病"思想指导下探讨肿瘤中医康复的全程管理[J].中医药管理杂志,2022,30(4):158-160.

五、我国自主研发完全可降解支架

★ 基本素材

《中国心血管健康与疾病报告 2022》报道,我国心血管病现患人数约为 3.3 亿,其中冠心病患者 1 139 万,心血管病死亡占城乡居民总死亡原因首位,占比接近 45%,严重威胁人类健康。目前,药物治疗、冠状动脉搭桥术和介入治疗是冠心病治疗的三架"马车"。

1977 年,德国医生 Grüntzig 成功实施首例经皮冠状动脉腔内成形术(percutaneous transluminal coronary angioplasty,PTCA),标志着冠心病介入治疗新时代的正式开启。此后,介入治疗迅速发展,逐渐成为缓解心绞痛和降低急性心肌梗死死亡率的重要治疗手段。我国冠状动脉介入治疗起步较晚。1973 年,复旦大学附属中山医院进行了选择性冠状动脉造影术,1983—1984 年,西安第四军医大学郑笑莲和苏州医学院熊重廉教授率先开展了 PTCA 治疗冠心病。20 世纪 90 年代中后期,随着国外介入治疗技术的成熟与发展,我国介入治疗也进入快速发展阶段,从金属裸支架(bare metal stent,BMS)至药物洗脱支架(drug eluting stent,DES)。据 2020 年全国介入心脏病学论坛报告,2019 年我国经皮冠状动脉介入治疗(percutaneous coronary intervention,PCI)总病例数为 103.8 万余例,保持着平均 13.5% 的年增长率。

指引导管、指引导丝和球囊导管是完成介入治疗技术的三大主要器械。2019 年我国冠状动脉介入治疗器械市场规模达 61.8 亿,2024 年介入治疗器械市场规模将达到 103.6 亿。在通过国家药品监督管理局的创新医疗器械"绿色通道"审批并且成功上市的 100 个医疗器械产品中,冠状动脉介入治疗器械占比 10% 以上。但我国冠状动脉介入治疗器械整体创新程度不高,高端器械研发能力弱,器械品种相对局限,全球化市场占有率低。近年来,国家鼓励和支持科技创新,涌现了一大批我国自主研发的冠状动脉介入治疗器械,包括药物洗脱球囊、药物洗脱支架、可降解冠状动脉支架、冠状动脉腔内影像学设备等,有些产品已经达到甚至领先国际水平。

为了让大多数冠心病患者能够用得起支架,2000 年,葛均波和他的团队开始研究具有独立自主知识产权的国产心脏支架。2005 年 12 月,我国的第一代药物洗脱支架研制成功,它的问世打破了进口支架一家独大的局面,大幅度降低了支架价格,每年可使 10 万多例患者用得起支架,为患者和国家省下医疗费用约 12 亿元。此后,葛均波团队用了 8 年时间潜心研究,终于发现一种聚乳酸的生物材料具有做成冠状动脉支架的可能。2013 年 5 月,葛均波团队将试验结果提交到国家药品监督管理局,开始申请临床研究。

2013 年 9 月 7 日,中国第一个完全生物可吸收支架成功植入患者体内。2015 年 5 月,在法国巴黎举行的一个创新型支架的国际会议上,葛均波应邀做相关报告,这是我国具有自主知识产权的新型支架在国际上发出的一个强音。完全生物可吸收支架的诞生,增强了我国在这个行业当中的国际竞争力,也使我国医疗器械产品从"中国制造"向"中国智造"方向发展,在支架技术创新发展史上具有里程碑式的意义。

2020 年 3 月 4 日,国产生物可吸收心脏支架冠脉雷帕霉素洗脱支架——XINSORB 正式获批上市。葛均波院士说:"我们遇上了最好的时代,这个时代让我们每一个科研人员能够展现自己的才华,把自己的理想变成现实。"

★ 融入要点

心血管系统疾病章节,介绍冠心病时融入。

★ 融入点分析

心脏支架,被称为当代心内科伟大的发明之一,全球数千万心脏病患者因此重获新生。但是在 21 世纪初,进口金属冠状动脉支架垄断市场,高昂的价格让许多患者望而却步。有人认为,有自主知识产权的产品,需十年磨一剑,研发时间长,经济效益显现慢,不如拿钱买西方国家的产品进行复制,便宜又省力。这样的想法是非常错误的。我们鼓励吸收引进消化再创新,但是必须掌握核心技术,否则将永远受制于人。

自主创新要求我们扎实地学好专业知识、搞好临床工作的同时,加强基础研究,聚焦本领域研究的热点和难点问题,迎难而上,刻苦攻关! 遇到瓶颈时,可通过协同创新去解决医学领域的技术难题。未来临床医生的创新可与企业合作,产生一系列自主原创的高端医疗器械,将会造福更多的患者。

葛均波及团队用行动证明了,在科技创新中秉承"发展是硬道理"的理念。通过自主研发心脏支架,突破国外技术壁垒,体现了创新、协调、绿色、开放、共享的新发展理念。科技创新不仅有利于提升国家竞争力,也有助于推动社会进步。他们在自主研发心脏支架时,既关注了国家的健康事业,又实现了个人在科研领域的成就和价值,个人价值与集体利益相统一。鼓励学生在事业追求中充分发挥个人才能的同时,也要关心国家和人民的发展。他们肩负起推动国家医疗技术发展、提高人民生活质量的社会责任,科技创新服务于社会,以技术创新为人民群众谋福祉,充分展示了"责任担当"的精神。

葛均波及团队在自主研发心脏支架的过程中,积极借鉴国际先进技术,进行学术交流与合作。在创新中强化国际交流,推动全球科技合作,体现了"开放、包容、互利共赢"的精神。他们不仅为国家医疗技术发展作出贡献,也为青年一代树立了科技创新的楷模,在青年人才培养、传承创新中发挥了重要作用。

参考文献

[1]中国心血管健康与疾病报告编写组.中国心血管健康与疾病报告 2022 概要[J].中国循环杂志,2023,38(6):583-612.

[2]葛均波.冠心病介入治疗的过去、现在和未来[J].遵义医学院学报,2014,37(1):1-5.

[3]邓欣,沈雳,葛均波.中国冠心病介入治疗发展现状:介入治疗器械[J].中国医学前沿杂志(电子版),2021,13(3):11-15.

[4]WU Y,SHEN L,YIN J,et al. 5 Years of serial intravascular imaging outcomes of XINSORB sirolimus-eluting bioresorbable vascular scaffold [J]. JACC Cardiovasc Interv,2019,12(6):602-603.

[5]BYRNE R A,STONE G W,ORMISTON J,et al. Coronary balloon angioplasty,stents,and scaffolds[J]. The Lancet,2017,390(10096):781-792.

[6]JINNOUCHI H,TORII S,SAKAMOTO A,et al. Fully bioresorbable vascular scaffolds:lessons learned and future directions [J]. Nature Reviews Cardiology,2019,16(5):286-304.

[7]葛均波,霍勇.知心:中国心血管内科发展历程[M]上海:复旦大学出版社,2014.

六、守护患者生命之冠脉支架集采

★ 基本素材

经皮冠状动脉介入治疗是最有效的减少急性心肌梗死患者死亡的手段之一,但冠脉支架价格昂贵,患者经济负担沉重。目前,我国还有很多急需接受介入手术的患者,因价格、费用原因,没有及时进行介入手术而影响后期健康。随着人口老龄化、生活方式的改变,心脑血管疾病发生率越来越高,社会整体负担将越来越重。

冠脉支架,重量仅约 0.03 g,却比黄金贵千余倍;均价高达上万元,每年卖出约150 万个。一枚小小的支架,撑开了百万患者的"生命之伞",也击中了百亿支出的"负担之痛"。

2020 年 11 月 5 日,由国家医疗保障局主导的首轮国家组织高值医用耗材集中带量采购正式在天津开标,易生科技、上海微创医疗、乐普医疗等 8 家企业的 10 个产品拟中选,冠脉支架价格将从此前的 1.3 万元左右均价下降至 700 元左右。对比 2019 年,同一企业的同款产品降价93%,最高降幅近97%,国产产品平均降价92%,进口产品平均降价95%。近乎断崖式的价格落差,瞬间吸引了社会各界的目光。

2020年12月15日,国家医疗保障局发布《国家医疗保障局关于国家组织冠脉支架集中带量采购和使用配套措施的意见》(医保发〔2020〕51号)。文件中强调,为贯彻落实党中央、国务院关于全面实行医用耗材集中带量采购和治理高值医用耗材的决策部署,积极主动发挥医疗保障部门作用,完善支持、引导、保障措施,推动国家组织冠脉支架集中带量采购(以下简称"冠脉支架集采")中选结果平稳落地实施。该意见坚持以人民为中心,紧密结合冠脉支架生产、采购、配送、使用特点,与现行医疗保障、医药价格和招标采购政策有机衔接,发挥医保基金战略性购买作用,充分利用平台挂网、医保基金预付、医保支付、医疗机构激励约束等配套措施,推动冠脉支架集采中选结果平稳落地实施,实现人民群众得实惠、医疗机构和医务人员有激励、医药企业高质量发展的目标。随后,国家组织的冠脉支架集采在北京、天津、江苏等18个省(区、市)落地实施。

随着"国家队"出手,高值医用耗材带量集采带来了价格大幅下降,价格回归到合理水平,净化了流通环境,切实减轻了患者的负担,心脏支架"负担之痛"也将成为历史。

★ 融入要点

心血管系统疾病章节,介绍冠心病时融入。

★ 融入点分析

冠脉支架集采作为医疗行业的一项重要政策,是当今社会医疗方面的热点问题。在"冠心病"教学中融入该政策的背景、目的和社会意义,培养学生的社会责任感和职业道德观念,让学生认识到未来自己在医疗行业中的社会角色和责任。

鼓励学生课后查阅相关的伦理道德、法律法规等方面的知识,让学生了解政策制定的伦理基础和法律依据。

课后可以组织学生进行小组讨论或辩论,让他们从不同的角度探讨该政策的正面和负面影响,促进思维碰撞和深入思考。可以讨论医生在冠脉支架集采中如何平衡经济利益和患者福祉,培养学生伦理决策能力。鼓励学生参与冠脉支架集采相关社会活动或项目,增强他们的社会参与意识和社会责任感。注重激发学生思考和讨论,鼓励他们从伦理、法律、社会责任等不同维度思考问题,形成全面的观点,提升综合素质和思维能力。

参考文献

[1]宁艳阳.冠脉支架集采开标:价格之外还应关注什么[J].中国卫生,2020(12):

68-71.

[2]欧凡李丹,陈维雄.国家集采对医疗机构经济运营的影响预测研究——以心脏冠脉支架为例[J].管理会计研究,2021(3):68-72,88.

[3]戴斌,叶小芳,张雨蒙.冠状动脉药物洗脱支架系统国家带量采购研究[J].中国招标,2021(2):113-117.

[4]陈丽娜.冠脉支架国家集采后的使用情况回顾分析及建议[J].经济师,2023(5):251-252.

七、医学界的米开朗琪罗——法兰克·亨利·奈特

★ 基本素材

对于普通医生和医学生来说,医学是一门"实用技术"。也许只有当我们手拿柳叶刀划开患者身体去探查病变的时候,我们才会真正懂得解剖不仅是技术,还是一门"艺术"。为什么大师的手术行云流水,滴血不沾,而有些医生的手术视野一片混沌、血肉模糊。对解剖和病变的理解与实践,决定了我们的手术造诣。

今天,我们来介绍一位医学界的传奇人物,医学界的米开朗琪罗——法兰克·亨利·奈特(Frank Henry Netter)。

奈特博士于1906年生于美国纽约市。他曾在学生艺术联合会和美国国家设计院学习绘画艺术,后进入纽约大学医学院学习医学,于1931年获得医学博士学位。在学习期间,年轻的奈特像每一个医学生一样,需要做大量的医学笔记。但是不同的是,奈特用图片做笔记。他将知识点图片化,插图塞满了整个笔记本。插画涵盖人体解剖学、胚胎学、生理学、病理学,以及每个系统中出现的疾病的相关临床特征。他的素描引起了医学界的注意,纷纷聘请他为一些文章和著作绘制插图。在1933年成为职业外科医生后,奈特继续在业余时间从事绘画工作,但他最终放弃了医生的职业,全身心地投入钟爱的绘画艺术中。在第二次世界大战期间,他在美国军队服役,退役后便开始了与CIBA制药公司(现为Novaris制药公司)的长期合作。长达45年的合作使他积累了宝贵的医学艺术财富,他出版了有关神经系统、生殖系统、上下消化道、肝、胆道和胰腺、内分泌系统、肾脏、输尿管、膀胱、呼吸系统和肌肉骨骼系统的书籍。他的插图风格具有清晰、详细的特点和美学价值,是医学教育的经典之作,成为医学界公认的标准,被称为"奈特风格"。

奈特博士将艺术、热爱与职业结合,科学与艺术相结合,在研究主题和计划插图上花费了大量时间和精力,在吸收了尽可能多的专业信息后才进行创作。当奈特进入他的第

8个10年,他还在一如既往地创作着他的医学插图。当被问及是否后悔放弃做外科医生时,奈特博士回答说,他认为自己是一名临床医生,专长涵盖整个医学。"我的领域涵盖了一切。我必须成为每个专业的专家,我必须能够按照他们自己的方式与所有医生交谈。我可能比世界上其他任何人做的学习都多……"

2000年7月,lcon公司获得了奈特博士的图集,并根据新的资料对奈特博士的原作不断进行修正,并增补一些接受过"奈特风格"训练的画家制作的新的插图。

奈特博士的作品是用图画形象地传投医学知识的典范。13卷《奈特医学图集》收入了奈特博士创作的20 000多幅插图中的大部分,是著名的世界医学巨著之一。《奈特人体解剖彩色图谱》于1989年首次出版,现已译为十余种语言(中文版由人民卫生出版社出版),成为全世界医学及相关科学学生在学习中首选的解剖学图谱。他的插图获得诸多医学奖项,他的著作和电子产品为全球不计其数的医疗保健专业人员提供帮助,为现代医学教育、研究作出了重要的贡献。

奈特博士的作品之所以受到人们的青睐,不仅由于其超常的美学水平,更重要的是其丰富的知识内涵。正如奈特博士1949年所说:"……阐明主体是图画的根本目的和最高目标。作为医学艺术作品,不管绘制得多么美,艺术构思和主体表达多么巧妙,如果不能阐明其医学观点,就将失去价值。"奈特博士的绘画设计、对艺术的理解构想、观察和处理问题的方式,以及对事业的追求,都淋漓尽致地展现在他的绘画作品中,使他的作品达到了艺术和科学的完美结合。

奈特博士,这位杰出的医学工作者和艺术家,于1991年与世长辞。

★ 融入要点

心血管系统疾病章节,介绍动脉粥样硬化或高血压病时融入。

★ 融入点分析

奈特博士通过将艺术与医学相结合,创造了一种独特的教学方式。他的插图不仅仅是图解,更是将医学知识和实践融入艺术之中。这种融合使得医学生更容易理解和记忆复杂的医学概念,激发了对医学的兴趣和学习热情。奈特博士的病理学插图为学生提供了极为清晰和生动的视觉参考,帮助他们理解病理学疾病的发展和影响。通过图解的方式,学生可以更直观地了解病理学和临床之间的关联,从而更好地掌握病理学知识。

1. 教育与医学责任感:奈特博士致力于创作详尽的图谱帮助医学生学习。这种教育责任感和医学教育品质的追求与思政中对教育质量、学生培养的关注有密切联系。通过传授医学知识和道德观念,培养负责任的医学专业人才。

2. 学术诚信与专业精神:奈特博士在创作插图时非常注重精确性和学术诚信。这种追求精准和诚信与思政中对学术道德和专业精神的倡导相契合。在病理学教学中,强调正确的医学知识和对疾病的准确理解,这与奈特博士追求准确性的态度有着共通之处。

3. 人文关怀与患者视角:奈特博士的插画除了解剖、病变的结构,还表现了患者的角度及人文关怀。这种关怀与患者的联系、关注患者整体健康与思政中强调的医患关系、患者权益保护相吻合。

综合来看,奈特博士崇尚科学,注重知识的交叉融合,自主创作。通过他的插画作品传递了医学知识、医学伦理和人文关怀,这与病理学教学过程中应注重学生品德、医学伦理和专业素养融合的培养有着共通点。这种共通性可以帮助医学生更好地理解医学知识,并塑造他们成为负责任、具有人文关怀的医学从业者。

参考文献

BUJA L M,KRUEGER G R F.奈特病理学彩色图谱[M].崔全才,主译.北京:人民卫生出版社,2008.

八、乙肝疫苗计划免疫接种

⭐ 基本素材

病毒性肝炎是危害中国人民健康的常见传染病,其中乙型病毒性肝炎(简称乙肝)发病率高、病程复杂、预后较差。据估算,我国每年约 33 万人死于乙肝或丙型病毒性肝炎(简称丙肝)导致的肝硬化和原发性肝癌。

我国是乙肝大国的印象深入人心,最早系统性的统计数据来自 1992 年的全国乙肝血清流行病学调查。数据显示,我国乙肝病毒表面抗原(HBsAg)携带率高达 9.75%,按照世界卫生组织的标准,病毒携带率在 8% 以上就属于乙肝高流行国家。由于我国巨大的人口基数,我国乙型肝炎病毒(HBV)感染者高达 1.2 亿。

近 30 年的乙肝防治工作的开展,让乙肝病毒在我国的流行状况大为改观,根据 2014 年的调查数据显示,我国一般人群的 HBsAg 携带率已经下降为 5%~6%,慢性 HBV 感染者约 7 000 万例。1~4 岁、5~14 岁和 15~29 岁人群 HBsAg 携带率分别为 0.32%、0.94% 和 4.38%,与 1992 年比较,分别下降了 96.7%、91.2% 和 55.1%。HBV 感染率的下降,可大大减少后续肝硬化、肝癌的发病率。

2020 年 10 月 28 日,国务院新闻办公室举办"十三五"卫生健康改革发展有关情况发布会,称中国 5 岁以下儿童 HBV 感染率降至 1% 以下,中国摘掉了乙肝大国的帽子,被世界卫生组织誉为发展中国家典范。这一切主要得益于我国从 1992 年开始实施的新生儿乙肝疫苗计划免疫接种。

1992 年,原卫生部将乙肝疫苗纳入儿童计划免疫管理,通过实施以新生儿接种乙肝疫苗为主的综合防控措施,我国乙肝疫苗接种率近年来一直保持在 95% 以上。据调查数据估算,1992—2009 年,全国预防了 9 200 万人免受 HBV 的感染,其中减少 HBV 慢性感染者 2 400 万人,减少肝硬化、肝癌等引起的死亡 430 万人。

"如果说让数亿人次避免了某些传染病的侵袭,并因此挽救了数百万人生命是一个丰功伟绩的话,我国的计划免疫工作当之无愧。"原卫生部免疫规划专家咨询委员会委员习连东表示。

维护人民健康,预防是最经济、最有效的健康策略。人类与传染病的战争永远不会停歇,但"挽救生命,只要有百分之一的可能就付出百分之百的努力"是中华民族融入血脉的道德坚守。把人民的生命安全和身体健康放在第一位,始终是中国共产党以人民为中心的情怀与担当。

人民至上,生命至上。我国持续推动"以治病为中心"向"以健康为中心"转变,卫生健康事业改革发展取得显著进展,城乡居民健康水平持续提高,健康中国建设取得良好开局。

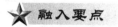

★ 融入要点

消化系统疾病章节,介绍病毒性肝炎时融入。

★ 融入点分析

乙肝是一种严重的肝病,全球范围内都存在较高的病毒感染率。我国曾因 HBV 高感染率而被称为乙肝大国,这给国家形象带来了一定的负面影响。将乙肝疫苗纳入儿童计划免疫管理的举措改变了这一局面,突显了中国政府在公共卫生领域的积极作为,中国摘掉了乙肝大国的帽子。

不管是从公共卫生角度考虑,还是从社会影响和伦理价值方面来看,乙肝疫苗纳入儿童计划免疫这一决策都体现了中国政府对人民生活的综合关切,表现了政府的责任感和担当。

乙肝疫苗纳入儿童计划免疫管理的举措取得明显成效,不仅降低了儿童 HBV 感染的风险,从长远来看,还有助于减少成年人中 HBV 的传播。这不仅是在公共卫生领域的一次胜利,也体现了国家在健康事业中的持续投入。未来,这一成功经验还可以在其他疫苗的推广以及公共卫生政策的制定中发挥重要的借鉴作用。

乙肝疫苗接种计划让学生不仅了解到疫苗在传染性疾病防控中的重要作用和国家在治理高发感染疾病中付出的努力和成本,也让学生体会到随着医学的发展、国家相关部门的努力和人民的配合,一些疾病终将被攻克。

参考文献

[1]陈梦,郭青,赵自雄,等.2012—2021年全国乙型病毒性肝炎病例重复报告分析[J].首都公共卫生,2023,17(1):1-6.

[2]任鹏,颜维琦.闻玉梅:为了摘掉"乙肝大国"的帽子[N].光明日报,2023-07-03(11).

九、现代医学之母——永生的海拉

基本素材

1951年,美国马里兰州的一位妇女海瑞塔·拉克丝(Henrietta Lacks)因为腹痛到附近的约翰·霍普金斯医院进行检查。医生在她的子宫颈上发现了一个紫色的肿瘤。这个"紫葡萄"模样的肿瘤稍微一碰就会流血。经诊断,拉克丝属于晚期宫颈癌并很快做了手术。但拉克丝并不知道,当她躺在手术台上的时候,实施手术的外科医生还做了另一件事情。在没有告知患者的情况下,这位医生取下了肿瘤组织的样本。当时,他正因为对良性肿瘤的激进治疗而备受争议,他希望对不同类型的宫颈癌细胞进行培养,从而证明自己的论断。

样本被送到医院的组织培养研究中心。研究中心的乔治·盖伊(George Gey)正在进行另外一项研究:在人体外培养癌症细胞,以解释癌症产生的原因,从而找到治疗方法。

在过去的30年里,盖伊和同事们尝试培养了许多癌细胞,但癌细胞总是很快就死掉了,即使有少量的"幸存者",它们也根本不会生长,无法满足研究的需要。可拉克丝的癌细胞却出现了例外。在培养的第2天,它们就出现了生长迹象。随后研究人员惊喜地发现,这些癌细胞似乎有着无限生长的能力:每隔24小时数量就增加1倍。盖伊知道,这就是他要找的"长生不老"细胞。盖伊取Henrietta Lacks的姓和名的前两个字母给细胞命名,即海拉(HeLa)细胞。在不到2年的时间里HeLa细胞迅速传遍世界成为无数科学家的研究工具。

HeLa 细胞系被盖伊分送给众多研究单位,并用作癌症的模式细胞进行研究。HeLa 细胞系也被用作研究细胞信号传导。在几十年的研究过程中,HeLa 细胞帮助科学家们开创了许多传奇的故事。

1951 年底,世界上出现了有史以来最严重的小儿麻痹症疫情。1952 年,小儿麻痹症疫苗研制出来,但无法推广使用,因为必须先要进行大规模实验,需要得到大量的体外培养细胞。HeLa 细胞对脊髓灰质炎易感,解了燃眉之急,开启了它在迄今为止用量最大的疫苗领域实验中的应用。

1952 年,研究人员用各种从腮腺炎、麻疹到疱疹疾病组织分离来的病毒感染 HeLa 细胞,开创了现代病毒学。这一学科的产生对疫苗研制、抗病毒疗法及生物武器研究具有开创性的意义。

1953 年,一位用 HeLa 细胞进行实验的研究人员发现,一种名为苏木素的染料能够让细胞核的染色体清晰可见,这是科学家首次发现人体有 46 条染色体。利用这一发现,科学家成功找出了唐氏综合征(21-三体综合征)等疾病的遗传联系,并逐渐掌握遗传性疾病的诊断方法。

1954 年,HeLa 细胞帮助科学家实现了细胞克隆。科学家利用 HeLa 细胞具有顽强生命力的特征,发明了一种分离单一细胞的方法,并让其存活足够长的时间来复制和创造一个自身的完美拷贝。这一重大突破为动物克隆、基因疗法、试管授精和干细胞分离等生物医学技术奠定基础。

1956 年,HeLa 细胞先于人类,随苏联卫星进入太空,推动了太空生物学发展。美国宇航局后来也在首次载人航天飞机中携带了 HeLa 细胞,并发现癌细胞在太空中繁殖更快。

1965 年,科学家通过将 HeLa 细胞和小鼠细胞融合,人类首次创造了跨物种混合体。基因混合技术不仅让人们可以开始绘制人类基因图谱、进行血型鉴定,也带动了抗癌药物赫塞汀的发明。基因混合技术的实现催生了全球科学家参与的人类基因组计划。

1984 年,德国病毒学家哈拉尔德·楚尔·豪森(Harald zur Hausen)发现人类乳头瘤病毒(human papilloma virus,HPV)新亚型 HPV 18,他认为是 HPV 18 和 HPV 16 引发了宫颈癌。Hausen 检测了拉克丝的活组织切片,发现拉克丝感染了 HPV 18 病毒。科学家们随后又利用 HeLa 细胞研究了 HPV 病毒的致病机制,他们发现 HPV 会将自己的 DNA 插入宿主细胞的 DNA 中,然后表达蛋白导致癌症,而当 HPV 的 DNA 被抑制时,宫颈癌细胞停止癌变。这些发现促使了 HPV 疫苗的诞生。

1989 年,通过 HeLa 细胞发现端粒酶。HPV 的基因表达产物能够间接激活端粒酶,HeLa 细胞经历细胞分裂时可维持端粒酶活性,端粒酶不断地延长 HeLa 细胞染色体的端粒,使其快速分裂并无限增殖,使细胞永生。从此,控制生物衰老的神秘物质——端粒酶走进了人们的视线。

1993 年,研究人员让 HeLa 细胞感染结核分枝杆菌 DNA,明白了细菌如何侵袭人类细胞。

截至目前,以"HeLa cell"为关键词在医学及生物学数据库"PubMed"在线检索的文献就有 123 388 篇。涉及 HeLa 细胞的专利多达 17 000 多项。一些涉及 HeLa 细胞的研究也为获得诺贝尔奖的几项发现奠定了基础。

1954 年诺贝尔生理学或医学奖:美国科学家 Albert Claude、Christian de Duve 和 George E. Palade 因为他们对细胞器的结构和功能的研究,揭示了细胞内的不同结构(如溶酶体)和细胞器的功能,为细胞生物学奠定了基础。HeLa 细胞在他们的研究中起到了重要的作用。

1986 年诺贝尔生理学或医学奖:美国科学家 Rita Levi-Montalcini 和 Stanley Cohen 在发现神经生长因子是一种促进神经细胞生长和发育的蛋白质实验中,使用了 HeLa 细胞进行了一些关键实验。

2008 年诺贝尔生理学或医学奖:Harald zur Hausen 发现 HPV。

据估算,如果把人们培养过的所有 HeLa 细胞堆在一起,它们将重达 5 000 万吨——相当于 100 个帝国大厦的重量;如果把世上所有 HeLa 细胞依次排开,总长度将超过 10 万公里,几乎可绕地球 3 周。在几十年的研究过程中,HeLa 细胞帮助科学家们开创了许多传奇的故事。可以说,没有 HeLa 细胞,许多现代医学突破如试管婴儿、基因复制、基因图谱就无从谈起。

★ 融入要点

生殖系统疾病章节,介绍宫颈癌时融入。

★ 融入点分析

Henrietta Lacks 作为 HeLa 细胞的无名之人,却为医学科学作出了重要的贡献。她的细胞成了科学研究的基础,推动了医学领域的许多重大突破。这一事实引发了人们对于科研中那些默默无闻的贡献者的认识和尊重。科学家们通过纪念 Henrietta Lacks,将无名之人的贡献赋予了实质性的意义,进而在科研中融入了人伦精神。

HeLa 细胞的广泛应用也引发了我们对伦理问题的关注。如何在推动医学进步的同时保护个人隐私和尊严?人们开始思考,科学家在有关个体权利、细胞样本使用、数据及信息收集时,应当遵循何种伦理原则。这促使科学研究者更加重视伦理问题,尊重研究对象的隐私和权益,将人伦精神纳入科学研究的全过程,以实现真正的人文关怀。

HeLa 细胞的广泛应用和商业化也涉及科研透明度和公平问题。科研成果的共享和开放是推动科学进步的基础,但商业利益也可能导致研究结果的私有化。这引发了人们对于科研成果共享、知识产权和社会公益的权衡,使我们思考如何在科技发展中保障科研透明度、促进公平合理利益分配。

HeLa 细胞的故事促使公众更多地参与到科学话题中。人们开始关注科学的进展、伦理问题,以及科研的社会影响。这种公众参与引发了科学研究与社会之间更为深入的对话,科研不再仅仅是独立的实验室活动,而是与社会、伦理、道德等多重层面相交织,将人伦精神融入科学的实际运行。

将 HeLa 细胞的故事纳入病理学生殖系统疾病宫颈癌章节的课程思政中,帮助和引发学生更深入地思考科学与伦理、技术与社会之间的关系,培养其对于人文关怀和社会责任的认识。

参考文献

[1] AMBROSE C T. The Tissue culture laboratory of Dr. George OttoGey 60 yrs ago as recalled by a former student [J]. In Vitro Cell Dev Biol Anim. ,2017,53(5):467-473.

[2] LUCEY B P, NELSON-REES W A, HUTCHINS G M. Henrietta Lacks, HeLa cells, and cell culture contamination [J]. Arch Pathol Lab Med,2009,133(9):1463-1467.

[3] JONES H W Jr, MCKUSICK V A, HARPER P S, et al. George Otto Gey(1899—1970). The HeLa cell and a reappraisal of its origin [J]. Obstet Gynecol,1971,38(6):945-949.

[4] SKLOOT R. The immortal life of Henrietta Lacks [M]. London:Pan Books Ltd,2010.

[5] LANDRY J J,PYL P T,RAUSCH T,et al. The genomic and transcriptomic landscape of a HeLa cell line [J]. G3(Bethesda),2013,3(8):1213-1224.

[6] ZUR HAUSEN H. Papillomaviruses and cancer:from basic studies to clinical application [J]. Nat Rev Cancer,2002,2(5):342-350.

[7] GUO H. HeLa 细胞的前世今生,你知道吗? [EB/OL]. (2018-03-13)[2024-03-25]. https://mp.weixin.qq.com/s/hehzirBo2z_FP-VNxhdsbg

[8] CellMax. "海拉细胞"是如何诞生的,曾用于哪些科学研究中? [EB/OL](2021-06-30)[2024-3-10]. https://www.zhihu.com/question/469017680

十、"中国肾脏病学之母"——王海燕

★ 基本素材

王海燕(1937—2014),山东青岛人,世界著名的肾脏病学家,我国肾脏病学的重要开创者和奠基人,被誉为"中国肾脏病学之母"。自20世纪80年代初期以来,她准确掌握国际肾脏病学发展方向,先后在急性肾衰竭、原发性肾小球疾病、肾脏病理、慢性肾脏病等领域开拓攻关,一步步引领我国肾脏病学科的发展。

1937年7月8日,满怀革命理想的父母借用高尔基的散文《海燕》为他们新出生的女儿命名。这个名字,一方面寄托他们对于前一天全面爆发的中华民族抗日战争取得胜利的渴望;另一方面也寄托了他们对于这唯一女儿的期望:希望她像海燕一样毕生追求真理、勇往直前、无所畏惧,为真理而献身,享受奋斗,别无所求。

20世纪60年代初,王海燕考上了原北京医科大学临床医学研究生,师从我国肾脏病学奠基人王叔咸。王海燕曾在北医校庆一百周年研究生院的研讨会上深情地回忆了恩师的培养,说:"能够遇到一位事业上的良师乃人生之万幸,王叔咸老师学风刻苦勤奋、严谨踏实;对学生要求严格、耐心帮助;师生在学术上平等讨论、畅所欲言;他低调为人、高调做事的风范深深地影响了我毕生的从医、问学之路。"

1979年王海燕考取中华人民共和国教育部第一批公派留学生,于1980年赴美国加州大学洛杉矶分校(UCLA)深造,师从世界著名的肾小球疾病专家 R. Glassock。在美学习顿时打开了她的视野,令她目不暇接。她曾说:"那时的我就像海绵一样,如饥似渴地汲取各种学术营养,夜以继日工作在实验室,参加临床工作和各种学术活动,听、看、读、干,扩充有关肾脏病领域各方面的知识。"2年中,她3次在美国学术年会上就研究成果发言交流——这是来自中华人民共和国的肾脏病学家第一次登上了美国的学术讲台。她在美国的老师们对于这第一个来自中国的女士给予很高的评价。她还在第二届亚太肾脏病学会议上对自己的工作进行了交流,这同样是中国的肾脏病专家在这个舞台上交流零的突破。

家学传承、师从名家、游学西方,这些为王海燕打下深厚的临床和科研的功底,并造就她始终如一的家国情怀,树立了她勤奋好学、踏实苦干、敢于创新、乐于奉献的治学精神。王海燕回国后接过了王叔咸的班成为北大医院肾脏内科新一代的领军人物,她肩负着恩师沉甸甸的嘱托,不负众望,带领并发展北大医院肾脏内科团队,历时30年,将肾脏内科推向现代化、国际化的宏图。

　　走进王海燕的书房，墙上两张图片非常醒目，一张是王海燕去美国哥伦比亚宇航中心访问时购买的从太空中拍摄的地球图片，另一张是被称为"生命之树"的肾小球血管树图片。王海燕说："20世纪80年代，我回国后诚惶诚恐接过了王叔咸老师的班，就是凭着心中装着这个大球，落实于这个小球。"

　　20世纪80年代初期，中国的肾脏病学如同其他自然学科一样与国际水平有很大的差距，诊疗水平比较低。一方面，对常见原发性肾小球疾病一概认为是"肾炎"或"肾炎和肾病"，不能有针对性地治疗；对重危的急性肾衰竭只认识"肾小管坏死"，对大量比较常见的引起急性肾衰竭的疾病误诊、漏诊，失去了挽救的时机。另一方面，对于肾脏疾病的实验研究手段也严重缺乏。

　　面对这百废待兴的形势，王海燕分析了当时国际上对于肾脏病的研究主要有生理学和病理学两个方向，选择了与病理学相结合作为学科发展的切入点，并且首先要提高肾脏疾病的诊断水平，以求使患者得到准确的诊治。为实现这个目标，她借用在美国学习到的先进体制，组织构建了我国肾脏病学界第一个临床与病理的跨学科合作：首先是共同学术交流，1983年她邀请美国专家讲学，举办中国第一次肾脏病理学习班，此后30年连续办班；其次是共同临床讨论，每周的肾脏内科–病理科联合查房讨论会，30年坚持不懈；最后是建立了肾活检患者的临床与生物标本资料库。这些基本架构在30年中不断完善发展，对肾脏内科的临床研究起了决定的作用，而且示范并带动了中国肾脏内科的学科建设。

　　凭借丰富的肾脏病临床和病理资料库，王海燕带领她的团队针对我国最常见的肾脏病——肾小球疾病，进行了逐步深入的系统研究。在国内率先报告了多种肾小球疾病，提高了治疗的针对性。1987年，在国际上首次报告了中国原发性肾小球疾病的疾病谱，获得原卫生部科技进步奖一等奖。21世纪之初，她指导研究生分析了我国肾小球疾病谱的变迁和现状。基于此，她指导张宏教授组织团队开展对我国最常见的肾小球疾病——IgA肾病，由病程、临床表现、发病机制、遗传背景直至随机对照治疗的深入研究，目前该团队带领和组织了全球最大规模的国际多中心治疗研究。

　　王海燕的团队阐明了肾小球和肾间质疾病引起的急性肾衰竭及其救治原则，获得国家科技进步奖三等奖。在此基础上，20世纪80年代末，国际刚开始认识到原发性小血管炎是引起急进性肾炎的重要疾病，她立刻指导研究生赵明辉在国内首先研究并报告了这一疾病，通过建立先进的诊断方法指导全国提高了早期救治水平，该研究获得国家科技进步奖二等奖。这个课题组继续深入研究，在中国人小血管炎的特色、发病机制等方面又作出令世界瞩目的贡献，而且将研究目标扩充至多种自身免疫介导肾脏病。

　　20世纪80年代初王海燕回国后，决定以当时先进的疾病动物模型及免疫病理为手段，以对中药治疗肾脏病的疗效和机制研究为特色开展实验室研究。该研究结果在1984年第9届国际肾脏病学术会议上大会交流和壁报展出，这是来自中国的研究第一次登上国际学术舞台。他们在中国建立的肾脏疾病动物模型系列为国内同行进行实验研究提供了重要的参考,先后获得原卫生部乙级科学技术成果奖和原国家教委科技进步奖二等奖。王海燕带领的团队通过多种动物模型、应用病理和免疫病理的手段证实了中药黄芪与当归的肾脏保护作用,并发现其多途径、多环节的作用机制,获得中华人民共和国教育部提名国家科学技术奖中自然科学奖一等奖。

20世纪90年代初,王海燕及时把握国际上通过细胞、分子生物学深入疾病发生机制的发展大方向,派送骨干出国学习有关先进技术。同时,在国内购置设备并安排研究生开始了我国第一个肾小球系膜细胞培养研究。对于肾小球炎症-硬化机制研究获得中国肾脏病学界第一项国家自然科学基金重点项目支持课题,这一系列研究获得高校科技进步奖二等奖。

在科室的现代化建设过程中,王海燕一贯重视扩展国际学术大视野,充分借助国际学术领军人物的才智以指导团队中青年专家的学术发展。国际权威专家来访北大医院时,不仅举办讲座,还讨论研究工作、患者的诊断治疗,这种交流保障了科室学科建设实实在在与国际一流水平接轨。同时她又采用走出去的办法,带领学科骨干走访多个国际顶尖水平的肾脏病学科,并与哈佛Brigham-Women Hospital肾脏科建立ISN姐妹单位,实现高目标的对接。

近30年来,在王海燕带领下,北大医院肾脏内科不断发展壮大。王海燕以提高肾脏疾病的临床医疗水平为出发点,依托跨学科研究及国际学术交流,准确掌握国际肾脏病发展方向,他们在诸多研究领域已逐渐接近国际先进水平,成为全面发展并具有可持续发展潜力的国内肾脏病领域的领军单位。

"新竹高于旧竹枝,全凭老干为扶持。明年再有新生者,十丈龙孙绕凤池。"郑板桥的这首《新竹》是王海燕非常欣赏的,也是她重视人才培养、梯队建设的真实写照。王海燕善于提携年轻医生,瞄准国际上最好的研究机构和学府,结合我国学科发展的需要,送他们出去学习深造。她还根据每个人的意愿指导和帮助他们在不同的学术领域谋求发展的机会,使他们在各自所学的专业领域内有所建树,在国际国内具有一定的学术地位和影响。北京大学第一医院肾脏内科的梯队建设在北京大学第一医院,以及全国肾脏病学界都是首屈一指,有可持续发展的前景,获得国内外学界的公认。

王海燕桃李满天下,经她培养的研究生中,2人获得国务院"作出突出贡献的中国博士学位获得者",2人获"全国优秀博士论文奖"。作为主编,王海燕组织专家队伍2次修订《肾脏病学》。该书每版售出万余册,他引3 000余次,成为中国肾脏病学界最受欢迎的肾脏病专著。

秉承王叔咸1980年举行的第一届全国肾脏病学习班的传统,30年来,王海燕带领她的团队连续举办全国性专业骨干培训班,并利用国际合作优势,邀请国际一流专家前来参与培训。此外,还与时俱进地举办各种专题研修班,如1993年分子生物学在肾脏病的应用、小血管炎诊疗技术的推广、急性肾衰竭的诊断治疗;2002 年国际上提出慢性肾脏病 (CKD)的理念后,邀请国际上有关 CKD 研究的领军人物举办了我国第一次 CKD 一体化治疗的研讨会。近年来更是将这种国际国内高层次专家的学术研讨会带往全国,分别在新疆、山东、四川、山西等各地举办。30 年来,王海燕无数次走向全国各地传播肾脏病知识,培养专业骨干,受到广泛欢迎。

作为优秀的医学专家,王海燕有着高度的社会责任感,以祖国人民的需要作为学术发展的方向,以她的学术专长为祖国人民的需要服务。这是她一生的信念。

21 世纪之初,国际学术界认识到疾病终末期的替代治疗给社会经济和患者及家属造成了沉重负担,从而提出将医疗预防的重点前移到早期。当时迫切需要知道:中国 CKD 的形势如何? 高危人群在哪里? 早期防治的环节是什么? 面对这些关键问题,她虽年近古稀,却毅然开始了全新的研究方向。从头学习临床流行病学的新知识,没有队伍、没有经费,带领着三四个青年人从零开始了中国 CKD 研究。历时 8 年,初步摸清了中国 CKD 患病率、高危人群、危害性,提出了在中国进行 CKD 防治的战略方案;也获得了国际的广泛认可与重视,在包括《柳叶刀》在内的杂志上发表 40 余篇 SCI 收录的论文,担任了国际肾脏病学会战略研究组成员、全球 CKD 临床工作指南编写组成员、亚洲 CKD 国际顾问委员会主席,应邀在国际学术会议、各地区、各国学术会议上做有关学术报告。

 **融入要点**

泌尿系统疾病章节,介绍肾小球疾病时融入。

融入点分析

1.海燕展翅,志在九霄:王海燕报答父母恩情,报答恩师;不辜负父母和老师对自己的期望和重托。我们医学生要对父母和老师有感恩之情,要尽自己最大的努力去孝敬父母,并且在自己的人生道路上取得成就,实现自己的价值,以回报父母和老师的辛勤付出和期望。这也是中华传统文化中非常重要的价值观念之一。

2.献身祖国,孜孜不倦:王海燕献身祖国,为医学作出巨大贡献,使中国的肾脏病研究多方面实现了零的突破,维护国家的形象,为国家争取更多的资源和机会。同时结合祖国医学的优势,造福人民,树立民族自信。

3.桃李不言,下自成蹊:王海燕通过真正的实力和努力,获得他人的认可和赏识。我们无论是在学业、工作还是其他方面,只有通过不断的努力和积累,才能够取得真正的成就。因此,我们要脚踏实地、默默努力,不要过分追求表面的虚荣和赞誉,而是要专注于自己的成长和进步。只有在不断提升自己的过程中,才能够获得真正的成功。

4.心系人民,勇于担当:王海燕关心人民的需求和利益,关心社会问题,积极参与社会公益事业,为人民的福祉贡献自己的力量。在面对困难和挑战时,勇于承担责任,积极主动地解决问题,不回避困难,不推卸责任。心系人民、勇于担当的精神是一种高尚的品质和责任感,它要求我们以人民的利益为出发点,积极为社会作出贡献。这种精神在建设和发展国家中起着重要的作用,能够推动社会的进步和繁荣。

参考文献

国家卫生健康委干部培训中心(国家卫生健康委党校).百年卫生 红色传承[M].北京:人口出版社,2021.

十一、两癌筛查,造福女性

★ 基本素材

乳腺癌和宫颈癌是严重威胁女性生命健康的恶性肿瘤,2015年中国乳腺癌和宫颈癌筛查(简称两癌筛查)统计数据显示,我国乳腺癌新发病例约26.86万例,病死约6.95万例。2020年全球统计数据显示,乳腺癌新发病例约226.14万例,占全部恶性肿瘤的11.7%,居所有肿瘤的首位;病死约68.50万例,占全部恶性肿瘤的6.9%,居所有肿瘤的第4位。宫颈癌新发病例约60.41万例,占全部恶性肿瘤的3.1%,居所有肿瘤的第9位;病死约34.18万例,占全部恶性肿瘤的3.4%,也居所有肿瘤的第9位。乳腺癌和宫颈癌给中国社会和居民带来了沉重的负担,已成为重大的公共卫生问题。除积极预防外,早发现、早诊断和早治疗也是肿瘤防治的重要环节。ⅠB期宫颈癌患者的5年生存率可达73%,若不存在淋巴结转移,5年生存率甚至可达87%,但在发展中国家,乳腺癌和宫颈癌的诊断与治疗存在严重的延误。

2019年9月20日,国家卫健委等十部委联合签发的《健康中国行动——癌症防治实施方案(2019—2022年)》(国卫疾控发〔2019〕57号),再次明确提出2022年农村适龄妇女宫颈癌筛查县区覆盖率要达到80%以上,2030年筛查覆盖率要大于90%。2020年8月24日,健康中国行动推进委员会办公室委托国家卫健委发布《推进实施健康中国行动2020年工作计划》,明确提出"进一步加大宫颈癌筛查力度"。由于受到多种因素影响,我国部分地区尤其是农村,妇女的两癌筛查依从性较低,防治形势依然严峻,防治任务十分艰巨。为了提高适龄妇女两癌筛查服务的参与率,国内外学者基于心理学、行为学、社会学等视角对供需双方做了大量的实证研究,探讨更加有效的模式。

我国各省区市积极探索综合防控的有效模式,多地将两癌筛查纳入政府民生工程,部分地区应用大数据来促进宫颈癌防控,加强两癌筛查的科学化、规范化和精准化。国家卫生健康委员会表示,未来将进一步推广落实两癌三级防控措施,提高两癌预防、筛查、诊断、治疗的全流程服务能力。此外,国家卫生健康委员会新发布的宫颈癌筛查和乳腺癌筛查工作方案,也特别组织专家凝练和发布了宫颈癌和乳腺癌防治的健康教育核心信息各十条,方便广大女性了解掌握,以提高其对宫颈癌和乳腺癌的筛查意识,积极主动地参加两癌筛查。相信经过党和国家的周密部署,经过各级医疗卫生人员的共同努力及广大女性的配合,两癌筛查可以更快更好更广地发挥早发现、早诊断的作用,为进一步提高中国乳腺癌、宫颈癌的诊治效果打下坚实的基础。

★ 融入要点

生殖系统和乳腺疾病章节,介绍乳腺癌或宫颈癌时融入。

★ 融入点分析

1. 制度自信:《健康中国行动——癌症防治实施方案(2019—2022 年)》(国卫疾控发〔2019〕57 号),再次明确提出 2022 年农村适龄妇女宫颈癌筛查县区覆盖率要达到 80%以上,2030 年筛查覆盖率要大于 90%。对农村适龄妇女免费筛查,体现党和国家把人民的利益放在第一位,全心全意为人民服务。

2. 科技创新:随着生物医学检测和人工智能等新技术的不断发展,不断优化两癌筛查模式。如启动宫颈癌人乳头瘤病毒(human papilloma virus,HPV)检测试点项目,试点地区的 HPV 检测(HPV 高危亚型检测或 HPV 高危分型检测)技术路径和方法。此外,各地区分别采取了多种策略进行两癌筛查,如北京采用了宫颈癌联合检测策略;浙江、湖南等地将 HPV 检测纳入了宫颈癌筛查;湖北、云南等地推广人工智能细胞学筛查系统,有效解决了基层人力和病理学检查诊断能力的不足。实践证明,只有筛查的每个环节均做好准备,才能切实做好筛查工作,不断科技创新,突破瓶颈,选择最优路径。

参考文献

[1]熊琦,毛智.做好两癌筛查·惠及广大女性[J].癌症进展,2022,20(16):1621.
[2]杨光,叶梅,骆峻.两癌筛查能力和体系建设的研究与思考[J].江苏卫生事业管理,2022,33(8):1121-1124.

[3]马宇昊,何源.国内外两癌筛查服务影响因素文献计量分析[J].南京医科大学学报（社会科学版）,2022,22(1):62-69.

十二、著名病理学家、医学教育家——秦光煜

⭐ **基本素材**

　　秦光煜,于 1902 年 11 月 20 日出生于江苏省无锡市的一个医药世家。1920 年在复旦附中毕业,考入北京协和医学院医疗本科。在学习期间,他勤奋好学,1930 年以优异成绩毕业并获得医学博士学位。毕业后留在北京协和医学院病理科任教,选择了病理学作为终生献身的事业。1930—1942 年,秦光煜任北京协和医学院病理科助教、讲师、副教授。1940 年赴美研修脑病理学和脑肿瘤病理学。曾先后在哈佛大学、耶鲁大学、纽约蒙桑纳医学院与当地学者切磋脑病理和脑肿瘤病理,表现出他扎实的病理形态基础和渊博学识,深得美国同行的赞誉。1951 年,秦光煜教授和胡正祥教授、刘永教授编写并出版了我国第一部以国内资料为主体的《病理学》巨著。1954—1955 年,中央原卫生部热带病研究所在当时疟疾流行区海南岛举办"高级疟疾防治学习班",秦教授应邀授课,他编写了《疟疾病理学》讲义,以翔实资料描述了疟疾所引起的全身器官的病变,特别对脑型疟疾病变的观察有独到之处。秦光煜教授还编写了《脑肿瘤病理学》《血液病病理学》和《麻风病理学》等教材。秦光煜教授科研兴趣广泛,对肿瘤、内分泌、血液病、寄生虫病和麻风病等病理研究均有较深造诣,著述甚多,发表了 40 多篇具有深远影响的学术论文。1941 年发表的《视网膜母细胞瘤组织发生学》和《出血性胰腺炎病因研究》被国内外学者所引用,至今仍为这方面研究的参考文献。1955 年发表《中华分支睾吸虫并见肝原发性粘液癌》,此文细致描述了中华分支睾吸虫寄生胆管与肝管癌发生之间的形态学关系,因此,秦光煜教授提出中华分支睾吸虫胆管寄生可能是部分原发性肝癌发生的原因。他是我国第一位支持梁伯强教授学术观点的人。早在 1928 年著名病理学家梁伯强教授在《中华肝吸虫传染和原发性肝癌发生》一文中,首先在我国提出,肝吸虫的感染可能是原发性肝癌的原因之一。此观点于 1956 年始为原香港大学侯宝璋教授大量尸解材料所证实。1962 年,秦光煜教授首次发现界线类麻风内脏病变,被国际著名麻风病理学家誉为"创造性工作"。1964 年,发表《网织细胞增生症或不白血性网织内皮细胞增生性疾病的本质》一文。此文根据丰富的临床病理资料,在我国首次阐明了该病的临床表现、病理形态特点和分类及与各种相关疾病的鉴别诊断,统一了对本病本质的认识,提高了我国病理学界和临床医生的诊断水平和治疗效果。此外,秦光煜教授在寄生虫病、疟疾、脑病病

理和脑肿瘤病理等研究上成果颇丰,极大地丰富了我国病理学的内容。

秦光煜教授在学术上最主要的成就在于对麻风病进行开拓性研究。20世纪50年代前后麻风病肆虐广东。1955年广东省委成立了麻风病防治领导小组。领导小组成员中有当时的广东省委书记和省原卫生厅行政领导。秦光煜教授是领导小组成员之一。领导小组下设临床研究组和基础研究组,秦教授是基础研究组的负责人。秦光煜教授为了取得第一手材料,广泛收集麻风病患者的皮肤病变组织,开展麻风病患者的尸体解剖。经过努力,终于收集到100例麻风病患者尸解材料。秦光煜教授从大量的活检和尸检材料研究中,结合临床资料,对麻风病的病变发生、发展、各类型及其亚型的病理组织学改变,提出独到见解。更为可贵的是他在界线类麻风病患者尸解材料中,首先在心肌、肝、脾、骨髓、神经组织、睾丸和内脏淋巴结等器官中发现麻风病变。这一发现极大地丰富了人们对麻风病本质的认识,被国际麻风学界誉为"创造性工作"。在麻风病研究过程中发现麻风病各临床亚型在病理学上有其特点,换句话说,麻风病皮肤病损病理学上的改变能反映出临床特点。因此,可根据皮损病理学上的改变来评价治疗的效果,为临床治疗提供了理论根据。

秦光煜教授是我国著名的老一辈病理学家。他数十年如一日,从事医学教育和病理学研究,学术造诣极深。他治学严谨,勤于学习,诲人不倦,培养了大批病理学人才。他科研兴趣广泛,对麻风病理学进行了开拓性研究,成绩卓著,为我国病理学发展作出了重大的贡献。

★ 融入要点

感染性疾病章节,介绍感染性疾病概述时融入。

★ 融入点分析

1.科学精神:秦光煜教授对麻风病进行开拓性研究,广泛收集麻风病患者的皮肤病变组织,开展麻风病患者的尸体解剖。经过努力,终于收集到100例麻风病患者尸解材料。秦光煜教授从大量的活检和尸检材料研究中,结合临床资料,对麻风病的病变发生、发展、各类型及其亚型的病理组织学改变,提出独到见解。更为可贵的是他在界线类麻风病患者尸解材料中,首先在心肌、肝、脾、骨髓、神经组织、睾丸和内脏淋巴结等器官中发现麻风病变。秦光煜教授实事求是,深入临床,从一例例的病例中探索出解决麻风病肆虐的证据,为防治麻风病作出了卓越贡献,体现其学术道德及科学精神,使学生体会到在科学研究中,诚信、勇于探索和创新品质的重要性,鼓励学生树立正确的学术道德观。

2.家国情怀:秦光煜教授勤于学习,善于总结,在病理形态学研究上有很深造诣。他学习世界先进的知识,报效祖国。他指导青年教师、进修生业务学习,培养研究生,并负担着国内疑难病例的会诊。秦教授不仅知识渊博,且实践经验丰富,深得同行专家敬佩。秦光煜教授治学严谨,从教数十年,上课前认真备课,讲课时旁征博引、论证精辟、深入浅出、逻辑性强,语言风趣幽默,深受学生欢迎。秦教授成绩卓著,为我国病理学发展作出了重大的贡献。借鉴秦光煜教授的教育理念及方法,探讨教育的意义、教育者的责任,以及良好的师生关系对学生发展的影响。

参考文献

[1]中山医校友会.中山医八大一级教授|秦光煜教授:著名病理学家,医学教育家[EB/OL](2022-05-5)[2024-03-25].https://mp.weixin.qq.com/s/J4TwdsXSvb4DzmRFm_3fig

[2]彭挺生.梁伯强、秦光煜教授铜像揭幕仪式在广州隆重举行[J].临床与实验病理学杂志,2013,29(12):1388.

第十二篇

病理生理学

一、名医华佗

★ 基本素材

　　华佗是东汉末年著名的医学家,医术高超,精通诸多医学知识。华佗出生在一个贫穷的家庭,但他自幼聪明好学,立志成为大医。人们称赞医生的高超技术经常用"华佗再世"这个词语,充分体现出华佗医术的高明。在诸多医家中,华佗以勇于探索的精神和对医学的热爱而闻名于世。

　　华佗师从名医董奉,这人脾气古怪,与众不同。那时候,各行各业师傅收徒弟,是把徒弟当奴仆使唤,洗衣煮饭,扫地倒尿,什么累活脏活都做。这位老郎中不是这样,他在书房门口贴了一副对联,谁要是来学艺,就先到书房门口对联下"考"一下。

不倒尿,看水穿石悟诀窍

莫洗衣,见病如亲学功夫

　　这天,华佗来投师,老郎中还是不改老规矩,把华佗带到门口,让华佗看了对联,问道:"华佗,你记住了吗?"华佗说:"记住了,不倒尿,看水穿石悟诀窍;莫洗衣,见病如亲学功夫!""好。你懂这个意思吗?""我不懂。我慢慢学吧!""好!"

　　老郎中高兴了,因为好多年轻人来投师时,都说:"懂。"一懂就坏了,老郎中就不收了。因为讲起来简单,做起来复杂啊! 于是,老郎中带着华佗到后园,指指水檐下一块青石说:"什么时候,水滴石穿,你就学好了。""嗯!"

　　第二天,老郎中开始坐门诊了。一天下来,老郎中看了五个病人,全要华佗把病例记下来。记一个,老郎中问一下:"华佗,你怕麻烦吗?""不怕。""华佗,你怕辛苦吗?""不怕。"吃了晚饭,老郎中把华佗叫到跟前,说:"华佗,你把今天五个病例,查对一下医书,看看用药有无差错处。"

华佗在灯下,对着病例,翻着医书,一行一行地看着。五个病例弄好,也差不多二更鼓尽。华佗伸个懒腰,打着呵欠,感到疲劳,于是脱衣上床。刚上床,老郎中来了,他说:"华佗,我来给你讲课。"华佗只得起来。讲完课,老郎中说:"师傅引进门,修行在个人。你自己看吧!"于是,老郎中向外踱着,学着老夫子的腔调,哼着诗:"三更灯火五更鸡,正是男儿用功时……"华佗听着老郎中的诗,不觉舌头一伸:"好严的老头儿,这比洗衣倒尿难多啦!"他又用心地看下去……

日复一日,月复一月。老郎中一直这样要求着,华佗勤奋学习,毫不松懈。一年下来,华佗的病例已记了一千五百多个。这日,老郎中问道:"华佗,一千五百多个病例中,有多少黄疸病?"华佗说:"三十二个。"老郎中又问:"这三十二个用药都相同吗?""没有一个相同。""为啥!""根据老师教导,因为病人有男有女、有老有少、有初患和复发等不同情况,因此用药各不相同。"华佗像背书一样地回答,老郎中高兴得直点头。直到晚年,他才收了这么一个称意的徒弟,华佗的功夫过细、过深,使他佩服。老郎中戏谑地说:"看样子,快水滴石穿了!"华佗谦虚地说:"早咧!"

一天,一个产妇难产,去请老郎中和华佗。老郎中到了产妇家,没费多大工夫,孩子就生下来了,可是落地没有声音。老郎中招呼华佗说:"这是羊水闷的……"华佗没等老郎中说完,就弯下腰,用嘴吮吸着胎儿嘴里的羊水,孩子哇的一声哭了。产妇全家高兴极了,热情地款待了师徒俩。师徒俩高高兴兴地回到家,走到檐下,老郎中指着青石说:"细水滴穿青石,全靠功夫深啊!"华佗点点头。走到书房门口,老郎中指着那对联说:"华佗,如今你领会了吧?"华佗望着老郎中,恳求他说:"老师啊,我还是领会不深。"老郎中高兴地说:"你的话对啊,学无止境嘛!当初我行医时,就遵循两条:一是多熟读医书,多临症;二是对病人'不是亲人,胜似亲人'。你如今两条都已具备,就出师去闯吧!常言说得好,'只有状元的学生,没有状元的老师',我相信你将来会大有作为的。"

华佗牢记老郎中的话,依依不舍地告别了师傅。果然,他后来行医出了名,名气比他的师傅还大,真是青出于蓝而胜于蓝啊!

华佗的故事告诉我们,勇于探索的精神是医学发展的重要推动力。只有不断地探索、实践和创新,我们才能推动医学的进步和发展。正是因为华佗这种无畏的探索精神,他才能够在众多医学家中脱颖而出,为我们留下了一笔宝贵的医学遗产。

★ **融入要点**

绪论章节,介绍病理生理学时引入。

★ **融入点分析**

在现代社会,我们也需要继承和发扬华佗的探索精神。面对医学的未知和挑战,我们应该保持开放的心态,勇于尝试和创新。通过不断的学习和实践,我们可以不断拓展医学的边界,提升医疗水平,造福人类。

我们可以从华佗的探索精神中汲取力量。面对医学领域的挑战,我们应该坚持探索,勇于创新。无论是在医学研究中还是临床实践中,我们都要敢于提出问题,勇于质疑传统观念,寻找更好的解决方案。只有不断地探索和突破,我们才能够在医学的道路上取得更大的进步。华佗探索医学的故事,展现了一个伟大医学家的勇气和智慧,同时也给了后人无尽的启示。在今天这个科技高度发达的时代,我们要识时务,利用先进的技术手段,拥抱创新。只有敢于探索、不断超越,我们才能够为人类的健康福祉作出更大的贡献。

华佗的探索精神将永远激励着我们,引领我们在医学道路上勇往直前。让我们以华佗为榜样,坚定追求医学的真理,勇敢地开拓前行,为人类健康发展作出我们应有的贡献。

参考文献

[1]于凌.从淳于意与华佗医案比较观汉代医事[J].医学与哲学,2021,42(3):73-76.

[2]刘庆海.《三国志·华佗传》"以医见业"献疑[J].黄山学院学报,2023,25(2):97-100.

[3]曾庆环.制造华佗:中国古代华佗形象的演变[J].安徽史学,2020(3):156-162.

[4]邱云飞.从《三国志·华佗传》看华佗其人性格[J].兰台世界,2017(6):64-66.

[5]张思思,刘学春.河南华佗祠庙史料研究[J].中华医史杂志,2023,53(1):52-55.

二、毛守白为医学倾尽一生

★ 基本素材

血吸虫病俗称"肚包病",就是血吸虫的成虫寄生于人类的门静脉系统血管之中,引发周围组织坏死,带来发热、腹泻等水电解质代谢紊乱症状,重者引发肝硬化、腹水等,让患者丧失劳动能力和生育能力,甚至会导致患者死亡。这个瘟神"历史悠久"。著名的长沙马王堆中的辛追夫人,也就是西汉时代的没有腐烂的千年女尸,她的器官中就有血吸虫卵。也就是说,血吸虫病这个瘟神,在我国至少有 2 000 年的传播历史了。

在新中国成立前,这个瘟神则是现实的大威胁。由于民国时期政局混乱,国民政府无法组织有效的抗疫,甚至连基本的全国范围内数据调查都十分缺乏。如无锡一村,到1945年时,这个4 000人的村子只剩下2个人。

如此惨重的情形吸引了学者的注意。寄生虫专家毛守白随即前往无锡、苏州血吸虫病流行区农村进行调查,看到成排置于村后小河边的粪缸内充满着鲜红血便,曾人口稠密的村庄竟然十室七空,血吸虫病造成的危害比他想象的要严重得多,从此他的学术生涯与血吸虫病结下不解之缘。1948年回国之后,他想在南京栖霞山附近一个比较小的血吸虫病流行区进行防治试验,当时所需经费大致是500斤谷子的折价,但是,就为了这500斤谷子,他从国民政府中央卫生实验院一路往下找到防治试验区的乡公所,愣是没有找到一个肯出钱的,防治血吸虫的第一步——科研实践始终无法开展。

直到1949年新中国成立之后,毛守白在政府的支持下开始了新的血吸虫病防治,这一次他还是没法立即开始研究,因为民国时期欠债太多,全国当时就没有几个人是学这个领域的,所以他必须先当教员把科研和教学队伍扩大。毛守白用了一年多时间搞培训班,新中国第一代寄生虫防治专家和研究骨干就此诞生。

有了科技和人才储备,才能开展第二步,那就是防治试点。防治试点工作进行到1956年前后,"送瘟神"的工作才算开始了,这就是第三步,集中制定"送瘟神"的全国范围内统筹计划。从1955年到1956年,连续举行了三次全国血吸虫病防治会议,经过反复讨论,敲定了国家层面的"送瘟神计划"。当时在全国血吸虫病各个疫区成立了200多个防治站、1 300多个防治组,专门培训了13 000多名专业防治干部,另外还设立了80 000多名保健员,他们将在全国309个县市开展工作,同时还有25 000多名区乡干部配合他们展开工作。

同时,毛守白发现,血吸虫需要钉螺才能发育成虫。准备这么多"送瘟神"的骨干,就是为了接下来的连续三步:灭除血吸虫病的中间宿主钉螺,管理疫区水源和环境卫生,还有收治血吸虫病患者。在当时,这三步中的每一步,都需要大量人民群众的参与,比如1957年上海为了治理辖域内的有钉螺活动的河道,前后动员了200万人次来治理。因为上海地区河道纵横,这样的河道有多少呢?一共5 000处。至于收治患者,2年时间里全国收治超过300万人。

然而,在走访中毛守白发现,"血吸虫文化"已根深蒂固。因为此病在我国盘踞的历史太长,滋生出了一大串畸形文化。疫区的迷信已经泛滥成灾,患者宁可信鬼神也不信医生。还有专门低价收购患者田地的,有专门给患者救命钱放高利贷的。而且由于长期疾病恶化,疫区的患者及其家属普遍精神状态堪忧,生活态度麻木消极,构成了疫区内比疾病更加可怕的垂死气息。这意味着人们在送走一个盘踞2 000年的"瘟神"的同时,还要进行额外的一步——与"血吸虫文化"的决战。

毛守白带领防疫人员,随身携带显微镜,一家一户跑下来,让患者亲眼看到自己粪便里的虫卵和自家沟渠中钉螺里的血吸虫尾蚴。这不是虚幻的造孽,这是眼见为实的寄生虫病。由于民国时期超高的文盲率，当时疫区的人民普遍看不懂防治文献，怎么办？防疫人员使用宣传画、幻灯机，表演时髦戏、流行歌，当疫区的老百姓像赶集一样来参加防治宣讲的时候，再顽固的畸形"瘟神"文化，也注定被"锤"得四分五裂。

现如今，由于科研人员的努力和党的伟大领导，横行我国 2 000 年的血吸虫病终于在大范围内被遏止了。到了这时候，还得再补上一步：长期监控。

这个监控，几经曲折，一直延续到今天。这个曾经威胁上千万人的"瘟神"，早已被摧毁，人类在与血吸虫病的战斗中，收获了前所未有的经验与信心，接下来的，将是新的抗疫传奇。

★ 融入要点

介绍水、电解质代谢紊乱时引入。

★ 融入点分析

血吸虫防治的关键是毛守白的奉献精神和无私付出，这种精神感染了身边的人们。越来越多的人加入血吸虫病的防治事业中，他们利用自己的专业知识和技术，与毛守白并肩作战，为减少血吸虫病的发生和传播作出了巨大贡献。

正是毛守白的奋斗和无私奉献，使血吸虫病在当地得到了明显的控制，患病率大幅降低，人民的生活质量得到了显著提高。他的工作不仅改变了当地居民的生活，也为世界范围内的血吸虫病防治事业树立了光辉的榜样。然而，毛守白并没有因此而骄傲自满。他看到了血吸虫病仍然存在的挑战和困难，瞄准了血吸虫病防治的痛点并不断努力。他积极参与科研项目，探索新的防治方法和技术，不断完善血吸虫病的防治策略。通过他的努力，血吸虫病的防治工作得到了进一步的改善和提高。

毛守白的奉献精神和无私付出将永远激励着我们。无论是在医疗事业还是其他领域，我们都可以从他身上学到许多宝贵的品质和思考方式。他告诉我们，只有心怀热爱和奉献的精神，我们才能够在自己的领域取得突破和进步。

"春蚕到死丝方尽，蜡炬成灰泪始干"。奉献精神历来是中国共产党人最响亮的名片。青年大学生应当树立"功成不必在我"的干事初心，保持"功成必定有我"的昂扬斗志，俯首甘为孺子牛，不计较个人得失，绝不能怀有"这山望着那山高"的浮躁心态，要做遇事不嫌弃、不抛弃、不放弃的奋斗者和拼搏者，吃苦耐劳、埋头苦干、默默奉献，全心全意为人民服务，从平凡的工作做起，从身边的小事做起，干一行爱一行，在奉献中不断增强干事本领、提升工作水平，在平凡的岗位上干出不平凡的成绩，努力成为本职工作的行家里手、干事能手，以"累并快乐着"的工作状态，让青春年华在为民族复兴、国家富强的奉献中绽放绚丽光彩。

参考文献

[1] 余森海. 缅怀我国血吸虫病防治事业的开拓者毛守白教授——写在毛泽东主席《七律二首·送瘟神》发表 60 周年之际[J]. 中国寄生虫学与寄生虫病杂志,2018,36(5):429-431.

[2] 张晶晶. 送瘟神:青浦抗击血吸虫病纪事[J]. 档案春秋,2007(2):8-13.

[3] 毛守白,李霖. 日本血吸虫中间宿主—钉螺—的分类问题[J]. 动物学报,1954,6(1):1-14.

三、美国化学家阿格雷发现水通道蛋白

★ 基本素材

阿格雷(Peter Agre,1949—　)博士于 1949 年出生于美国明尼苏达州小城诺斯菲尔德。1974 年在约翰·霍普金斯大学医学院获博士学位。他是一名血液病学家,现为约翰·霍普金斯大学医学院生物化学与医学教授。有一种病叫作新生儿溶血症,如果 Rh 阴性血的母亲所怀的胎儿为 Rh 阳性血,那么胎儿就有可能因溶血而死亡。Agre 博士主要研究妊娠期 Rh 抗原的不相容性,在与同事一起提纯 Rh 蛋白质时,他发现了一种"污染物"——存在于红细胞上的另一种蛋白质。

针对这个"污染物",阿格雷博士这样说道:"按照常理,最明智的做法就是扔掉这个蛋白质,去做更重要的工作。"幸亏他没有按照常理出牌,否则,他就会与一个重大发现失之交臂。接下来的研究中,他与助手发现,这种"神秘"的膜蛋白在人类的肾脏和植物中普遍存在。这引起了他的好奇。正是这好奇心,引发了阿格雷博士的一个重大发现。1988 年,阿格雷从红细胞和肾小管中分离出一种未知功能的新的膜蛋白。1991 年,经过 N-端肽链测序和整个 cDNA 序列测定,阿格雷获得了蛋白的氨基酸序列结构,此时的他敏锐地意识到,这很可能就是大家一直在寻找的"水通道"。不久,他就通过实验证明了这一点。实验是用爪蟾属卵母细胞进行的,在卵母细胞中表达出这种蛋白,然后将细胞放入低渗介质,卵母细胞在低渗介质中很快溶胀。这说明,水分子大量进入卵母细胞,导致了这个结果,从而证明了这种蛋白就是"水通道"。2000 年,他公布了世界上第一张水通道蛋白的高清晰度立体照片,揭示了这种蛋白质的特殊结构,正是这种特殊结构,才只允许水分子通过。水通道广泛存在于动物、植物及微生物中,种类繁多,仅人体就有 11 种。我们的肾,每天需要从原尿中再吸收 150～200 L 水,这都是水通道蛋白的功劳。水通道蛋白水平的升高和降低与肾源性糖尿病,以及充血性心力衰竭等疾病都有关。另外,水通道在呼吸系统中参与维持水的动态平衡,在脑脊液的生成,眼及其他腺体中都具有重要的生理作用。水通道的发现,开启了细菌、植物和哺乳动物水通道在生物化学、生理学和遗传学方面的研究之门,具有重大的科学意义。凭借敏锐的观察能力,阿格雷发现了水通道,由此赢得了 2003 年的诺贝尔化学奖。

★ 融入要点

介绍水、电解质平衡调节——4A 调节中抗利尿激素(ADH)调控靶点水通道蛋白时融入。

★ 融入点分析

水通道蛋白是一种存在于细胞膜上的蛋白质,它能够促进水分子的快速通过。在阿格雷之前,科学家们对于细胞如何调节水分子进出一直存在疑惑。阿格雷的发现揭示了一种全新的机制,即通过水通道蛋白,细胞能够有效地控制水分的流动。这个发现给大学生带来了一些启示。首先,它展示了科学研究的重要性。阿格雷通过对生物体进行仔细观察和实验,发现了一个前所未知的蛋白质。这表明,通过深入研究和探索,我们有可能发现新的知识。其次,阿格雷的发现也强调了团队合作的重要性。他的研究需要依赖与许多其他科学家的合作,才能最终得出结论。这提醒我们,在追求科学知识时,与他人分享想法、合作研究是非常重要的。最后,这个故事还告诉我们,科学的发现和突破往往需要耐心和坚持。阿格雷花费了很多年的时间来研究水通道蛋白,并进行实验验证。这种坚持和不断努力的精神对于大学生来说是非常宝贵的,尤其是在面对困难和挑战时。总的来说,阿格雷发现水通道蛋白的故事给大学生们带来了科学研究的启发,强调了团队合作和坚持不懈的重要性,也提醒我们,通过探索未知领域,我们有可能有重要的发现并为人类作出贡献。

运气和机遇从来都是留给有准备的人,作为一名医学生,我们不仅要夯实学科基础,更要有丰富的专业知识储备,同时也要具备敢想敢做的优良品质。在科研实验中,要科学严谨、合理地进行实验步骤;在排除实验误差的情况下,要正视每一个不同寻常的发现,敢于证实,善于思考。只有抓住机遇,敢于创新,才能为国家的医疗科研行业作出贡献。

参考文献

[1]李学军.Peter Agre 教授因发现水通道蛋白获得2003 年诺贝尔化学奖[J].中国药理学会通讯,2003,20(4):32-33.

[2]欧阳海萍,陈豫钦,卢文菊,等.水通道蛋白与肺部疾病的关系[C]//2017 中华医学会呼吸病学年会暨第十八次全国呼吸病学学术会议论文集,2017:1-1.

[3]赵文龙,隋森芳.膜蛋白研究的里程碑——2003 年诺贝尔化学奖[J].科学通报,2004,49(5):403-408.

四、"英雄机长"刘传健

基本素材

2018 年5 月14 日4 时,刘传健像往常一样进行着飞行前的准备工作,不敢有任何松懈。40 min 后,全体机组成员登上飞机,准备迎接乘客登机入场。

6 点27 分,刘传健驾驶飞机成功起飞,由重庆飞往拉萨。但是就在正常飞行约半个小时的时候,在9 800 m 的高度上,平稳飞行中的飞机突然出现了一声巨响,徐瑞辰副驾驶前挡风玻璃出现了一道可怕的裂纹。飞机上的监控设备也显示风挡加温出现了故障,内中外三层玻璃先后爆裂,驾驶舱门被强大的气流瞬间冲开,飞机开始剧烈颠簸,机舱里的人们瞬间有了下坠感,飞机的飞行高度从9 800 m 开始急速下降。

刘传健看到飞机的高度从9 800 m 瞬间降到了7 500 m,和地面塔楼的沟通也因为巨大的风声而完全中断,刘传健只来得及发出备降成都的消息。驾驶舱的仪表盘在强大的吸力下瞬间被掀翻,巨大的压力差甚至将副驾驶上的徐瑞辰拔出了舱外,如果不是身上有安全带,那徐瑞辰就会直接被抛出飞机,在7 500 m 的高空自由落体。

但即使是这样,过了大概有半分钟之后,徐瑞辰才在刘传建的帮助和安全带的保护下回到了副驾驶位,半边身子暴露在机外的徐瑞辰面部和手部都被破碎的玻璃划伤了,并且已经有了严重的冻伤反应,衣服也被风压撕成了碎片。

与死神擦肩而过的徐瑞辰却没有半秒钟犹豫,立刻和刘传健一起强撑着稳定飞机。此时刘传健的状态也并不好,机舱保护时效之后,7 500 m 高空零下40 ℃的低温正在飞速地夺走刘传健身体的热量,握着驾驶杆的手很快就开始冻僵发紫,之前被吹出舱外的徐瑞辰也很快几乎丧失了行动能力。

在飞机已经逐渐失速的情况下,一般来说,应带着坡度转弯徐徐下降高度,保持飞机姿态,避免失控坠落。但是说起来简单做起来谈何容易,光是下降速度一项就是一个两难抉择,过快,飞机安全不保,过慢,人就窒息而亡。

刘传健最终选择分两次下降,并且成功保持了合适的下降速度。经过了长达 5 min 的和死神殊死搏斗,终于将飞机保持在了平稳状态。但是此刻刘传健的耳膜、眼膜、皮肤都已经承受了巨大的伤害,甚至已经开始缓慢地失聪、失明。他根本来不及拿氧气面罩,只能顶着不适的身体继续控制飞行。大脑逐渐缺氧,刘传健完全凭借着意志力支撑前行,他的心中有一个坚定的信念:"一定要把飞机开回去! 飞机一定不能失控!"在这种信念的支持下,刘传健近乎奇迹般地坚持了 34 min,幸好飞机逐渐平稳,副机长也顺利从后方来到驾驶舱。看到刘传健几乎扭曲的面庞,副机长迅速拿起氧气面罩给他戴上,这下他终于能缓上一口气了。最后他成功把飞机迫降在了成都双流机场,机上人员 128 人全部获救!

此次事件之后,刘传健获得了人民自发授予的"英雄机长"称号,并且获得了多项国家荣誉和民航局与四川省联合颁发的 500 万元奖励,以表彰刘传健为保护人民财产安全所作出的贡献。

 融入要点

缺氧章节融入。

★ 融入点分析

飞机在 9 800 m 的高空出现了挡风玻璃破裂,导致驾驶舱暴露在空气中,出现内外气压差大、缺氧、温度降到零下 40 ℃ 等现象。刘传健在自动驾驶系统报废后,开始了手动驾驶。从民航局的调查中可以看出,从飞机出现故障到安全着陆的这 34 min 里,刘传健在这样恶劣的环境下需要完成 36 个操作动作,无论哪个环节出现问题,都有可能出现机毁人亡的悲剧。他能够带领全组工作人员平安度过这次危机,凭借的不是运气,而是他丰富的经验、扎实的驾驶技术、过硬的心理素质以及顽强的意志。正如"感动中国2018 年度人物"颁奖典礼的颁奖词所说:仪表失灵你越发清醒,乘客的心悬得越高,你肩上的责任越重。在万米高空的险情中如此从容,别问这是怎么做到的,每一个传奇背后都隐藏着坚守和执着。

空军西安飞行学院政治工作部某处处长侯文辉是刘传健同期战友,至今两人还是经常联系的朋友。他这样评价刘传健:"面对特情,能够非常完美的处置,离不开人民军队革命熔炉的历练,离不开优秀政治素质的养成,离不开勇敢顽强、勇于担当的军人本色。"

侯文辉说,刘传健当时唯一想的就是把飞机开回去,把乘客带回去,保住国家财产和乘客生命安全,体现出了一个共产党员对党和人民的忠诚。提起刘传健当飞行学员的经历,当年他的高教机教员姚峰说道:"爱飞行,爱钻研,飞行中总爱问个为什么,这是刘传健留给我的最深印象。"而且,他的头脑很灵活,不仅过目不忘,还常常举一反三。说起刘传健的反应灵敏,当年和他同期入伍、同为飞行教员,一起共事十几年的战友赵永洪说,平日里他的性情温和开朗,待人接物真诚有加,同事之间、师生之间的人际关系处理得体。可是,到了篮球场上,他就像换了一个人,闪展腾挪,每球必争,绝不服输。

刘传健机长能够完成此番壮举,值得我们学习的,不仅是他临危不乱的头脑,还有他的专业与责任心。低温缺氧使人失去知觉,生死关头刘传健机长善于应变复杂情况,恪尽职守,面对生命威胁全组无一人脱离岗位,担当起保卫 119 名旅客生命安全的责任,完美地展现了忠诚担当的政治品格、严谨科学的专业精神、团结协作的工作作风、敬业奉献的职业操守,这一当代中国民航精神。

所谓医者,既要有过硬本领,更要有责任担当。作为医学生,我们也应当如此要求自己。我们在学习过程中,首先,要打好基础,牢固掌握各种专业知识,因为这是我们作为医生的立身之本,更与患者的生命相关。其次,我们也应该有临危不乱、举一反三的聪明头脑。面对复杂罕见的疾病时不能自乱阵脚,应该合理充分利用自己的专业知识救死扶伤。再次,积极培养责任意识。未来我们大多会走上医生的职业道路,应该拿出虽千万人吾往矣的精神面对我们的患者,恪尽职守、忠于使命,认真对待每一位患者,珍视每一条生命。

参考文献

杨连元.万里长空尽显英雄本色——记四川航空公司英雄机长刘传健[J].党建 2018 (6):35-37.

五、青霉素过敏性休克引发死亡事件

基本素材

素材一

1998 年 8 月 23 日,时某(女,24 岁)前往某镇卫生院就诊。经过 B 超检查,诊断出她患有左侧肾盂结石和轻度肾积水。医生为她开了处方,其中包括青霉素 800 万 U 和地塞米松 5 mg 等药物,打算通过静脉滴注进行治疗。然而,事情出现了意外。在 8 月 25 日,无证行医者张某在未进行皮试的情况下,将不同批号的青霉素用于时某的注射。当天,时某并未出现不良反应。然而,到了 8 月 26 日,在静脉滴注了约 100 mL 青霉素药液后,时某开始出现寒战、面色发黄、呼吸困难等症状。紧急情况下,医生立即停止了输液,并逐渐缓解了她的症状。8 月 27 日,时某再次前往某镇卫生院进行 B 超复查。结果显示她左侧输尿管上端的结石仍然存在,并伴有轻度肾积水。医生决定在处方中去掉地塞米松。然而,当天在给时某应用青霉素后,她出现了更加剧烈的反应。除了之前的症状外,她还出现了腹痛和呕吐。急救人员将她转送至市医院的途中,不幸地宣布她已经死亡。这起事件引起了社会的广泛关注和调查。经过仔细调查,发现无证行医者张某的错误操作导致了时某的过敏反应。他在未进行皮试的情况下,随意更换了不同批号的青霉素,这种行为是不负责任和违法的。同时,某镇卫生院的医生在处方中没有考虑到时某对青霉素的过敏情况,也存在一定的责任。这起事件引发了人们对医疗安全和监管的深思。相关部门加强了对医疗机构和从业人员的管理和监督,确保患者的安全和权益得到充分保障。同时,公众也更加重视就医过程中的自我保护意识,尽量选择正规医疗机构就诊,避免接受无资质医生的治疗。时某的不幸离世使人们对医疗事故和医疗纠纷的风险有了更深入的了解。这也促使相关部门采取更加严格的措施来确保医疗行业的安全和质量,为患者提供更好的医疗服务。

素材二

2015 年 12 月 29 日 11 点 22 分,刘先生被诊断出患有右肺腺癌后,开始输液治疗。然而,在输液过程中,他的血压突然急剧下降,呼吸困难和四肢抽搐的症状开始出现。这一切发生得如此突然,让在场的医生们感到非常紧张。龚医师作为主管医生,立即意识到刘先生可能出现了过敏性休克。他迅速采取行动,停止了药物的输注,并迅速更换了输液器。为了控制过敏反应,他迅速给予了肾上腺素,这种药物能够收缩周围血管并减少过敏物质的释放。与此同时,龚医师还建立了多个静脉通道,以确保药物能够快速进入患者体内。为了稳定刘先生的血压,龚医师还不断使用血管活性药物,这些药物能够帮助维持血压的稳定,同时他们迅速补充了 3 000 多毫升的血容量。此外,为了确保刘先生的呼吸通畅,他们还使用了电动吸痰设备,有效清除了呼吸道中的分泌物。紧急救治 13 min 后,刘先生的生命体征逐渐恢复稳定,神智也开始逐步清醒。医生们松了一口气,他们成功地挽救了刘先生的生命。尽管他们仍然面临着对肺腺癌的治疗挑战,但他们对刘先生的康复充满了信心。刘先生的家人对医生们的救治感激不尽。他们深深地明白,如果没有医生们迅速而专业的反应,刘先生的生命可能会面临巨大的危险。他们决心支持刘先生继续接受治疗,并希望他能够尽快康复。医生们也对自己的团队合作和专业能力感到自豪,他们知道他们的努力为患者带来了新的希望。

★ **融入要点**

休克章节,融入两个青霉素过敏性休克案例。

★ **融入点分析**

1. 分析过程:解释患者死亡事件发生的原因。讨论青霉素过敏性休克的机制,以及为什么该患者会出现这种严重的不良反应。强调青霉素过敏的预防和识别的重要性。

2. 探讨风险因素:讨论可能增加患者发生青霉素过敏性休克的风险因素。这可能包括个人或家族对青霉素过敏的历史,以及其他相关过敏反应的存在。

3. 强调临床实践:强调医学生在临床实践中如何减少类似事件的发生。介绍正确的青霉素过敏筛查和测试方法,以及如何正确处理患者的过敏反应。

4. 强调团队合作:强调医学生在团队中的角色和责任。讨论医疗团队中不同成员之间的沟通和协作,以确保患者的安全和避免类似事件的再次发生。

5. 提供资源和进一步学习机会:提供相关的学习资源,如教科书、研究论文和在线课程,以便医学生进一步学习有关青霉素过敏性休克的预防、识别和处理的知识。

6. 举办案例讨论和模拟演练:组织小组讨论,让医学生分享他们对该事件的观点。还可以模拟演练类似的情况,让医学生实践应对过敏反应的技能。

通过以上步骤,医学生可以更好地理解和记忆有关青霉素过敏性休克的知识,并能够在将来的临床实践中更加谨慎和专业地处理类似的情况。选用两例结果截然相反的案例,可以运用因青霉素引发的过敏性休克事件抓住学生的注意力;同时通过上述事件中休克患者的病理表现让学生了解本章内容休克的相关知识点,如休克会导致血压下降、代谢紊乱、意识模糊、器官功能障碍等,以及引发学生思考休克相关病理表现的发病机制,激起学生的求知欲;让学生初步了解在临床中遇到过敏性休克患者应该采取的急救措施如扩容、补液、维持呼吸道畅通等;同时引导学生既要打好专业知识基础,以便在临床中快速准确地根据临床表现判断病因,又要培养责任感,在患者使用如青霉素等易产生不良反应的药物时应密切关注患者情况,发生意外随叫随到。

参考文献

[1]石磊,赵玉红.青霉素过敏性休克1例报道[J].中国医南,2016,14(22):214-215.

[2]曾冬阳,于海静,秦娜."思政-理论-实训设计"一体化在"护理学基础"课程中的运用——以《青霉素过敏性休克》为例[J].黑龙江教育(理论与实践),2022(3):43-44.

六、夏穗生为肝移植事业奉献一生

★ 基本素材

在医学界，器官移植被誉为"医学之巅"。对于不少疾病终末期患者来说，器官移植是延续生命的唯一希望。据国家卫健委发布的数据，2018 年，中国器官移植数量跃居世界第 2 位，完成器官捐献 6 302 例，实施器官移植手术超过 2 万例。

早在 1957 年，夏穗生因在中国实施第一例肝切除手术而崭露头角。那年，他才 33 岁。他发现，有些患者肝已被肿瘤侵占，部分切除无法挽救其生命。怎么办？他试图实施器官移植。在当时，这可说是"异想天开"。他曾在书上看过 19 世纪欧洲科学家的实验：将一条狗的肝脏切下来移植到另一条狗体内。他学着做了，术后移植了肝的狗存活了 10 h。虽然实验失败，却迈出了中国器官移植第一步。而此前不久，国际上已经实施过犬类同种异位肝移植实验，但由于信息闭塞，国内医学界还从未听过肝移植手术。夏穗生的这次尝试，是国内首次肝移植的探索，与国际医学前沿探索不谋而合。

但从最初的动物实验，到器官移植真正临床应用，是漫长且困难的。

1965 年，武汉医学院腹部外科研究室（即同济医院器官移植研究所的前身）成立，夏穗生任副主任。1972 年，夏穗生作为肝移植小组组长，和杨冠群、朱文慧等同事一起，4 年里开展了 98 次分解手术和 130 条狗的肝移植实验。

"夏教授是一个矢志不渝的人，他坚信肝移植是救命的东西"，同济医院器官移植研究所教授刘敦贵说。当时药物、肝切除等传统办法，无法拯救一些晚期肝病的患者，"换肝"可能是唯一的出路。因此，夏穗生对器官移植的研究非常坚定。

第一次实验失败了，就做第二次，第二次失败，就做第三次。实验狗的肝切下来后，创面血流如注，夏穗生只能用细丝线逐个点去结扎，一场手术，仅打结就有 400 个；肝移植完成了，狗却很难存活，那就做分解实验，从灌洗、保存液到温控、免疫，一步步摸索和解决问题。

夏穗生的女儿夏丽天说，做实验那几年，夏穗生几乎吃睡都在实验室里，由母亲负责天天送饭。刘敦贵则记得，夏穗生的工作从清晨持续到深夜，接受移植手术的狗一般能存活 12 h 左右，夏穗生就一直守在旁边，观察狗的血压、瞳孔反射、呼吸……

经过大量的实践与改进，夏穗生和组员们终于将肝移植手术核心模式确定下来。这是中国人第一次自主掌握哺乳动物大器官移植的完整手术，为之后器官移植在人类身上的开展奠定了基础。

在器官移植各种关口，夏穗生都有丰富的攻克经验，他的每篇论文都传递世界移植医学新进展，他的每部专著都是对一个时期器官移植手术发展的总结和推进。

1977年12月30日，一位肝癌晚期的女患者在夏穗生手下接受了肝移植手术。不久后，一位男性患者也接受了肝移植手术，存活264天，创下了当时国内肝移植存活时间最长的纪录。中国人体器官移植事业就此起步。

2013年，武汉市红十字会和同济医院合作宣传器官移植，夏穗生出席。活动最后一个环节是邀请有捐献意愿的参与者上台签字，夏穗生没有犹豫，第一个上台拿起了笔。

意识还清醒时，夏穗生嘱咐家人，死后将自己的器官捐献出去，"其他器官大概老了没人要了，角膜应该还有点用，可以捐掉"。

夏穗生逝世后，儿女将他生前的积蓄拿出来，又各自添了一些，凑足100万元，捐赠给同济医院器官移植研究所。因为除了捐献眼角膜，这是夏穗生的另一个遗愿，为器官移植的发展作最后的贡献。

★ 融入要点

肝功能不全章节融入。

★ 融入点分析

数十年来，夏穗生的科研几乎涉及器官移植领域的各个方面，同时，他培养的不少学生已经成为我国器官移植和外科学界的领军人才。他曾形象地说："我们这一代是中国器官移植的拓荒者，目的是为后来人开辟一条通往顶峰的道路，这条路拓得越宽阔，越有利于后来者攀登。"

从发表中国第一篇关于肝切除的文章，到实施130次狗的原位肝移植手术，再到为肝癌晚期的女患者成功施行肝移植手术；从建立第一个中国器官移植研究所，到培养中国器官移植第一批研究生……夏穗生和他的同事们在器官移植界创造了一个又一个世界纪录、亚太地区纪录、全国纪录。而他一再谦逊地表示："我一生只做了'一件事'，唯愿不负国家培养。"夏穗生教授将他的一生都奉献给了我国医学事业，尤其是器官移植事业。2013年，89岁高龄的夏穗生教授在遗体（器官）捐献志愿书上签字。他以实际行动践行了自己的诺言，为后人作出了表率和榜样！夏穗生教授为人善良、谦逊、刚正不阿。他医德高尚、勤勤恳恳、严谨治学、淡泊名利、无私奉献。他把毕生的精力都奉献给了祖国的医疗卫生事业，他是我国老一辈优秀医学家的杰出代表和光辉典范。他光辉的一生，是我国医学和器官移植学发展史上不朽的丰碑！

作为一名医学生，应该谨记夏老前辈对我们的谆谆教诲：一生只做一件事，不负国家培养。这要求我们在牢固掌握各种专业知识的同时,更应该树立家国情怀,培养甘于奉献、造福人民的情操。此外,老前辈对于事业鞠躬尽瘁、呕心沥血的忘我境界,我们后辈需要时时勉励、景行行止。

参考文献

方其军.夏穗生:毕生耕耘在医学[J].宁波通讯,2019(14),50-53.

第十三篇

药理学

一、中国古代药典成就

⭐ **基本素材**

　　唐代的文化,在当时居于世界文化的前列,医药亦属文化的一种,当然也不例外。就药物而言,品种不断增加,内容日益丰富。而当时医家奉为用药指南的《本草经集注》,在内容方面存在着"闻见阙于殊方……诠释拘于独学……秋采榆人,冬收云实。谬粱米之黄白,混剂子之牡蔓。异繁美于鸡肠,合由跋于鸢尾。防葵狼毒,妄日同根;钩吻黄精,引为连类。铅锡莫辨,橙抽不分"等问题。而此后之医家,"更相祖述,罕能厘证""承疑行妄,曾无有觉"。这些问题,如不解决,势必以讹传讹。唐显庆三年(公元657年),在右监门府任长史的苏敬向高宗李汾进表请求重新修订本草,以修改晋代陶弘景的《本草经集注》中的一些谬误并增加新的内容。《本草经集注》经历了100多年,有一些新的论述需要更改和修订。同时,随着医生临证经验的不断增加和中外医药交流的进展,在中药谱上,又增加了许多新药和外来药,需要对于药物学的书籍进行一定的补充。另外,陶弘景生活在南北朝对峙的南方,对北方的药物无法全面地了解,难免会有遗漏。因此,重新编写一部新的本草书,在当时的条件下是非常必要的。于是,苏敬的这个请求很快就被批准了。该书于显庆四年修订完毕,名曰《新修本草》。这是世界上最早的一部药典。它比世界上有名的欧洲纽伦堡药典要早800余年。

　　本书在编写中对《本草经集注》保存原貌,同时在学术上采纳群众意见,做到"上禀神规,下询众议"。收集的资料范围比较广泛,"普颁天下,营求药物,羽毛鳞介,无远不臻;根茎花实,有名咸苹"。对药物的功用,详细探讨,多方考订,做到"详探秘要,博综方术"。《本草经集注》虽阙,有验必书;《别录》虽存,无稽必正。考其同异,择其去取。从而改变辗转抄录的编书陋习,其学术性是较强的。本书有文、有图,图文对照,便于学者学习。

它分为药解、图经、本草 3 部分,共 54 卷。本草部分记载了药物的性味特点、产地、采集要点、治疗功效等;图经部分根据药物的实际形态描绘出图样,药解是对药物的文字说明。书中共收载了 844 种药物,其中还记载了用白锡、银箔、水银调配成的补牙用的填充剂,这也是世界医学史上最早的补牙的文献记载。这种编写方法,开创了药学著作的先例。所以唐代规定为学医者必读之书。它对我国药学的发展有推动作用,流传达 400 年之久,直到宋代的《开宝本草》问世后才代替了它在医药界的位置。在国外也有一定的影响。如公元 713 年日本就有此书的传抄本。日本《律令蜒喜式》记载:"凡医生皆读苏敬《新修本草》""凡读医经者,《太素》限四百六十日,《新修本草》三百一十日"。这也说明本书对日本医药事业影响之深远。

本书原著已不全,现仅有本草部分残卷的影印本;但原书的主要内容,还可从《证类本草》《本草纲目》中见到。现有复辑本问世,名曰《唐·新修本草》。

《新修本草》比前代药学家陶弘景的《本草经集注》新增药物 114 种,具有较高的学术价值,从正式颁布之后就作为临床用药的法律和学术依据,代表了中古时期中国中医药学发展的一个里程碑。《新修本草》作为国家颁布的"药典",很快就在全国范围内推行,也成了医家必读的药物学版本,是世界上最早的一部由国家权力机关颁布的,具有法律效力的药学专著,而外国最早的药典——牛伦药典是 1546 年由牛伦堡政府刊行的,比《新修本草》晚 9 个世纪。因此,《新修本草》被认为是世界上最早出现的药典。

★ 融入要点

药理学总论之绪言章节,介绍"药典"时融入。

★ 融入点分析

中医药是我国古代医学发展的瑰宝,同时也是打开中华文明宝库的钥匙,凝聚着中华民族几千年的智慧经验,这是一笔难以估量的宝贵财富。《新修本草》这本书的完成标志着我国药物学向前发展,是我国宝贵的文化遗产的重要组成部分,为我国人民的健康和中华民族的繁衍昌盛作出了巨大贡献。如何传承和发扬中医药文化自信是中医药自身发展的前提性问题。因此,当代医学生要坚持遵守中医药发展规律,传承创新发展中医药,推动中医药文化走向世界。

从抗击新冠疫情期间,我们就能深刻感受到中医药的独特魅力和民族自信心。在治病救人的过程中,深挖中医药宝库中的知识与精神,从多角度、多方向进行探索,要更加自信地发挥中医药的特色优势和作用。我们要为如此博大精深、源远流长、耀眼璀璨的中医药文化而骄傲,作为白衣使者,就是要让世界更加深入地了解中医药、认识中医药、感受中医药、受益于中医药,同时要时刻警醒白衣使者牢记中医药造福于民的职责和义务,保护好、传承好、发展好中医药文化,以更加饱满的民族自信心推动中医文化这一"中国处方"走向世界,为实现中华民族伟大复兴贡献绵薄之力。

《药理学》第一章绪言是对药理学内容的一个引入和概括,因此,在介绍本章药典部分时对中国古代药典成就的介绍,能够提升大学生民族自豪感和文化自信,提升家国意识。

参考文献

[1]刘秀峰.尚志钧辑本唐代《新修本草》的校勘及相关内容研究[D].沈阳:辽宁中医药大学,2020.

[2]李思文,谢明,王莹.本草古籍的现代出版物与其利用情况探析——以《神农本草经》《本草经集注》《新修本草》《证类本草》《本草纲目》为例[J].中国现代中药,2020,22(3):441-446.

[3]世界第一部药典——《新修本草》[J].中国中医药现代远程教育,2013,11(2):123.

[4]吴永刚,窦红莉,张亚军.基于中医药文化特色的思政课"11432"教学模式研究[J].中国医学伦理学,2023,36(6):665-669.

二、中药药理学研究创始人——陈克恢

★ 基本素材

1898年2月26日,陈克恢生于上海郊区的农村,由于年幼丧父,他从5岁开始就跟着舅父周寿南学习四书五经,直到10岁以后才正式进入公立学校学习。陈克恢的舅父周寿南是一名中医,年幼的陈克恢耳濡目染在中药方当中,这为他日后从事中医药理研究埋下了伏笔。1916年,陈克恢中学毕业后进入留美预备学校清华学堂进行学习,2年后他奔赴美国威斯康星大学插班到药学系三年级。在这里,他找到了自己研究中医药的新途径——用科学的方法研究中药,也就是如今的中医药理研究。1921年,陈克恢的导师克莱莫斯为了满足他研究中药的愿望,从中国进口了227 kg肉桂,让他进行桂皮油的研究,这可能是中国人第一次开始用现代科学方式来研究中医药。凭借对肉桂的药理研究,陈克恢完成了他的学士论文;之后,他继续研习,获得了生理学博士学位。1923年,由于母亲病重,陈克恢从美国回到北京照看,同时在协和医学院药理系任助教一职,继续进行中医药的研究,也就是在这段时间里,陈克恢偶然了解到麻黄对于治疗哮喘有着很好的效果,他翻阅了传统典籍之后发现关于麻黄的功效有诸多不同的记载,因此他决定了自己今后的研究方向——麻黄。麻黄是中医当中的常用药,几乎所有的中医药典籍当中都有关于麻黄的记载。

《神农本草经》中认为麻黄"主中风伤寒,头痛,温疟,发表出汗,去邪热气,止咳逆上气,除寒热,破症坚积聚"。《本草通玄》中记载:"麻黄轻则去实,为发表第一药,惟当冬令在表真有寒邪者,始为相宜。"《本草纲目》也记载了麻黄有"发汗散寒,宣肺平喘,利水消肿"的功效。可以看出,麻黄对于治疗感冒有着不错的效果,是"发表第一药",中医认为其性温、微苦,有发汗散寒、宣肺平喘的功效,但是陈克恢需要从现代科学的角度来分析和研究麻黄究竟为何拥有这些功效。随后,陈克恢在协和药理系主任卡尔·施密特的支持下购买了大量的麻黄进行研究,他使用了自己在国外所学的植物化学研究方法对麻黄进行分离,通过用不溶性溶剂层层萃取,他很快就从麻黄中分离出了一种新的化合物。但是,陈克恢并不是第一个分离出该化合物的人。早在 1877 年,日本人长井长义就从麻黄中分离此碱,命名为麻黄碱,他认为麻黄碱有扩大瞳孔的功能。熟悉中医药理的陈克恢当然不会认为麻黄碱只有扩大瞳孔的功能。在接下来的时间里,他先通过动物试验进行研究,用 1~5 mg 麻黄碱通过静脉注射到狗、猫等动物身上,最后陈克恢确定了麻黄碱拥有和人体分泌的肾上腺素类似的作用。他认为,麻黄碱可使其颈动脉压长时间升高,心肌收缩力增强,血管收缩,支气管舒张;同时它还能使离体子宫加速收缩,使中枢神经产生兴奋作用。当然,他也发现了麻黄碱可以使瞳孔放大。随后的 6 个月里,陈克恢都在反复试验麻黄碱所具备的功效,最终他将实验结果发表,宣告麻黄碱有拟交感神经作用。也就是说,麻黄碱拥有和肾上腺素类似的生理作用,这可以应用到多种疾病的治疗当中。

自此,麻黄碱成了国际瞩目的新药物,陈克恢也主持发表了 10 多篇关于麻黄和麻黄碱的论文,国际上对麻黄,以及中药的研究掀起了一股热潮,麻黄碱也很快从动物实验走向了临床试验。不久之后,麻黄碱被证实有治疗过敏性疾病、枯草热和支气管哮喘等功效。有趣的是,陈克恢还分析了世界各地产的麻黄草,发现只有中国和东南亚地区产的麻黄含有左旋麻黄碱。因此,美国礼来药厂每年从中国进口大量麻黄用于麻黄碱的生产,以适应临床需要。这种状况持续了 19 年,直到第二次世界大战时,两位德国化学家用发酵法将苯甲醛与甲基胺缩合,成功地合成了左旋麻黄碱。由于麻黄碱的研究成果,陈克恢一举成名。

除了麻黄,陈克恢在中药药理的研究上从未止步,他还对蟾酥、汉防己、元胡、吴茱萸、贝母、百部、夹竹桃等许多中药进行了药理研究。他一生从事药理事业 50 余年,发表论文和综述共 350 多篇,对新药物的开发贡献极大,是中国药理学界当之无愧的"第一人"。如今,麻黄碱是所有中药衍生单体应用最广、时间最长的化学分子,至少有 500 种药物当中都含有麻黄碱,它还被列入世界卫生组织的基本药物清单。

★ **融入要点**

传出神经系统药理概论章节,介绍"α、β受体激动药"时引入。

★ **融入点分析**

科学朴素而美丽,纯洁而崇高,科学精神是所有现代人必需的精神品格。在科学上没有平坦的大道,只有不畏艰险沿着陡峭山路攀登的人,才有希望达到光辉的顶点。我国杰出的药理学创始人陈克恢就是一个崇尚科学、大胆创新的人。陈克恢有常人不可比拟的顽强意志,有超人的杰出才能,有强烈的民族意识和爱国热情。因此,在介绍本章内容时引入陈克恢药理学研究的故事,不仅能让学生在了解陈克恢科研历程的过程中埋下科研创新的种子,而且能让他们更清楚麻黄碱发挥拟交感神经的药理作用。

然而,含麻黄碱的药物并不好购买,这是因为麻黄碱服用过量会有兴奋剂的效果,因此被人加以利用,成为运动员超水平发挥的捷径。除此之外,麻黄碱的化学结构与冰毒十分接近,只需要简单加工就能制造出冰毒,因此,在我国《易制毒化学品管理条例》中,麻黄碱属于重点监控物品范围的易制毒化学品。

如今有不少人提出使用肾上腺素、去氧肾上腺素等成分替代麻黄碱,但实际效果都不如麻黄碱,而寻找可以替代麻黄碱的药物还需要大量的实验支持,这和百年之前陈克恢的探索之路并无二样,相信在中医药理研究的不断发展之下,会有像麻黄碱一样安全、有效的药物出现。

科学是知识,科学是智慧,科学是精神,科学是力量。在药理学教学中对学生进行科学精神的熏陶,让科学精神深入学生的心灵,培养他们对科学的兴趣,提高他们的科学素养,使他们终身受益无穷。让学生在大学本科阶段接受科学的洗礼,让学生崇尚科学名人,厚植并传承科学精神,让科学之花早日开遍神州大地!

参考文献

[1]丁光生.陈克恢——国际著名药理学家[J].生理科学进展,2009,40(4):289-291.

[2]宋振玉.药理学界老前辈陈克恢教授[J].中国药学杂志,1987(8):482-483.

三、从兵工厂到制药厂——硝酸甘油的故事

★ 基本素材

1847 年,意大利青年化学家苏布雷罗正聚精会神地做着实验:他先在漏斗中装满浓硝酸和浓硫酸的混合液,然后逐滴滴入一大杯甘油中,边滴边搅拌。没过多久,杯中出现了一种有黏性、像浓鼻涕般的油状物,沉淀在甘油底部,硝酸甘油,就这样诞生了。接下来就是提纯,他把所得到的黏稠物耐心地加热、浓缩。然而,还未等溶液烧干,就发出一声巨响,黏性的硝酸甘油"发火"了,苏布雷罗的手和脸都被炸得鲜血淋漓。后来他又这样连续做了几次,同样炸了个天翻地覆,苏布雷罗不敢再试。苏布雷罗退却了,但仍然有许多化学家"前仆后继",结果依然是一次又一次的失败,甚至更糟:有的化学家被炸伤,有的甚至被炸死……这样一来,许多化学界人士把硝酸甘油视为洪水猛兽,一提起它便"谈虎色变"。

但是,一位著名的瑞典化学家却对此不以为然。强烈的爆炸不但没有吓倒他,反而让他从中看到巨大商机:如果能控制这种物质的爆炸性,生产出可控炸药,那将会得到广泛的应用,并一定会带来巨大的财富。他就是后来发明炸药致富并设立诺贝尔基金的诺贝尔。1866 年,诺贝尔利用硝酸甘油研制出代纳迈炸药(由硝酸甘油与木粉、硝石和碳酸钙混制而成),然而由于硝酸甘油化学性质极不稳定,震动、撞击或摩擦极易引起爆炸,一般不单独使用。为解决这个问题,诺贝尔发明了一种使硝酸甘油稳定的方法,至今已发展到数百种配方,但原理大同小异,都是把硝酸甘油和挥发性低的次级炸药、各类其他配料、黏结剂、填充料等混合在一起,如硝化纤维、硅藻土等。硝酸甘油最终完成了从实验室走进兵工厂的艰难之途。正是这种广泛用于军工、开矿等行业的炸药,给诺贝尔带来了巨大财富,使他成了"欧洲最富有的人"。

19 世纪下半叶,诺贝尔发明的硝酸甘油炸药受到广泛欢迎,欧洲不少国家都开始工业生产。不过当时,英国一家生产硝酸甘油炸药的兵工厂却接连发生怪事:几位平时身体强壮的本厂工人,周末在家休息时却接二连三地发生猝死。死者家属怀疑是工厂生产环境差,工人吸入了有毒物质所致,便联名控告老板。警方和有关专家立即组成调查组进入工厂进行调查,结果发现,工厂车间空气中确实存在硝酸甘油尘粒。然而,厂方也提出了疑问:硝酸甘油并不是公认的毒药,它是如何引起工人死亡的呢?再者,即使它有毒,工人的死亡又为何都发生在家中而不是工作现场呢?随着医学专家对死者进一步尸检,研究人员发现硝酸甘油从"凶手"变成"良药"的天翻地覆的变化,原因是这些工人早

就患有冠心病,由于平时吸入硝酸甘油尘粒,心脏冠状血管得以扩张,使心肌供血供氧得以增加,于是病情稳定。周末在家里休息时突然发病,反而是没能及时吸入硝酸甘油尘粒而致死。这一惊人发现立即引起医药专家重视,他们从中得到了硝酸甘油能治疗冠心病的启示,硝酸甘油也很快从兵工厂走进了制药厂。直到今天,硝酸甘油仍是治疗冠心病急性发作的主药。

★ **融入要点**

在介绍抗心绞痛药硝酸甘油时引入。

★ **融入点分析**

硝酸甘油自被发现之初,一直被作为炸药使用,一次偶然的机会被证实其具有扩张血管的作用,后来发展到作为抗心绞痛的最常用药物,实现了从兵工厂到制药厂的质的转变。这两个作用表面看上去是毫无关联的,但却因为其特质而实现了跨越性变化。这一事例非常典型地说明了凡事都有两面性,在对立统一中发展,只看事物的一面而忽视另一面都是偏颇的。值得一提的是,诺贝尔在后期由于忍受不了硝酸甘油带来的头痛,以及不相信硝酸甘油作为炸药具有治疗的作用,最后死于心脏疾病。诺贝尔发现了硝酸甘油是一种非常好的炸药,却没有看到其作为治疗药物的一面,这就是只看到了事物的一面而忽视了另一面。事物的发展变化是由矛盾运动引起的,矛盾是指事物中所包含的相互排斥又相互依存,对立又统一的关系。马克思主义认为任何事物都是作为矛盾的统一体而存在的,矛盾是事物发展的源泉和动力。简而言之,矛盾就是对立统一。所谓对立,是指矛盾双方的相互排斥和斗争。所谓统一,是指以下两种情况:第一,矛盾双方在一定条件下是相互依存的,一方的存在是以另一方的存在为基础的。例如,发现硝酸甘油扩张血管的作用是以其最初作为炸药依存的,双方是统一的状态。第二,矛盾双方正在按照一定的条件向各自相反的方向转化。例如,硝酸甘油的治疗作用和其作为炸药的作用则是两个完全相反的方向。总之,我们要看到事物存在同一性,矛盾双方相互吸引相互联结,矛盾双方相互渗透相互包容,在一定条件下相互转化。

生活中每天都会发生很多的事情,每件事情都有好有坏,根据"世间万物都是对立统一"的哲学原理,生活中一切都具有两面性,因为好的东西可以转化为坏的东西,坏的东西也可以转化为好的东西,也就是我们平常所说的"塞翁失马,焉知非福"。逆境之中,往往有转机,好与坏是可以相互转化的。在我们的日常生活中,事物的两面性充满了各个方面,例如,在学习生活中,我们既要看到遇到困难时带给我们的烦恼及忧愁,也要看到在解决困难时我们所提升的能力,不能只是埋怨困难本身,要积极寻找解决办法,提高自已。世间万物,有美必有丑,有善必有恶,有正必有反,相辅相成。面对生活中的不如意,我们不能仅仅将其定义为一件坏事,而是要看到事物的两面性,寻找矛盾运动规律,发现另一面,从而顺利解决问题。本案例拟通过教师讲授,以及学生们相互讨论的形式,旨在告诉学生正确看待事物的两面性,用辩证的角度看待问题,将辩证思维运用到平常的生活当中。

参考文献

[1]李骥成,张维芬,张剑,等.浅析实证主义在医学发展中的主导作用:以硝酸甘油为例[J].青岛医药卫生,2023,55(1):78-80.

[2]熊英琼,程绍民.硝酸甘油的前世今生及其带给我们的启示[J].医学争鸣,2016,7(2):34-37.

四、亚历山大·弗莱明与青霉素

★ 基本素材

第一次世界大战期间,英国皇家陆军医疗队队长亚历山大·弗莱明在法国待了一段时间。他发现,法国佛兰德斯战场造成的伤口都比较污秽,那些泥污随着高速运行的武器一起进入士兵的身体内,会使创伤的后果更加严重。那时候没有抗生素,只能用消毒水处理伤口,然而用大量消毒剂使劲冲刷伤口引起的副作用也不容忽视——消毒水杀死了伤口处的细菌,同时也杀死了人体自身的正常细胞。人们都希望能够找出一种能够特异性地杀死细菌的药剂,但这是一个人类未知的领域,不知道谁将有幸成为新世界的开门人。一战后,弗莱明回到伦敦工作,开始专心致志地研究感染伤口最常见的病菌葡萄球菌,并试图找出杀死它们的方法。

1928年,弗莱明在伦敦梅利医院当医生。这个47岁的中年人正在起劲地研究对付葡萄球菌的办法。人们受伤后伤口化脓,原因之一便是葡萄球菌的影响。弗莱明在一只只培养皿里培养出葡萄球菌,然后再试验用各种药剂去消灭它们。这个工作已花费了他几年的时间,但仍一无所获。

1928年9月的一天早晨,弗莱明发现其中一只培养皿里竟长出了一团青绿色的霉毛。显然,这是某种天然霉菌落进去造成的。这使他感到懊丧,因为这只培养皿里的培养物没有用了。弗莱明正想把这发了霉的培养物倒掉,突然产生了一个念头:把它拿到显微镜下去看看。在霉斑附近,葡萄球菌死了。这是不是他梦寐以求,已追寻了好几年的葡萄球菌的克星呢? 弗莱明立即动手大量培养这种青绿色的霉菌,将培养液过滤,滴到葡萄球菌中去。结果,葡萄球菌在几小时之内全部死亡。他将滤液稀释800倍,再滴到葡萄球菌中去,仍能杀死葡萄球菌。

弗莱明把这种培养液叫作青霉素。接下来,他又做了病理试验,把青霉素注入小白鼠体内,结果什么影响也没有,证明青霉素对动物无毒害。他又在家兔的眼睛里滴入这种液体,也没有发现异常现象。10年中,弗莱明只发表了2篇有关青霉素的研究论文。但他的实验记录却显示,在这10年中,弗莱明并未完全停止青霉素的研究。而青霉素最终于1944年在英美医疗中公开使用,1945年以后,青霉素遍及全世界。1945年,弗莱明、弗洛里和钱恩共获诺贝尔生理学或医学奖。

青霉素的发现让人类第一次摆脱了对病菌"无特效药可治"的困境,由于青霉素的发现和量产并有效地用于临床,种类繁多的抗生素奔涌而出,形成规模庞大的"抗生素家族",不但在第二次世界大战期间成功地挽救了成千上万患者的生命,而且使人的平均寿命延长了15年。

★ 融入要点

β-内酰胺类抗生素章节,介绍"青霉素类抗生素"时融入。

★ 融入点分析

青霉素曲折的发现历史,以及弗莱明近10年孜孜不倦的研究,提示我们科学研究的过程,是曲折上升的过程,是坚持不懈的过程。诚如马克思所说:"在科学上没有平坦的大道,只有不畏劳苦沿着陡峭山路攀登的人,才有希望达到光辉的顶点。"真正做科学的人就是通过不断地勤劳努力与坚持来获得成就的。

科学研究是一个艰苦的过程,如春蚕破茧般在黑暗中摸索,不到最后没有人知道结果。拥有锲而不舍的精神品质尤为重要,能让我们不断进步,积累经验。每一次科学的进步都包含了发明者的全心全力,就像弗莱明一样坚持不懈地做实验,最终为青霉素的广泛运用埋下伏笔,看似偶然其实也是一种必然。

在我们的科研工作中也要时刻保持坚持不懈的科研态度,不能半途而废。深知锣鼓喧天、扬铃打鼓实现不了梦想,只有经过磨炼、奋斗、拼搏才是梦想成为现实的根本保证。正如习近平总书记强调的"全国广大青年要深刻了解近代以来中国人民和中华民族不懈奋斗的光荣历史和伟大历程",要"肩负历史使命,坚定前进信心,立大志、明大德、成大才、担大任,努力成为堪当民族复兴重任的时代新人"。我们要真正落实到行动中,在经风雨、见世面中长才干、壮筋骨,练就硬脊梁、真本事,推动伟大工程的建设,推进中国特色社会主义伟大事业,实现新时代中华民族伟大复兴的中国梦。

参考文献

[1]谭昭麟.弗莱明的故事[J].中国科技奖励,2020(2):77-78.

[2]吴瑞.列宁青年观及其当代价值研究[D].喀什:喀什大学,2022.

[3]让青春在奉献中焕发绚丽光彩——习近平总书记关于青年工作重要论述综述[J].前进,2021(5):4-13.

五、连花清瘟的抗疫作用

★ 基本素材

自新冠疫情发生以来,连花清瘟等"三药三方"发挥了重大作用,连花清瘟更成为国家诊疗方案、各省治疗方案推荐次数最多的中成药。其实连花清瘟不仅可以治疗新冠病毒感染,对流感,以及SARS等都有很好的防治作用。

连花清瘟是运用中医络病理论探讨外感温病及瘟疫传变的规律及治疗,遵循"积极干预"治疗对策,以"清瘟解毒,宣肺泄热"为治法,研制出的一个复方中药。现代药理研究发现,连花清瘟具有良好的退热、止咳、抗炎、抗病毒作用。它辛凉宣肺与泄热,可以解决患者的发热问题;清肺止咳平喘,可以改善患者的咳嗽不止、呼吸困难;抗炎抗病毒作用可以抑制病毒的复制,抑制系统性炎症反应。所以连花清瘟对感冒、流感、新冠病毒感染等病毒传染性外感热病具有普遍的治疗效果,都能起到防治作用。

连花清瘟从2003年进入市场至今,已经获得国家层面30余次方案推荐,从甲型流感、乙型流感、禽流感到新型冠状病毒感染,在这十几年我国发生的病毒传染性重大公共卫生事件中,连花清瘟都获得了治疗方案的推荐,成为治感冒、防流感、治疗新冠病毒感染的代表性中成药。

钟南山院士研究团队曾在国际期刊《药理学研究》发表了《连花清瘟对新型冠状病毒具有抗病毒、抗炎作用》的论文,连花清瘟能显著抑制新型冠状病毒感染细胞所致的炎症因子肿瘤坏死因子(TNF-α)、白介素-6(IL-6)、单核细胞趋化蛋白-1(MCP-1)和干扰素诱生蛋白10(IP-10)的基因过度表达。这项研究揭示了连花清瘟在新冠肺炎中确切疗效的药理学作用基础,证实了连花清瘟通过抑制病毒复制、抑制宿主细胞炎症因子表达,从而发挥抗新冠病毒活性的作用,为连花清瘟治疗新冠病毒感染的应用提供了实验依据。

★ **融入要点**

抗病毒药和抗真菌药章节,介绍"抗病毒药"时融入。

★ **融入点分析**

连花清瘟在疫情防控中发挥了重要的作用,也代表着中医药为守护人民生命健康作出了重要的贡献。习近平总书记强调中医药振兴发展迎来天时、地利、人和的大好时机,希望广大中医药工作者要增强民族自信,勇攀医学高峰。

自新冠疫情发生以来,家国情怀无时无处不发挥着重要作用。面对重大疫情,抗疫战士以浓厚的家国情构筑起了保卫人民生命安全和身体健康的坚强堡垒,使青年一代从感性刺激上升为对中华民族大家庭的理性认同,是增强民族自信心、自豪感、归属感的重要法宝。

习近平总书记指出:"中国的抗疫斗争,充分展现了中国精神、中国力量、中国担当。"连花清瘟抗击疫情取得重大成就,充分展现了中华文明的深厚底蕴,彰显了中华民族文化与科技的双重实力,极大增强了中国人民的文化自信。总书记还在全国抗击新冠肺炎疫情表彰大会上指出:"抗击新冠肺炎疫情斗争取得重大战略成果,充分展现了中国共产党领导和我国社会主义制度的显著优势,充分展现了中国人民和中华民族的伟大力量,充分展现了中华文明的深厚底蕴,充分展现了中国负责任大国的自觉担当,极大增强了全党全国各族人民的自信心和自豪感、凝聚力和向心力,必将激励我们在新时代新征程上披荆斩棘、奋勇前进。"

医学生作为即将步入国家医疗建设队伍的中坚力量,能够进一步壮大医疗队伍的建设。医学生不仅要脚踏实地学习专业知识,更要强调个人修身,心怀天下。医学生要运用自身专业知识和素养,为我国医疗产业发展作出贡献,积极投身习近平新时代中国特色社会主义的经济建设和精神文明建设。

参考文献

[1]李鼎鹏,李建国,谢兴文,等.新型冠状病毒肺炎中医病因病机认识及"三药三方"防治进展[J].医学理论与实践,2022,35(20):3453-3455,3449.

[2]习近平.在教育文化卫生体育领域专家代表座谈会上的讲话[J].天津市工会管理干

部学院学报,2020,37(4):1-4.

[3]田雪梅,闫红,李珍珍.重大疫情应对中家国情怀的内涵、呈现与育人效用[J].河北农业大学学报(社会科学版),2021,23(1):1-6.

[4]姜喆,佟佳馨,袁和静.伟大抗疫精神融入医学生职业伦理教育的理据与路径探析[J].中国医学伦理学,2023,36(7):809-814.

[5]杨军,易善宇.中国共产党构建抗疫精神的重要价值[J].陕西行政学院学报,2023,37(1):57-60.